U0136054

文革史料叢刊第二輯

第二冊：文論類（一）

李正中　輯編

只有不漠視、不迴避這段歷史，中國才有希望，中華民族才有希望！忘記歷史意味著背叛！

——摘自「文革史料叢刊·前言」

 蘭臺出版社

巴金先生說在文革受盡火與血磨煉的人是不會沉默的

八十又五叟 李正中

著名中國古瓷與歷史學家、教育家。
李正中　簡介

祖籍山東省諸城市，民國十九年（1930）出生於吉林省長春市。
北平中國大學史學系肄業，畢業於華北大學（今中國人民大學）。
歷任：天津教師進修學院教務處長兼歷史系主任（今天津師範大學）。
　　　天津大學冶金分校教務處長兼圖書館長、教授。
　　　天津社會科學院中國文化研究中心主任、研究員。
現任：天津理工大學經濟與文化研究所特聘教授。
　　　天津文史研究館館員。
　　　天津市漢語言文學培訓測試中心專家學術委員會主任。
　　　香港世界華文文學家協會首席顧問。
　　　（天津理工大學經濟與文化研究所供稿）
為加強海內外學術交流，應邀赴日本、韓國、香港、臺灣進行講學，
其作品入圍德國法蘭克福國際書展和美國ABA國際書展。

古月齋叢書4　文革史料叢刊　第二輯

光荣伟大的四十年

天津人民出版社

目　　录

在庆祝中国共产党
成立四十周年大会上的讲話

（一九六一年六月三十日）

刘　少　奇

同志們，朋友們：

今天，我們大家在一起，庆祝中国共产党成立四十周年。

中国共产党成立以来的四十年，是我們党領导全国人民进行英勇斗爭和取得偉大胜利的四十年，是馬克思列宁主义在中国广泛傳播和取得偉大胜利的四十年。（热烈鼓掌）

在中国共产党成立以前，中国人民曾經向帝国主义和封建主义进行了长期的、前仆后繼的、可歌可泣的斗爭。但是，都沒有取得眞正的胜利。直到偉大的俄国十月社会主义革命以后，馬克思列宁主义傳播到中国，中国人民才找到解放自己的最好的理論武器。中国共产党运用这个武器，为中国人民的解放事业提出了正确的斗爭目标、方針和方法。从此，中国人民的节节胜利就成为不可抵抗的了。（鼓掌）

在四十年中間，中国共产党同中国人民一起，做了許多事情。概括起来說，主要是兩件大事。

第一件事，是在中国进行人民民主革命。中国民族资产阶級，由于它本身的軟弱性，不可能領导中国的资产阶級民主革命达到胜利。这个革命的領导責任，只能由无产阶級来承担。有許多人，在很长时期内，企圖在中国实行资产阶級共和国的制度，但是，最后都破产了。在中国要建立的共和国，只能是工人阶級領导的、以工农联盟为基础的人民民主共和国。我們党团結了全国人民，从一九二一年起，到一九四九年，一共用了二十八年的时間，終于打倒了帝国主义、封建主义和官僚资本主义的反动統治，建立了中华人民共和国。（鼓掌）

第二件事，是在中国进行社会主义革命和社会主义建設。这件事情，已經做了十二年，现在正在繼續做下去。中华人民共和国的成立，标志着民主革命轉变到社会主义革命的开始。中国的人民民主政权，实質上是无产阶級专政。十二年来，我們基本上完成了社会主义革命，并且在社会主义建設方面取得了巨大的成就。为了建成一个具有现代工业、现代农业、现代科学文化的偉大的社会主义国家，还需要很长的时間。为了实现从社会主义过渡到共产主义，则需要經历一个更长的历史时期。但是，誰都可以看到，社会主义的社会制度已經在中国的大地上建立起来了，中国已經不再是停滯不前的国家，而是正在蓬蓬勃勃地向前發展的国家了。（鼓掌）

在一个六亿五千万人口的大国中，在中国共产党的領导下，人民民主革命得到了徹底的勝利，社会主义革命得到了決定性的胜利，社会主义建設得到了第一步的胜利，这是馬克思列宁主义發展史上的大事。在十月革命前后，列宁多次預言，中国革命和亞洲各国革命，将对人类历史發展的进程發生深远的影响。这个預言，开始成为現实。毫无疑义，中国革命的胜利，在一定的程度上改变了国际力量的对比，有利于全世界人民，而不利于帝国主义和一切反动派。因此，它受到全世界劳动人民和爱好和平人民的欢迎，也受到帝国主义者、各国反动派和南斯拉夫修正主义集团的仇視。帝国主义者、各国反动派和南斯拉夫修正主义集团，过去和現在都恶毒地詛咒我們，将来还要繼續詛咒我們，这是必然的，不足为奇。但是，这对我們絲毫也不会有所损害。

四十年的历史事实証明，中国共产党是偉大的、光荣的、正确的馬克思列宁主义的政党。（长时間的热烈鼓掌）它对于中国人民和中华民族的利益是忠貞不渝的。它对于国內国外的敌人是不屈不撓的。它已經領导中国人民取得了偉大的胜利，幷且将要領导中国人民繼續取得更大的胜利。（热烈鼓掌）

当我們回顧四十年历史的时候，我們对于为共产主义事业和中国人民解放事业而牺牲的光荣的先烈們，表示崇高的敬意。他們之中，許多是共产党員，許多是劳动人民，許多是党外人士。他們在斗爭中，流尽了自己的鲜血，献出了自己的生命。他們是永垂不朽的！

中国共产党的历史，是馬克思列宁主义的普遍眞理同中国革命的具体实踐日益結合的历史。毛澤东同志說："我国的革命和建設的胜利，都是馬克思列寧主义的胜利。把馬克思列寧主义的理論和中國革命的实踐密切地联系起来，这是我們党的一貫的思想原則。"

在我們党的各个历史时期，站在我們最前头的，最善于把馬克思列寧主义普遍眞理同中國具体实踐相結合的，就是我們党的領袖毛澤东同志。（暴風雨般經久不息的掌声）

毛澤东同志面临中國革命的極端复杂的情况，正确地提出了和解决了一系列的理論和策略的問題，使中國革命能够繞过一个一个的暗礁，夺取一个一个的陣地。

毛澤东同志，从对中國社会阶級的具体分析出發，提出了中國革命历史进程的规划。他指出，中國革命必須分兩步走，第一步是人民民主革命，第二步是社会主义革命。

中國民主革命的敌人是帝国主义、封建主义和官僚資本主义，他們是很强大的。但是，中国人民中蘊藏的革命力量則是更强大的。农民占我国人口的絕大多数。中国工人阶級同广大的农民建立了强固的工农联盟，并且在这个联盟的基礎上，团結了各民族、各革命阶層的人民群众，就能够战胜这个强大的敌人。毛澤东同志正确地解决了农民运动、武裝斗爭、統一战綫和党的建设等問題，这些都是我国民主革命中最根本的問題。

在我国民主革命二十八年的长时期中，絕大部分时間，我們党的領导是正确的。但是，在某些时期中，也犯过一些右傾和"左"傾的錯誤。其中，以一九二七年的陈独秀右傾机会主义錯誤，和一九三一到一九三四年以王明同志为首的第三次"左"傾教条主义錯誤，最为严重。这些錯誤，都违反了毛澤東同志所提出的正确主張，使党和人民革命事业遭到損失。我們党在斗争中所积累的許多正面和反面的經驗，教育了全党，提高了同志們的觉悟。党在毛澤東同志領导下，克服了右傾和"左"傾的錯誤。一九三五年一月的遵义会議，确立了毛澤东同志在全党的領导。从此以后，我們的革命事业就順利得多了。（鼓掌）

一九四二年在我們党內开始的整風运动，經过三年多的时間，使全党干部得到一次最深刻的教育，更多地学会了把馬克思列宁主义的普遍真理同中国革命的具体实踐相結合。党的总路綫和各項具体政策，真正为全党絕大多数干部所理解。联系群众、調查研究和实事求是的作風，成为全党統一的作風。因此，在一九四五年，党的第七次代表大会举行的时候，全党在毛澤东思想旗帜下，达到了空前一致的团結。这样，就保証了我們党能够正确地領导全国人民群众，在抗日战争結束以后，又胜利地进行了偉大的人民解放战争，使人民民主革命迅速地取得了徹底的胜利。（鼓掌）

当中国共产党成立二十八周年的时候，毛澤东同志發表了《論人民民主专政》的著名論文。这篇論文，說明了自从中国的先进分子用无产阶級的宇宙观作为观察国家命运的工具以后，中国所發生的翻天复地的变化。这篇論文，总結了我們在民主革命时期的基本經驗。同时，根据我国具体条件，指出了从民主革命轉变到社会主义革命的根本道路。

中华人民共和国成立以后，我們又在全国的新解放区內进行了反封建的土地改革，同时还进行了鎭压反革命和抗美援朝的偉大斗争，从而为我国社会主义革命和社会主义建設进一步地扫清了道路。

在以毛澤东同志为首的党中央所制訂的过渡时期的总路綫和各項具体政策的指导下，可以說，我們的社会主义革命进行得比較迅速，比較順利。

对农业的社会主义改造，我們运用了列宁关于无产阶級专政下工农联盟的理論和农业合作化的理論，总結了我国革命根据地农业互助合作运动的經驗，并且按照解放后的我国具体条件，依靠貧农和下中农，巩固地团結其他中农，通过各种过渡形式，使我国农业由个体經济轉变为社会主义的集体經济。

对民族资本主义工商业的社会主义改造，我們运用了馬克思关于无产阶級在一定条件下可以对资产阶級采取贖买政策的思想，运用了列宁关于无产阶級专政下采取国家资本主义政策的思想，总結了我党在革命根据地中关于工商业政策的經驗，并且按照解放后的我国具体条件，对资本主义工商业实行了利用、限制和改造相結合的政策，通过由低級到高級的各种国家资本主义的形式，来实现这种改造。

在执行上述这些方針政策的过程中，党中央及时地克服了某些右的和"左"的偏向。同时，在运动中不断地总結經驗，規定了为实现社会主义改造这条总路綫所必要的一整套具体政策。于是，在一个不长的时期内，在农业还没有机械化的情况下，五亿多农民就在工人阶級領导下走上了社会主义的道路，并且由此而促进了个体手工业和资本主义工商业的社会主义改造。

在生产资料所有制的社会主义革命基本完成以后，社会主义和資本主义兩条道路的斗爭并沒有結束，特別是在政治思想战綫上的斗爭还將长期进行。一九五七年，我国的社会主义革命，又在政治战綫和思想战綫上取得了决定性的胜利。今后我們应該遵循毛澤东同志在《关于正确处理人民內部矛盾的問題》一文中的指示，严格划清敌我和人民內部这兩类根本不同性質的矛盾的界綫，分別采取不同的办法，去繼續解决兩条道路斗爭中的兩类不同的矛盾。除开对于敌人应該采取专政的方法以外，对于人民內部矛盾的解决，应該堅决执行"从团結的願望出發，經过批評或者斗爭，分清是非，在新的基础上达到新的团結"的方針。

在社会主义改造时期，我們党，根据毛澤东同志提出的一面进行社会主义改造，一面进行社会主义建設的方針，在国民經济建設方面，也取得了我国历史上从来沒有过的巨大成就。

毛澤东同志和我們党中央，运用馬克思列宁主义关于社会主义建設的理論，吸取苏联和其他社会主义国家的建設經驗，在我們执行第一个五年計划的經驗的基础上，制定了我国社会主义建設的总路綫，这就是：鼓足干劲、力爭上游、多快好省地建設社会主义。（鼓掌）

这条总路綫的根本意义是什么呢？就是要充分利用社会主义制度所提供的發展社会生产力的巨大可能性，調动一切积极因素，团結一切可能团結的力量，实行一套"兩条腿走路"的方針，有計划按比例地、高速度地發展我国国民經济，使我国能够比較迅速地从落后的国家变为先进的国家。（鼓掌）

我国现在还处在經济落后的地位。帝国主义还在欺負我們。我国人民迫切要求摆脱落后的地位。毫无疑問，我們党的这条社会主义建設总路綫，是符合我国全体人民的願望的。（鼓掌）

在党的社会主义建設总路綫的指引下，从一九五八年以来，我国实現了連續三年的大跃进。同时，在我国农村中，出現了由农业合作社联合組成的人民公社。这样，总路綫、大跃进和人民公社，就成为引导中国人民前进的三面紅旗。（长时間的热烈鼓掌）

在大跃进的三年中，工业方面，提前完成了第二个五年計划的主要指标，建立了相当大的現代化的工业基础，使基本工业的生产設备能力有了成倍的增长。农业方面，进行了大規模的农田水利建設，为今后农业生产的發展創造了重要条件。文化教育事业，在这三年来，也有很大的發展。

在总路綫、大跃进和人民公社三面紅旗的光辉照耀下，广大的工人、农民、知識分子，在建設的各个战綫上，表現了高度的积极性和創造性。人民群众在大跃进运动中，發揮了創造新生活、新历史的偉大力量。（鼓掌）

事实証明，中国共产党和中国人民高举总路綫、大跃进、人民公社这三面紅旗，是完全正确的，完全必要的。（长时間的热烈鼓掌）

我們的总路綫，是在实踐中發展和完备起来的，为实現总路綫所必要的各項具体政策和具体办法，也是要在实踐中逐步發展和完备起来的。在三年大跃进中，我們取得了巨大的成績，总路綫和各項具体政策、具体办法都有了發展。同时，在我們的工作中，也有不少缺点，再加上連續兩年的大灾荒，就造成了一些暫时的困难。在我們這樣一个有六億五千万人口、經濟和文化都落后的大国中，進行社会主义建設這樣一件新的事業，不遇到困难，不發生缺点，是不可想像的。历史經驗証明，任何困难和缺点，不仅不能吓倒我們，相反地，我們总是在發揚成績、克服各种困难和缺点的过程中，把自己鍛煉得更加坚强、更加正确的。（鼓掌）我們完全相信，在以毛澤東同志为首的党中央的領导下，在三面紅旗的指引下，全党全民一定能够团結一致，克服暫时困难，繼續胜利前进。（暴風雨般的长时間的掌声）

中国共产党四十年的历史証明，中国革命和建設的發展，都是和全国人民的大团結分不开的。中国共产党領导下的全国人民的大团結，是我們一切事业取得胜利的根本保証。（鼓掌）

中国人民的大团結，是从长期的革命和建設的斗争过程中鍛煉出来的，是經过各种考驗的，因而是最巩固的团結。（鼓掌）

我們的一切成就，应该归功于全国各民族的人民群众。在庆祝中国共产党成立四十周年的时候，我們向各个战綫上正在进行英勇斗爭和辛勤劳动的工人、农民、工程技术人員、教員、教授、科学家、經济工作者、文化工作者、衛生工作者和其他劳动人民表示敬意！（鼓掌）我們向同我們党长期合作的爱国的各民主党派、民主人士、民族資产阶級、海外侨胞們表示敬意！（鼓掌）我們向保衛祖国的人民解放軍全体指揮員战斗員表示敬意！（鼓掌）我們向在各个斗争

岗位上勤恳工作的全体干部和党员表示敬意！（鼓掌）

工人阶级是全国人民大团结的領导力量。我国工人将繼續發揮他們在国家建設事业中的先鋒作用。工人阶级要繼續提高自己的阶级觉悟，更好地担負起領导阶级的責任，在实际行动中表現自己是最能为全体人民利益而奋斗的阶級。

工农联盟是全国人民大团結的基础。在我国的社会主义建設事业中，只有充分调动五亿多农民的积極性和創造性，提高农业劳动生产率，全面地發展各項农业生产，才能为整个国民經济的發展創造有利的前提。我們必須坚决执行毛澤东同志提出的国民經济的發展应該以农业为基础、以工业为主导的根本方針。工业和其他有关部門都必須全力支援农业，尽可能地多生产农业生产資料，保証农业發展的需要。各級党委和各級人民政府，都必須認眞、徹底、全部地执行毛澤东同志和党中央关于农村人民公社的一系列的政策和办法，健全和巩固以生产大队所有制为基础的人民公社，發揮人民公社制度对于促进农业生产發展的优越性。（鼓掌）

知識分子是我国社会主义建設事业取得胜利的不可缺少的重要力量。我国知識分子的队伍不断地扩大了，他們在思想的自我改造中有了很大的进步。他們在社会主义建設事业的各个战綫上，作出了宝貴的貢献。我們要繼續扩大知識分子的队伍，繼續执行百花齐放、百家爭鳴的方針，使我国社会主义的科学文化事业更加繁荣起来。（鼓掌）

我国人民的大团結，我国人民民主統一战綫，包括两个联盟，一个是工人阶级同农民和其他劳动人民的联盟，另一个是劳动人民同可以合作的非劳动人民的联盟。我們应該繼續执行同民主党派"长期共存、互相监督"的方針，团結一切可以团結的力量，調动一切可以調动的积极因素，为社会主义事业服务。我国的民族資产阶級分子，在經过生产資料所有制的社会主义改造以后，在政治、思想的自我教育和自我改造中也有了新的进步。应該帮助他們，繼續进行根本改造，使他們成为自觉的社会主义劳动者。

中国共产党是团結全国人民进行社会主义建設的核心。毛澤东同志在中国共产党第八次代表大会上說："虽然我們有一千多万党員，但是在全国人口中仍然只占極少数。在我們的各个国家机关和各項社会事业中，大量的工作要依靠党外的人員来作。如果我們不善于依靠人民群众，不善于同党外的人員合作，那就无法把工作做好。"

为着把全国人民大团結的工作做好，为着把社会主义建設事业做好，我們全党党員必須在党中央的領导下，进一步提高自己的思想水平和政治水平，健全党的組織，加强党的团結。

我們党现在有一千七百多万党員。其中百分之八十是中华人民共和国成立以后入党的，百分之七十是一九五三年以后入党的，这是党的新的血液，但是他們缺少經驗，許多人还沒有受到有系統的馬克思列宁主义的教育。在解放以前入党的党員，經历过流血的革命斗争，现在是我們党的骨干，他們对于革命是熟悉的，但是对于社会主义建設还是經驗不多的。因而，不論新党員，或者老党員，都有一項严重的任务，就是要認真地系統地学習社会主义建設。

毛澤东同志說，"重要的問題在善于学習"。在全党展开一个新的学習运动，这是当前最重要的事情。这个学習运动的主要目的，就是要帮助全党干部，进一步認識和掌握我国社会主义建設的客观规律，以便多快好省地进行我国的社会主义建設。全体党員干部，都应該認真地学習馬克思列宁主义关于社会主义革命和社会主义建設的基本原理，学習毛澤东同志根据馬克思列宁主义原理所闡明的我国社会主义建設的理論和实际問題，学習党中央制定的社会主义建設总路綫和各项具体政策，学習苏联和其他兄弟国家的社会主义建設的經驗。对于大量的新党員，还必須給予馬克思列宁主义的基本教育和党的基本知識教育。

全党干部都应該通过这个学習运动，自覚地改进自己的工作作風，进一步發揚我們党的傳統的馬克思列宁主义作風。这就是必須像毛澤东同志一貫所說的那样，要学会用馬克思列宁主义的理論和方法，对周围的环境作周密的調查和研究，从客观的实际中引出固有的而不是臆造出来的規律性，作为我們行动的向导。毛澤东同志早就指出，要使中国革命得到胜利，就一定要靠中国同志了解中国情况。他說："共产党斗争策略的正确和坚决決不是少数人坐在房子里能够产生的，它是要从群众的斗争过程中才能产生的，这就是說要在实际經驗中才能产生的。因为要在实际經驗中才能有正确的阶级势力的估量，才能产生出正确而不动摇的斗争策略，才能保障革命的胜利。为了这个，我們需要时时了解社会情况，时时进行实际調查。"这种作風，就是馬克思列宁主义的理論和实际相結合的作風，实事求是的作風。

在我們党的历史上，并不是所有干部都具有这种作風

24

的，更不是一开始就具有这种作風的。在我国革命的各个时期中，我們党內产生的脱离实际的右傾错誤或者"左"傾错誤，它們的共同特点，都是忽視对客观实际的調查研究，不了解中国的具体情况，以为凭主观想像、凭一时的感想、或者仅仅摘引某些書本上的个别語句就能指导中国革命。大家知道，这些錯誤傾向，曾經使中国革命遭受各种挫折。我們的同志必須記住这种教訓，在工作中坚持毛澤东同志提倡的实事求是的作風，防止和克服各种主观主义的作風。

我們党是善于学習的。对于民主革命、社会主义革命、社会主义建設，我們在开始的时候都是沒有經驗的，經过在实踐中努力学習，我們認識和掌握了民主革命和社会主义革命的客观規律，幷且在社会主义建設中学到了很多东西。但是，我們一定要力戒自滿。毛澤东同志曾經多次地告訴我們要戒驕戒躁。他說，"虛心使人进步，驕傲使人落后"。他說，"学習的敌人是自己的滿足，要認眞学習一点东西，必須从不自滿开始"。我們知道，滿足于一知半解，自以为懂得很多而懶于学習，就是对人民革命事业缺少責任心的表現。这种錯誤态度是我們坚决反对的。现在，在社会主义建設中，还有許多事情是我們沒有学会的。我們必須努力学習。只要我們努力，我們一定能够进一步認識和掌握社会主义建設的客观規律。（鼓掌）

我們的党，不只是同中国人民共命运、同呼吸，而且从来認为，中国的革命和建設事业，是全世界人民革命运动的一个部分，是全世界社会主义事业的一个部分。我們党和我国人民，一貫地坚持无产阶级国际主义和爱国主义相結合的

原則，緊緊地同全世界人民團結在一起。（鼓掌）

我們在革命和建設中，都得到苏联和其他社会主义国家的帮助，也得到全世界劳动人民和各国进步势力的同情和支持。同时，中国人民也用自己的努力和斗争，来支援世界各国人民的一切进步的、正义的事业。这种国际主义的相互支持，国际主义的团结，对于我們共同事业的胜利，具有极重要的意义。在这里，我們向伟大的苏联人民和苏联共产党，向其他社会主义国家的人民和兄弟党，向全世界各国共产党和工人党，向斗争中的各国人民，表示崇高的敬意。（长时间的鼓掌）

中华人民共和国成立以后，我們在国际关系中的基本方針是：發展同苏联和各社会主义兄弟国家的友好互助合作关系；在五项原则的基础上，爭取和社会制度不同的国家和平共处，反对帝国主义的侵略政策和战争政策；支援各国被压迫人民和被压迫民族反对帝国主义和殖民主义的革命斗争。这就是我們的对外政策的总路綫。（鼓掌）我国所实行的对外政策，符合中国人民的利益，也符合世界人民的利益。它有利于社会主义陣营的团结，有利于民族解放运动和各国人民的革命斗争，也有利于世界和平的事业。我国已經同四十个国家建立了外交关系，并且同遍布全世界的一百多个国家和地区，建立了經济的、文化的、友好的联系。我国建设的成就，和平外交政策的胜利，受到全世界人民的热烈贊揚。（鼓掌）我們的朋友遍于全世界。（鼓掌）美帝国主义在国际上孤立我国的阴謀，已經被粉碎了。（鼓掌）

坚决以中国人民为敌的美帝国主义，至今霸占着我国領土台灣，在我国附近的許多地方繼續保持着軍事基地，配備着廣大的軍事力量，推行侵略政策和战爭政策，严重地威胁东方和世界和平。我們必須繼續保持警惕，同美帝国主义进行針鋒相对的斗爭。正义完全在我們这边，全世界人民同情和支持我們。（鼓掌）美帝国主义对我国的侵略和战爭威胁，是一定要失敗的。（鼓掌）我国人民解放我国的神聖領土台灣的目的，是一定要实现的。（热烈鼓掌）

帝国主义和殖民主义正在走向灭亡。資本主义总危机已經發展到了一个新阶段，帝国主义制度固有的各种矛盾愈益深刻化。在第二次世界大战以后，誕生了一系列社会主义国家和民族独立国家，帝国主义統治的地区已經大大縮小。帝国主义和殖民主义的堤防，不斷地遭到人民革命洪流的冲击。帝国主义各国之間，首先是美国同英、法之間，爭吵和傾軋正在加剧。帝国主义的处境很不妙，他們的日子越来越不好过。（鼓掌）

美帝国主义尽做坏事，充分表現了垄断資本主义的腐朽性。它的所作所为，使得越来越多的人認識到，美帝国主义是全世界反动势力的主要堡垒，是全世界人民的头号敌人。美帝国主义，至今頑固地坚持扩軍备战政策，到处侵犯别国的主权，并且积极扶植西德和日本軍国主义，在西方和东方正在形成两个危险的战爭策源地。在亞洲的老撾和南越，在非洲的刚果，在拉丁美洲的古巴，都出現了由于美帝国主义的侵略和干涉所造成的紧张局势。以美国为首的帝国主义战爭势力，挑起新的世界战争的危险，仍然威胁着世界各国人民。美国肯尼迪政府上台以后，極力推行反革命的"兩手"

政策，一面狡猾地使用"和平"手段，一面加紧推行战争政策。斗争中的各国人民懂得，肯尼迪比艾森豪威尔更具有危险性。但是，不論美帝国主义玩弄什么手段，都不能阻止世界人民的覺悟和民族解放运动的發展。帝国主义和反动派，决不可能按照他們的意願，把已經解放的人民的手足重新捆縛起来。他們任意横行的时代，早已一去不复返了。（鼓掌）

东風压倒西風的形势，已經非常明显。社会主义、民族解放、民主和世界和平的胜利，是不可抗拒的。（鼓掌）

莫斯科会議声明說："这几年的主要总結是：世界社会主义体系的威力和它的国际影响的急剧增长；殖民主义体系在民族解放运动的打击下迅速瓦解；資本主义世界中的阶級搏斗日益加剧；世界資本主义体系更加衰落和腐朽。在世界舞台上，社会主义力量日益明显地超过帝国主义，和平力量日益明显地超过战争力量。"（鼓掌）

一九六〇年十一月举行的各国共产党和工人党莫斯科会議，进一步加强了社会主义陣营的团結和国际共产主义运动的团結。在馬克思列宁主义和无产阶級国际主义旗帜下的这种偉大团結，是全世界人民取得胜利的根本保证。（鼓掌）

社会主义陣营各国的建设事业，不断地取得新的成就。苏联發射载人宇宙飞船的成功，極大地显示了社会主义制度的优越性。社会主义各国，为了維护世界和平，作了不懈的努力。它們所执行的和平外交政策，在世界范围內起着越来越大的影响。苏联和其他社会主义国家关于普遍裁軍、停止核試驗和締結对德和約等和平倡議，得到了全世界爱好和平的人民和国家的广泛支持。（鼓掌）

的。

四十年来，我們党和全国人民所以能够在艰苦复杂的斗争中一步步克服困难，取得胜利，是和毛澤东同志的正确領导分不开的。毛澤东同志一貫堅持馬克思列宁主义普遍眞理和中国具体实践相結合的原則，創造性地解决了中国革命和建設的一系列理論問題和实际問題。他領导我們克服了党內的各种右的和"左"的錯誤，使全党的政治水平和思想水平不断地提高。毛澤东同志的正确領导，对我們党和中国人民的胜利，具有决定意义。

我国革命和建設的胜利，是我国广大人民群众在中国共产党領导下团結一致、英勇奋斗的結果。毛澤东同志說："馬克思列宁主义的基本原則，就是要使群众認識自己的利益，幷且团結起来，为自己的利益而奋斗。"我們党四十年来的工作，就是發动群众，教育群众，使他們团結起来为自己的利益奋斗。中国共产党始終不渝地捍衛着人民群众的利益，堅定不移地依靠人民群众的支持，幷且把人民群众当作自己力量的唯一泉源。在我国长期的革命和建設斗爭中，我們党和广大人民群众建立了極其亲密的关系，人民群众看到，只有中国共产党才是自己最可靠的带路人，幷且堅决相信，党的領导是自己获得解放和在各项工作中取得胜利的保証。依靠了各族人民的这种信任和支持，依靠了工人阶级、农民阶級和革命知識分子的联合，依靠了全国各民主阶級、各民主党派、无党派民主人士和其他一切爱国民主力量同我們党的合作，我們才取得了今天的胜利。我們的党是团結的，我們的人民是团結的，我国各民族、各民主党派和其他爱国分子是团结的。这种团结是从长期革命斗争和建设斗争中锻炼出来的，是經过各种考驗的，是最巩固的。

中国革命是十月革命的繼續。中国人民的斗争，得到了国际无产阶级和全世界人民各方面的援助。中国人民的胜利，又支持了国际工人运动和全世界人民的革命斗争。一九六〇年的《各国共产党和工人党代表会議声明》指出：„中国的人民革命給帝国主义在亞洲的陣地以毀灭性的打击，在很大程度上促进了世界力量对比發生有利于社会主义的变化。它給民族解放运动以新的有力的推动，給各国人民，特別是亞洲、非洲和拉丁美洲的人民以巨大的影响。"

在全世界人民爭取和平、民族解放、民主和社会主义的斗争中，中国人民积极地作出了自己应有的貢献。在馬克思列宁主义的国际主义的原则上，中国同苏联和其他社会主义国家团結在社会主义陣营的大家庭里，建立了牢不可破的友好合作和互相援助的兄弟关系。中国人民始終高举着反帝国主义的旗帜，坚决支持被压迫民族和被压迫人民的革命斗争，反对以美国为首的帝国主义战争政策和侵略政策。中国人民志願軍和朝鮮人民軍一道，英勇地打败了美帝国主义侵略者。中国人民坚决反对美帝国主义对我国的侵略和战爭威胁，一定要解放我国的領土台灣。中国人民积极支持亞洲、非洲、拉丁美洲的民族民主运动，把它看作是自己崇高的国际义务。中国是著名的和平共处五項原则的發起者。在五項原则的基础上，我国已經同許多国家建立了友好的关系。我們今后仍将在五項原则的基础上，爭取和社会制度不同的国家和平共处，反对帝国主义的侵略政策和战爭政策。我国机行的和平外交政策，得到了全世界一切愛好和平的人民和國家的歡迎。不管美帝國主義怎樣費盡心機來孤立我們，都不能阻止我國同全世界各國人民建立廣泛的友好的聯繫。我們的朋友遍天下，想孤立我們的敵人反而被孤立了。中國在國際上的地位越來越提高了。中國在國際上的影響越來越擴大了。

目前，國際形勢對我們十分有利。各國共產黨和工人黨代表會議以后，在馬克思列寧主義的旗幟下，國際共產主義運動更加團結了，社會主義陣營更加團結了。南斯拉夫修正主義遭到各國共產黨和工人黨一致的唾弃。亞洲、非洲和拉丁美洲各國反對帝國主義和殖民主義的斗爭，正在走向新的高潮。資本主義國家內部的革命運動和民主運動，正在日益增長。帝國主義集團正在繼續走向分裂。維護世界和平的斗爭，正在波瀾壯闊地發展。世界和平、民族解放、民主和社會主義的勝利，是當代歷史的潮流，是任何人阻擋不住的。

四十年來，我們黨所走的道路是光榮偉大的。我們的黨已經由人數很少的馬克思列寧主義小組，發展成為一個有一千七百多萬黨員的大黨；由一個在反動政權迫害下的革命組織，發展成為一個在六億五千萬人口的大國中執政的黨。在黨的幼年時代，我們懂得極少，現在我們黨在政治上成熟了，而且有了一批懂得各方面業務的干部。我們有相當數量的、久經考驗的老黨員，還有為數眾多的朝氣勃勃的新黨員，他們是黨的新的血液，是在各種斗爭中涌現出來的積極分子，其中很多人具有科學技術文化的專業知識。當然，我們決不能自滿，我們還需要努力學習，要像劉少奇同志在八祝中国共产党成立四十周年大会上的講話中所說的那样，在全党展开一个新的学習运动，以便帮助全党干部进一步認識和掌握我国社会主义建設的客观規律。这就是說，要努力学習馬克思列宁主义关于社会主义革命和社会主义建設的基本原理，学習毛澤东同志根据馬克思列宁主义原理闡明的我国社会主义建設的理論和实际問題，学習党中央制定的社会主义建設的总路綫和各項具体政策，学習苏联和其他兄弟国家的社会主义建設的經驗。对于大量的新党員，还必須給予馬克思列宁主义的基本教育和党的基本知識教育。

当我們庆祝党成立四十周年的时候，我們看到，在过去的四十年中，由于我們党和全国人民的英勇奋斗，我們的国家已經發生了天翻地复的变化。曾經只是一种美好理想的、沒有人剥削人現象的社会主义制度，在我国已經成为现实。苦难深重的旧中国，已經变成了欣欣向荣的新中国。我們已經完成了前人从来沒有做过的偉大事业，我們还要完成更偉大的事业。我們的事业是偉大的，我們的前途是无限光明的，我們的力量是战无不胜的。只要我們緊密地和全国人民团結在一起，緊密地同全世界人民团結在一起，朝气勃勃地努力工作，就一定能够把我們的国家建設成为一个具有現代工业、現代农业、現代科学文化的强大的社会主义国家。让我們高举毛澤东思想的旗帜，奋勇前进吧！

发揚党的优良傳統

（"紅旗" 杂志半月刊一九六一年第十三期社論）

从一九二一年七月一日到今天，中国共产党經历了光榮的偉大的四十年。在这四十年当中，中国共产党領导全国人民英勇奋斗，取得了人民民主革命和社会主义革命的偉大胜利，并且卓有成效地进行了規模巨大的社会主义建設工作。

中国民主革命是在一个人口众多、經济落后的半殖民地半封建的大国中进行的。帝国主义、封建势力和官僚資产阶級对中国人民实行的極端野蛮的反动統治，使中国人民遭受了无比深重的灾难。中国資产阶級政党虽然曾經領导过中国的民主革命，但是它們沒有也不可能提出徹底的民主革命綱領，不可能領导民主革命达到胜利。中国共产党領导中国革命以后，中国革命出现了一个新的局面。中国共产党，在毛澤东同志的領导下，創造性地把馬克思列宁主义的普遍眞理运用于中国革命，克服了右傾和"左"傾机会主义的錯誤，正确地規定了中国民主革命的綱領、政策和策略，使中国革命沿着正确的道路向前發展。我們党在民主革命中建立了巩固的工农联盟，并在此基础上同一切民主力量建立了广泛的統一战綫，經过长期地領导农民进行武裝斗争，在农村建立革命根据地，以农村包围城市，终于推翻了帝国主义、封建主义和官僚资本主义的统治，在约占世界人口四分之一的大国中取得了人民民主革命的伟大胜利，建立了中华人民共和国。这是继伟大的俄国十月社会主义革命之后在国际上出现的重大事件。

在人民民主革命胜利的基础上，我们党又领导中国人民不停顿地进行了社会主义革命和社会主义建设。

我国人民民主专政实质上是无产阶级专政。我们没收了官僚资本为国家所有，建立了全民所有制的社会主义经济。我们在农业的社会主义改造问题上，紧跟着土地改革以后，迅速地、逐步地经过互助组和半社会主义性质的初级农业生产合作社的过渡形式，使农民的个体经济转变成为集体所有制的社会主义经济。我们又通过国家资本主义的各种形式，使民族资产阶级的工商业转变成为社会主义的全民所有制。这就在我国消灭了资本主义制度及其产生的根源。在生产资料所有制的社会主义改造完成以后，我们又取得了政治战线和思想战线上的社会主义革命的决定性胜利。

在社会主义建设事业上，一九五七年我们完成了第一个五年计划，建立了工业化的初步基础。从一九五八年开始，我们党领导全国人民贯彻执行了鼓足干劲、力争上游、多快好省地建设社会主义的总路线和一套"两条腿走路"的方针，实现了国民经济的大跃进，并且在农村中实现了人民公社化。在总路线、大跃进、人民公社三面红旗的光辉照耀下，我国的经济建设和文化教育事业都有了很大发展。在这三年中，工业生产发展速度大大加快，工业生产水平大大提高，工业的物質技术基础也大大加强。我們已經提前完成了第二个五年計划工业生产的主要指标。在农业方面，三年来人民公社發揮了强大的威力，农田水利事业有了很大的發展，农业生产的"八字憲法"在广泛实踐中得到了丰富的發展，所有这些，不仅减輕了一九五九年和一九六〇年連續兩年严重的自然灾害所造成的損失，而且为今后农业的增产提供了有利的条件。

中国革命和建設的偉大胜利，是中国人民长期艰苦奋斗的結果，也是同国际革命力量的援助，特别是苏联和其他兄弟国家的援助分不开的。中国人民的胜利，严重地打击了帝国主义，大大加强了社会主义陣营的力量，大大加强了保衛世界和平的力量，促进了世界力量对比發生有利于社会主义的变化，有力地推动了世界民族解放运动的發展。

中国革命和建設的偉大胜利，是馬克思列宁主义在中国的胜利，是馬克思列宁主义的普遍真理和中国的具体实踐相結合的毛澤东思想的胜利，是中国共产党領导的胜利。我們党在毛澤东同志的領导下，經过长期的革命斗爭，把自己鍛煉成为一个成熟了的馬克思列宁主义的政党。我們党在革命斗爭的实踐中培养和發展了自己的优良作風，在一切工作中坚持实事求是，坚决执行群众路綫，和人民群众紧密地联系在一起，在任何情况下保持謙虚謹愼的态度，虚心向群众学習。过去，我們坚持和發揚了这样的作風，保証了革命和建設的胜利。当前，我們的任务是要把我国建設成为一个具有現代工业、現代农业、現代科学文化的偉大的社会主义国家。全党党員和干部应该繼續坚持和發揚党的优良的傳統作風，来为实现这个艰巨的任务而奋斗。

实事求是是我們党的根本作風。毛澤东同志指出："'实事'就是客观存在着的一切事物，'是'就是客观事物的内部联系，即规律性，'求'就是我們去研究。"我們党从来認为，必須用馬克思列宁主义的理論，研究中国的实际問題，使馬克思列宁主义的普遍真理和中国革命的具体实践相結合。我們党在各个时期所执行的正确的路綫、政策和方法，都是馬克思列宁主义普遍真理和中国的具体实践相結合的产物。

在民主革命的二十八年中，我們党从沒有經驗变为有了一些經驗，以至有了丰富的經驗，这个过程也就是馬克思列宁主义的普遍真理和中国革命的具体实践日益結合的过程。在这个过程中，有的同志犯了敎条主义的錯誤，有的同志犯了經驗主义的錯誤。敎条主义者和經驗主义者从兩个不同方面违反了理論和实践相結合的原則，违反了实事求是的原則。他們的思想和工作都不是从客观情况出發，而是从主观願望和主观想象出發，所以他們必然在工作中碰壁。毛澤东同志說："这种反科学的反馬克思列宁主义的主观主义的方法，是共产党的大敌，是工人阶級的大敌，是人民的大敌，是民族的大敌，是党性不純的一种表現。"通过反对右傾錯誤和"左"傾錯誤的斗爭，特别是經过了一九四二年的整風运动以后，全党多数干部深切地懂得了主观主义的危害性，懂得了必須应用馬克思列宁主义的理論和方法，对实际情况进行系統的周密的調查研究，从其中引出其固有的而不是臆造的规律性，我們的行动才能有正确的向导。这样，馬克思列宁

评《前线》《北京日报》的资产阶级立场

《批邓拓》
《批三家村》

天 津 人 民 出 版 社

評《前綫》《北京日报》的資产阶級立場

本　　社編

天 津 人 民 出 版 社

目　　录

評《前綫》《北京日报》的资产阶級立場

戚 本 禹

今年四月十六日，《北京日报》以三个版的特大篇幅和通栏的黑体大字标题，刊登了关于"三家村"和《燕山夜話》的"批判"資料。中共北京市委《前綫》杂志和《北京日报》，为这个資料加上个"編者按"，当天出版的《北京晚报》，也以三个多版的篇幅选登了这些資料。声势之大，是这几个报刊創办以来所罕見的。

《前綫》《北京日报》《北京晚报》，过去发表了大量的反党、反社会主义毒草，现在如果能对这許多毒草进行认眞的批判，幷且对自己的錯誤进行严肃的自我批評，这是必要的，也是应該的。但是，《前綫》《北京日报》现在的这种作法，是不是在认眞地批判毒草呢？是不是在严肃地进行自我批評呢？不，不是。

你們批判过吳晗嗎？

沒有。

从一九五九年吳晗以海瑞为题，向党、向社会主义发动猖狂进攻以来，到一九六五年十一月十日姚文元同志发表《評新編历史剧《海瑞罢官》》，时間共有六年多，在这六年多时間里，《前綫》《北京日报》《北京晚报》，沒有揭露过吳晗一个字。相反地，《北京日报》《北京晚报》却在这个期間积极发表文章，为吳晗，为吳晗所塑造的反党、反社会主义的"海瑞"热烈捧場。"老兄老弟"們那一组"細吹細打"的妙文，在所有吹捧《海瑞罢官》的文章中，是最不像样子，最恶劣的。

　　姚文元同志提出吳晗的問題以後，你們是否改变了自己的态度呢？也沒有。在差不多二十天的时间里，你們对姚文元同志这样一篇重要的战斗文章，不轉載，不介绍，反而质問上海的同志："你們发表姚文元的文章有什么背景？为什么不事先打招呼？你們的党性到哪里去了？"

　　什么背景？背景就是无产阶级和資产阶级的阶级斗争，背景就是毛澤东同志经常教导我們的关于社会主义社会阶级和阶级矛盾的学說，背景就是你們报紙上也登載过的党的八届十中全会公报中关于在全国开展兴无灭資阶级斗争的决定。难道进行阶级斗争，还要經过你們批准嗎？难道不經过你們批准，就是沒有党性嗎？看来很清楚，你們所要的党性不是无产阶级的党性，而是資产阶级的党性。

　　一九六五年十一月二十九日，《北京日报》在群众的压力下被迫轉載了姚文元同志的文章。这时，你們的态度轉变了嗎？也沒有。《解放軍报》发表了旗帜鲜明的"編者按"，正确地指出，吳晗的《海瑞罢官》是一株大毒草。而《北京日报》的"編者按"，对《海瑞罢官》却旣不讲是，又不讲非只是說，这是一出"影响较大的戏"，几年来，大家是"有不同意见的"，"有不同的意见应該展开討論"。其实你們是支持吳晗，反对姚文元同志文章的。《前綫》《北京晚报》都不轉載姚文元同志的文章，《北京日报》出来轉載一下，这是装出一副假公正的面孔，来掩盖你們眞偏祖的态度。

　　九六五年十一月十一日，《前綫》《北京日报》突然以显著的地位、醒目的标题，发表了署名向阳生的文章，题目是《从〈海瑞罢官〉談到"道德继承論"》。好像你們改正了自己的錯誤，站到社会主义文化革命的前綫上了。

　　这是怎么一回事呢？

　　原来这是一篇同文化革命唱反調的文章。这篇文章是在用

"小罵大帮忙"的手法，为吳晗保駕。文章的中心意思，是要把吳晗《海瑞罷官》的"指导思想"說成是一种"道德继承"問題。一个反党、反社会主义的重大政治問題，在向阳生的文章里，变成了一个所謂"純学术"問題。

文章的作者还打着"在眞理面前人人平等"的資产阶級口号，来为吳晗辯护。其实，你們从来是站在資产阶級的立場上，包庇吳晗之类的資产阶級代表人物，压制无产阶級革命者。你們对于反动的东西，一直是开放綠灯，让反党、反社会主义的毒草大量出籠，而对于批判毒草的文章却一概扣压起来，不准发表，这是不折不扣的資产阶級"自由化"，不折不扣的对无产阶級实行专政，哪里是什么平等呢？

向阳生文章的末尾还装腔作势地要求大家对所謂"道德继承"問題，进行討論，企图为吳晗《海瑞罷官》問題的討論定調子，想把对吳晗《海瑞罷官》的批判，从尖銳的政治問題轉到所謂"純学术"問題上去。后来人們知道，所謂向阳生者，也就是同吳晗合写反党文章的邓拓。更为严重的是，一九六五年十一月二日邓拓还在《北京日报》一次会議上公开宣布"现在幷沒有肯定《海瑞罷官》是株大毒草"，幷且說姚文元同志的文章同吳晗的文章一样也有錯誤。

隔了不久，即一九六五年的十二月二十七日，《北京日报》发表了吳晗的《关于〈海瑞罷官〉的自我批評》，这是一篇假檢討、眞进攻的文章。《北京日报》在发表这篇文章的时候，不加任何按語，不作任何批判，这实际上是支持吳晗以檢討的形式向批評他的同志进行反攻。值得注意的是，在这篇文章里，吳晗就心照不宣地对向阳生說，你的批評"使我认識了錯誤，改正了自己的观点"。吳晗完成了反攻任务以后，就按照向阳生定的調子，在《前綫》《北京日报》上发表了关于"道德继承"問題的所謂自我批評，欣然承认自己錯誤的"中心"，是所謂"道德继承"問題。两个人密切搭配，一唱一和，演了一場双簧。

一篇不够，調子定不下来。你們又接連发表同类性质的文章，一个劲地想把吴晗反党、反社会主义的政治問題，往所謂"純学术"問題上拉。发表在今年一月八日《北京日报》上的李东石（即北京市委宣傳部长李琪）《評吴晗同志的历史观》的文章，就是为这个目的而抛出来的。这篇文章把吴晗《海瑞罢官》的"指导"思想，說成是一种評价历史人物的观点。同一个《海瑞罢官》，一会儿是所謂"道德继承論"的产物，一会儿又是某种評价历史人物观点的产物，就是不肯說它是反党、反社会主义的产物。

众目睽睽，营私舞弊是不行的。《前綫》《北京日报》对吴晗假揭露、眞支持，假批判、眞包庇，假斗爭、眞保护的手法，迅速为大家識破了。不少报刊发表了揭露吴晗反党、反社会主义的文章，特别是今年四月以来，吴晗反党、反社会主义的罪行，越来越为人們所认識，一个反共、反人民、反革命知識分子的面目暴露得越来越清楚了。一种难堪的"将軍"局面摆在支持、包庇吴晗的《前綫》《北京日报》《北京晚报》的面前。于是，你們才扭扭捏捏地走出来說，"吴晗是《海瑞罵皇帝》和《海瑞罢官》这两株大毒草的作者"，并且重新发表了吴晗过去在《前綫》上发表的《赵括和马謖》，想以此敷衍塞責，欺骗讀者。这就是你們对吴晗的所謂"批判"。人們不禁要問，为什么你們把一些人人皆知的事情，当做重要秘密来介紹，而对于吴晗忠实继承胡适衣鉢，甘心充当美国洋奴、为国民党反动派出謀献策的种种罪恶活动却連一个字都不肯提呢？

你們批判过廖沫沙嗎？

没有。

廖沫沙（前北京市委統战部长），就是当年把刻毒的話"换掉姓名挂在暗箭上"① 向文化革命的主将鲁迅进行攻击的人。现在他又用同样的手法，把暗箭射向党、射向人民。請問《前綫》《北京日报》《北京晚报》：对这样的人，你們什么时候作过批判？

腐烂的毒草，被廖沫沙說成是鲜艳的花朶。反党、反社会主义的《海瑞罢官》是好得很，"再写一个"；反党、反社会主义的《李慧娘》，是"有鬼无害"，"能鼓舞人們的斗志"。对于这些为右傾机会主义即修正主义逆流呼風喚雨，兴風助浪，在社会上散放了大量毒素的作品，你們什么时候作过批判？

你們明明知道，《不怕鬼的故事》的出版，是为了鼓舞中国人民向帝国主义、修正主义和一切反动派斗争，却偏偏要唱对台戏，在《前綫》上发表廖沫沙《怕鬼的"雅謔"》，恶意地向中国共产党和中国人民进行攻击，污蔑我們偉大的党和偉大的人民"卑怯和愚蠢"，"空口說大話"，"顾前不顾后"，是"口称不怕鬼而实际怕鬼怕得要死的人"。請問你們把这样的文章发表出来，究竟是要干什么？中国共产党和中国人民什么时候怕过鬼？你們对偉大的中国共产党和中国人民的污辱，不是同帝国主义、修正主义、各国反动派一模一样嗎？

一九六三年五月六日，梁壁輝（即俞銘璜）同志在《文汇报》上发表了批判廖沫沙《有鬼无害論》的文章，接着其他报刊也展开了批判，而你們在这个时候仍然不肯发表批判他的文章。拖到后来，实在交不了賬了，这才迫不得已地帮助廖沫沙发表了一个遮遮掩掩、欺骗群众的假检討：《我的〈有鬼无害論〉是錯誤

---

① 廖沫沙曾經在1934年用"林默"的笔名，在《大晚报》上发表《論"花边文学"》一文，攻击鲁迅的革命杂文是"花边文学"。鲁迅用这句话回敬了廖沫沙，并为自己的杂文集取名《花边文学》。見《鲁迅全集》第5卷，人民文学出版社1957年版，第341、397—400頁。

的》。什么"忘記了""阶级斗争"呀，什么"失去了警惕"呀，什么"划不清界限"呀，什么"迷失"了"方向"呀，什么"不自觉地給資产阶级和封建势力向党和社会主义猖狂进攻作了帮手"呀，像煞有介事地給自己扣了一堆輕松的帽子。

这样一篇假檢討，当然蒙混不了群众。讀者严肃地对这种假檢討提出了批評，但是无論是《前綫》还是《北京日报》《北京晚报》，都不理睬群众这种正当的批評。因为对你們来說，廖沫沙是必須好好加以保护的，这个反党、反社会主义的陣地，是万万退让不得的。

今年四月十六日，《前綫》《北京日报》的"編者按"似乎改变了自己以往的腔調，說："他（指廖沫沙）决不是'不自觉地給資产阶級和封建势力向党和社会主义猖狂进攻作了帮手'，而是自觉地反党反社会主义反毛澤东思想的一員主将。"但是，这仍然是一頂空洞的帽子。我們要問这个廖沫沙究竟是干什么的？从他一系列反动的言行中，完全可以看出来，他是一个混进党内的資产阶級代表人物，他是一个为"鬼"張目，为帝国主义、修正主义和各国反动派張目，为地、富、反、坏、右張目的資产阶級代表人物，他是一个跟洋鬼、土鬼結成反共、反人民、反革命统一战綫的資产阶級代表人物。他的反动活动事实，你們比我們知道的要多得多，为什么你們不肯作一点揭发呢？看来你們是直到现在还被"鬼"迷住了心窍。

你們批判过邓拓嗎？

也沒有。

前几年，代表資本主义复辟势力的右傾机会主义分子即修正主义分子，在奔騰澎湃的社会主义革命浪潮里掀起了一股逆流。他們利用我們的暫时困难，猖狂地向党、向社会主义发动进攻。邓拓在这场猖狂的进攻中，是一个重要人物。吳晗、廖沫沙、邓拓，"三家村"反党小集团的組織者和領导者就是邓拓。我們知道，就是这个邓拓，在一九六一年的九月、亲自出馬，糾集吳晗、廖沫沙，在一个飯店里聚餐，組織起了这个反党、反社会主义的黑店。黑店的名称是他起的，吳南星的化名是他定的，文章的刊登与否是他批的。"三家村"开业的历史，就是邓拓率領吳晗、廖沫沙一伙反党、反社会主义的资产阶級代表人物在文化思想战綫上同无产阶級进行尖銳的阶級斗爭的历史。

邓拓是一个什么人？現在已經查明，他是一个叛徒。在抗日战爭时期又混进党内。他伪装积极，騙取党和人民的信任，担任了《人民日報》的重要职务。他經常利用自己的职权，歪曲馬克思列宁主义、毛澤东思想，推行和宣傳他的资产阶級修正主义思想。一九五七年夏天，他是资产阶級右派方面一个搖羽毛扇的人物。他发表了許多反党、反社会主义的右派言論，《人民日報》一九五七年五月十一日有一篇化名卜无忌《廢弃"庸人政治"》的文章，就是他写的。这篇文章对党进行了恶毒的攻击，要党把領导权交給资产阶級右派。除此之外，他还积极支持右派分子向党猖狂进攻。极右分子林希翎，是他最亲密的朋友。林希翎曾經称呼他是中国的"非正統的馬克思主义者"。这就是說，連资产阶級右派也早已知道他是一个修正主义分子。随着反右派斗爭的胜利，邓拓的资本主义复辟的梦想失败了。他在《人民日報》的职务被党中央撤銷了。他被人民"罷"了"官"。在这以后不久，他又钻入了北京市委，重新上台，当上了市委书記处书記。

邓拓頗"懂得"一些斗爭的策略。一九五七年反右派运动的惊濤駭浪，使他改换了自己的斗爭方式。右派分子在反右派运动中遭到广大群众批判、斗爭的情景，使他心有余悸。在新的阶級斗爭形势下，他不再像一九五七年发表右派言論那样赤膊上陣，而是采取更加阴險、狡猾的方式同我們进行斗爭。他凭借《前綫》

上说，也是关系世界人民命运的大事。

十六年来我们党内发生的三次大斗争，是毛泽东思想同反毛泽东思想的斗争，是马克思列宁主义路线同修正主义路线的斗争，是无产阶级和资产阶级两个阶级、社会主义和资本主义两条道路的斗争。

毛主席说，"党内不同思想的对立和斗争是经常发生的，这是社会的阶级矛盾和新旧事物的矛盾在党内的反映。党内如果没有矛盾和解决矛盾的思想斗争，党的生命也就停止了。"毛主席还指出，"阶级斗争是客观存在，不依人的意志为转移的。就是说，不可避免的。人的意志想要避免，也不可能。只能因势利导，夺取胜利。"

我们党每经历一次大斗争，清除一小撮混进党内的阶级异己分子，这是完全正常的、合乎规律的现象。每经过这样一场斗争，我们的党就更加团结了，更加巩固了，战斗力就更加坚强了。帝国主义、现代修正主义和国内外反动派，梦想从这里面捞取一根稻草，完全是枉费心机。

十六年来我们党内二次大斗争说明：那些反党集团的一切罪恶活动的目的，都是为了搞反革命政变，为了变无产阶级专政为资产阶级专政。如果不把他们的罪恶阴谋揭发出来，他们肯定是要对人民下毒手的。

如果他们的阴谋得逞，我们几十年流血牺牲打出化。一场新的反击战开始了，邓拓的合作者吴晗被揭露出来了。如果《前綫》《北京日报》《北京晚报》真正願意揭露邓拓，这时候，你們仍然有　点主动权，但是你們没有这样做。非但没有这样做，而且你們还請邓拓做报告、写文章，支持、包庇吴晗。

客观的阶级斗爭是不以人們主观的意志为轉移的。斗爭不断深入。吴晗、廖沫沙、邓拓联合反党、反社会主义的面貌完全明朗化了。广大的讀者对《前綫》《北京日报》《北京晚报》包庇邓拓、压制批評的作法极端不滿，憤憤不平，盖子非揭不可了。这时候，你們为了摆脱被动挨攻的局面，更重要的是为了更好地保护邓拓等人，才匆匆忙忙地把邓拓的問題提了出来。

提出邓拓問題的目的是为了更好地保护邓拓等人，这种說法岂不自相矛盾？不，幷不矛盾。

三个多月以前，《前綫》《北京日报》不是就曾經为了保护吴晗，而积极发表了向阳生"批評"吴晗的文章吗？提出邓拓的問題，不过是这种假揭露、真支持，假批判、真包庇，假斗爭、真保护的丑剧的重演。

《前綫》《北京日报》在"編者按"里，极力回避邓拓向党、向社会主义进攻的問題。"三家村"里的一个最重要的人物——邓拓，在《前綫》《北京日报》的"編者按"里却占了最次要的地位。吴晗是"向党向社会主义进攻"，廖沫沙是反党、反社会主义的"主将"、而邓拓却不是反党、反社会主义。輕重倒置，掩盖要害，牺牲車馬，保存将帅，这就是《前綫》《北京日报》在保护邓拓問題上玩弄的一套手法。

《北京日报》发表的关于"批判"邓拓的资料，同样不提邓拓向党、向社会主义进攻的問題。占了两个版面的《燕山夜話》摘要，只在最后用两个平淡不引人注意的小标题，提了一下邓拓的"以古諷今"問題。邓拓那些恶意攻击党，攻击总路綫，攻击大跃进、人民公社的反动言論,那些为右傾机会主义分子即修正主义分子被罷官、貶官鳴冤叫屈也是为他自己的被罷官、貶官鳴冤叫屈的文章,都被《前綫》《北京日报》輕描淡写地說成是"庸俗无聊","孤芳自賞"的东西,至多也不过是"美化封建社会制度",宣傳資产階級思想而已。

今年四月十九日,《北京日报》又散发了一份"关于批判《燕山夜話》的参考选题",說什么"邓拓是艺术上的复古派","站在古人的楼台上","宣傳艺术越古越好",继續为邓拓打掩护,企图引导讀者把对邓拓的批判鋒芒集中到"崇古师古"的方向上去。

反党、反社会主义,为資本主义复辟作輿論准备的政治要害問題沒有了。

这能叫做"批判"嗎?把它叫做掩盖錯誤、包庇坏人、欺骗讀者,不是更符合实际嗎?

《前綫》《北京日报》的"編者按"說:"在这一場斗爭中,我們得到的敎訓是很深刻的。过去由于我們放松了文化学术战綫上的阶級斗爭,使党內外資产階級的代表人物乘虚而入,利用学术文章、杂文等形式反党反社会主义,利用报刊的专栏来开辟他們的'自由市場',……本刊、本报过去发表了这些文章又沒有及时地批判,这是錯誤的。其原因是我們沒有实行无产階級政治挂帅,头脑中又有着資产階級、封建階級思想的影响,以致在这一場严重的斗爭中丧失立場或者丧失警惕。"

这能叫做自我批評嗎?

"敎訓是很深刻的"。什么敎訓呢?

"放松了文化学术战綫上的阶級斗爭"。眞是放松了嗎?

"使党內外資产階級的代表人物乘虚而入,利用学术文章、杂文等形式反党反社会主义"。眞是被别人乘虚而入嗎?眞是被别人利用了嗎?

"其原因是我們沒有实行无产阶級政治挂帅"。沒有无产阶級政治挂帅，那末是哪个阶級的政治在挂帅呢？

"头脑中又有着資产阶級、封建阶級思想的影响"。只有一点儿資产阶級、封建阶級的思想影响嗎？

"以致在这一場严重的斗爭中丧失立場或者丧失警惕。"是丧失立場嗎？是丧失警惕嗎？

統統不是。

《前綫》《北京日报》，还有那份《北京晚报》，在最近儿年的一个相当长的時間里，本身就是邓拓、吳晗、廖沫沙等人猖狂向党、向社会主义进攻的工具，而不是什么不自觉地被人"利用"的問題。你們这个陣地，不是无产阶級的陣地，而是資产阶級的陣地。邓拓、吳晗、廖沫沙等人在过去的一个相当长的時間里，本来就是安安稳稳地坐在市委、市人委的大門里当官做老爷，发号施令，忠实执行着修正主义路綫，企图用"和平演变"的方法实现資本主义复辟的梦想，而根本不是什么被"資产阶級的代表人物乘虚而入"的問題。你們是打着"紅旗"反紅旗，披着馬克思列宁主义、毛澤东思想的外衣反对馬克思列宁主义、毛澤东思想。你們喊着无产阶級专政和社会主义的口号来丑化无产阶級专政，丑化社会主义制度。你們是挂着共产党的招牌，窃取党报、党刊的名义来反党、反社会主义。你們在我国社会主义同資本主义两条道路严重斗爭的時刻，一直是站在資产阶級的立場上加紧同无产阶級进行着尖銳的阶級斗爭，而絕不是什么放松了阶級斗爭。你們沒有无产阶級的政治挂帅，却有着資产阶級的政治挂帅。你們的資产阶級反动思想頑固得很，資产阶級反动立場堅定得很，資产阶級反动嗅觉灵敏得很，資产阶級党性强烈得很。直到不久以前，你們还在揮舞板斧，把别人批判邓拓文章中的要害問題統統砍去，說什么"这个不能联系"，"那个不能成立"，

"不管人家怎么搞，我們还是按学术討論搞"，这怎么是头脑中仅有一点儿资产阶級、封建阶級的思想影响，或者是什么丧失立場、丧失警惕呢？

假的就是假的，伪裝应当剝去。抹胭脂搽粉，是遮盖不住丑陋的面孔的。你們过去放了那么許多毒，出了那么許多牛鬼蛇神，又耍了那么許多恶劣手法来抗拒文化革命，今天用几句空話，就能向讀者交代过去嗎？

《前綫》《北京日报》《北京晚报》到了彻底革命的时候了。在国内外阶級敌人大刮黑風的时候，是誰积极支持邓拓、吳晗、廖沫沙进行反党、反社会主义的活动呢？邓拓、吳晗、廖沫沙的反党、反社会主义活动遭到革命群众反击以后，是誰用各种办法包庇邓拓、吳晗、廖沫沙呢？后来，邓拓、吳晗、廖沫沙的問題包不住了，又是誰指使你們玩弄那一套"牺牲車馬，保存将帅"的假批判把戏呢？所有这些問題，你們掩盖是掩盖不住的，回避是回避不了的。隐瞞是不能持久的，群众的眼睛是雪亮的，你們不揭发，群众要揭发，你們不批判，群众要批判。我們相信《前綫》《北京日报》《北京晚报》編輯部一切願意革命的同志，一定能够勇敢地站出来，举起毛澤东思想紅旗，同资产阶級的代表人物彻底决裂，大胆揭露和批判你們反党、反社会主义的罪恶事实。

邓拓、吳晗、廖沫沙等人有組織、有計划、有領导的反党事件，应当引起我們的高度警惕。强大的社会主义革命力量把一批批资产阶級代表人物打下台去，但是这并不等于万事大吉。我們应該看到，还会有一些资产阶級代表人物继續登台表演。不同的是他們的表演方式会經常变花样，有的是赤裸裸的，有的则比較隐蔽，有时分散出击，有时集中进攻。我們一定要积极参加当前的运动，坚决地同各式各样的资产阶級代表人物展开斗爭，把社会主义文化革命进行到底。

　　用毛澤东思想武裝起来的中国人民是无敌的。一切已出籠、未出籠的，台上、台下的牛鬼蛇神在这样偉大力量的面前，都是不堪一击的。日薄西山、气息奄奄的資本主义制度面临着秋風扫落叶般的悲惨命运，一小撮渺小的蚍蜉怎么能撼动社会主义的参天大树？

　　　　　　　　　　　〈原载《紅旗》杂志一九六六年第七期〉

揭破邓拓反党反社会主义的面目

林　杰

毛主席說："凡是錯誤的思想，凡是毒草，凡是牛鬼蛇神，都应該进行批判，決不能让它們自由泛滥。"

一九五九年到一九六二年間，由于我国遭受到暫时的經济困难，一时沉渣泛起，兴妖作怪，牛鬼蛇神，紛紛登場，向党向社会主义发动了猖狂的进攻。我們必須从阴暗的角落里把他們全部暴露出来，让他們在光天化日之下示示众。

阶級斗爭，必然要反映到党內来，党內的資产阶級代理人，必然要从无产阶級政党內部来进行反党、反社会主义的活动。在向党向社会主义猖狂进攻的人物中，邓拓就是其中一个。

邓拓是反党反社会主义"三家村"黑店的掌柜。几年来，邓拓、廖沫沙、吳晗等人，有領导、有組織、有計划地向以毛主席为首的党中央、向社会主义发动了一場大进攻。

四月十六日《北京日报》发表一批所謂批判"三家村"和《燕山夜話》的材料，拜且加了《前綫》和《北京日报》两个編輯部的按語。无論是按語，无論是所編的关于《燕山夜話》的材料，都是竭力掩盖邓拓的反党反社会主义这个根本問題。这是借批判之名，行掩护之实，打着斗爭的幌子，干着包庇的勾当。

究竟邓拓等人是不是有領导、有組織、有計划地反党反社会主义，这是大是大非問題，是含糊不得的。在这个根本問題上含糊，就是包庇坏人。邓拓等人的反党反社会主义的面目，必須彻底揭露，堅决批判。

小丑跳梁，恶毒地攻击我們偉大的党中央

領导我們事业的核心力量是中国共产党。我国革命和建設事业的偉大胜利，都是由于以敬爱的毛主席为首的中国共产党的英明領导。因此，国內外一切阶級敌人对我們的攻击，总是首先指向偉大的中国共产党。

一九六二年二月二十一日，邓拓发表了《智謀是可靠的嗎？》。这篇杂文的矛头是指向誰的呢？

邓拓大肆議論所謂当皇帝的要倾听人民群众的意見。他說，匡衡曾經向汉元帝进諫說，作皇帝的要"广謀从众"；著名学者郑兴，也曾經劝告汉光武帝，要"博采广謀，納群下之策"。在列举了古代的帝王将相如何虚心地接受"群下"的意見之后，邓拓即借古讽今地評論說："这些古人的見解都很不錯。特別是范尧夫所說的'不必謀自己出'，这一点尤其值得注意。有的人常常喜欢自己逞能，自作聪明，看不起群众，不管什么事情总是要自己出主意，企图出奇制胜，而不接受下面群众的好意見。"

首先，认为封建的帝王将相能够接受群众的意見，这是完全歪曲历史事实的。匡衡、郑兴所說的帝王听取"众"、"群"的意見，就是要听宰相、尚书等官僚的意見。說什么地主阶級的帝王将相，能听取群众的意見，这是別有用心的。

第二，邓拓不厌其煩地宣揚什么匡衡、郑兴要汉元帝、光武帝"納群下之策"，究竟是什么意思呢？在这里，所謂"群下"指的是誰？汉元帝、光武帝指的又是誰？人們自然会想起吳晗在《海瑞罵皇帝》中所說的："你自以为是，拒絕批評，你的錯誤太多了"。邓拓說的"喜欢自己逞能，自作聪明，看不起群众"，

这是对吴晗的《海瑞罵皇帝》的进一步发挥。邓拓所說的"群众"，就是邓拓之流反党反社会主义的阴谋家，而他所說的汉元帝、光武帝就是影射以毛主席为首的党中央。

第三，邓拓攻击我們党"企图出奇制胜"。革命，就是要出奇制胜。革命的时代，就是无产阶級政党领导千百万群众創造奇迹的时代。右派分子曾經攻击我們党中央"好大喜功"，反右斗争前夕，一九五七年五月，邓拓自己也攻击我們党中央"貪大喜功"，现在，邓拓又攻击我們党中央"企图出奇制胜"。可見他对社会主义革命事业的胜利是多么的仇恨。无产阶級和劳动群众歌頌党，歌頌党的偉大領袖，就是歌頌无产阶級革命事业的偉大胜利。而鄙視劳动群众的邓拓、吴晗等人却相反，他們竭力歌頌帝王将相，歌頌剝削阶級的头子，恶毒地謾罵无产阶級的党。

在《"偉大的空話"》这篇杂文中，邓拓更露骨地攻击偉大的毛澤东思想。邓拓說："东風是我們的恩人，西風是我們的敌人"，这是"偉大的空話"，是"无济于事"的"陈詞濫調"，"越說得多，反而越糟糕"。

"东風压倒西風"是毛主席关于国际形势的著名論断。毛澤东同志在一九五七年各国共产党和工人党会議上說："我认为目前形势的特点是东風压倒西風，也就是說，社会主义的力量对于帝国主义的力量占了压倒的优势。""东風压倒西風"，是运用馬克思列宁主义分析现阶段国际阶級力量的对比，所作出的科学論断。这个科学論断是各国革命人民的精神原子彈。它越来越被广大革命人民所掌握，极大地鼓舞了并且继續鼓舞着全世界被压迫被剝削人民的革命斗争。这个科学論断，击中了帝国主义、各国反动派和赫鲁曉夫修正主义的要害，使他們胆战心惊，怕得发抖。对于帝国主义、各国反动派和赫鲁曉夫修正主义者来說，确实是，我們宣傳得越多，他們就越糟糕。如果眞是一句"无济于事"的空話，那么，邓拓之流的修正主义分子，为什么这样拼死命地来反对呢？

上面这些咒駡，邓拓认为还不足以发泄他內心敌視我党的资产阶級仇恨。一九六二年七月二十五日，他在《前綫》发表了一篇叫做《专治"健忘症"》的杂文。在这篇文章里，他用了最恶毒的語言来攻击以毛主席为首的党中央，辱駡我們党"自食其言"，"言而无信"，"裝瘋卖傻，不堪信任"。这篇文章，一派黑話。既然是"黑話"，当然是見不得太阳的，因此，邓拓揚言这是一篇談医說病的文章。这是弥天大謊！让我們剝开皮来看看吧。

文章引了《艾子后語》中　則故事，据說，齐国有一个人得了健忘病，去請"滑稽多智"的艾子治病，刚出家門几十步，自己的屋子、自己的老婆就认不得了，甚至連自己刚拉的屎，都不认得。邓拓說，这是"健忘症的一个典型病例"。眞是欺人太甚！《艾子后語》明明是一部政治諷刺小品，哪里是什么談医說病的？这本书是"意有所寓"，是"以譏时相"，"规切时政"的。邓拓当然知道《艾子后語》是"以譏时相"、"规切时政"的文章，但是他却指鹿为馬，說这是"健忘症的一个典型病例"！

《前綫》杂志是中共北京市委的理論刊物，为什么忽然发表专門談治健忘症的文章？身为北京市委书记处书记、管理論宣传工作的邓拓，为什么"破門而出"，行起"医"来呢？既然是行医治病，为什么伤風感冒、痢疾、伤寒等病都不治，而偏偏"专治"健忘症？是不是因为"健忘症"在当时已經成了严重地影响人民健康的流行病，以致需要《前綫》发表专文，需要邓拓亲临"前綫"专治？

"自食其言"，"言而无信"，这是政治概念，而不是医学概念。至于"裝瘋卖傻，不堪信任"，这同"健忘症"更是風馬牛不相及。很显然，邓拓是在这里讲政治，而不是讲医学。

邓拓还编造了"专治健忘症"的所谓"积极的"方法：一是用狗血淋头；一是用棍子打击病人头部，使之休克，然后再把他"救醒"。遍查医书，找不到用狗血淋头或打棍子这种专治"健忘症"的秘方。狗血淋头、打棍子，这明明是政治手法，哪里是什么治病的药方？

邓拓竟要对我們党狗血淋头、打棍子，这是多么的恶毒！

只是狗血淋头、打棍子还不够，邓拓这位"专治健忘症"的专家，还命令"病人"："必须赶紧完全休息，什么話都不要說，什么事情都不能做"，一切听从他这位"高明的医师指导"，"健忘病者本人切不要乱加干涉"。邓拓所攻击的"健忘病者"就是我們偉大的党。他要我們党什么話都不要說，什么事都不要做，"完全休息"，这就是要我們党下台。

在当时，叫嚣要我們党下台的都是些什么人呢？

一九六二年，蔣介石在美帝国主义的指使下，叫嚷要反攻大陆，国內的阶級敌人，地富反坏右进行反革命的复辟活动，同时又刮起了一股单干風、翻案風。就在国內外阶級敌人反对我們党，反对社会主义这股逆流鬧得最凶的时刻，北京市委机关刊物《前綫》，发表了邓拓这篇最恶毒的文章，叫喊要我們党下台。

你看　钻在党內的邓拓，同国內外的阶級敌人配合得多么密切！

邓拓还恶毒地攻击无产阶级专政。他借古諷今地說，"王道"就是"按照当时通行的人情和社会道德标准"办事，"霸道"就是"依靠权势，蛮横逞强"　說什么"即便在古代，王道也毕竟要比霸道好得多"，要我們从这里"找出經驗敎訓"，并且駡我們"到处树敌，多么不得人心"。很显然，这是攻击无产阶级专政。我們說，在存在阶級和阶級斗爭的社会里，剝削阶級所說的"王道"、"霸道"，都是剝削阶級对人民的专政。"王道"和

"霸道"是他們統治人民的兩手。他們所宣揚的什麼"王道"，只是对被剝削階級的一种欺騙。我們无产阶级和劳动人民推翻剝削阶级之后，正是以其人之道，还治其人之身，就是要"依靠权势"，即依靠国家机器和广大工农群众对地富反坏右实行专政。在这个情况下，邓拓气势汹汹地反对"霸道"，声嘶力竭地宣揚"王道"，这就是反对无产阶级专政，这就是妄图复辟资产阶级专政。

把邓拓的上述言論，同赫魯曉夫修正主义者的反动言論加以对照，他的反党面目就更加暴露无遺了。

赫魯曉夫修正主义者煽动地說："必須更勇敢和坚决揭露关于荒唐无稽的'西風和东風'的竞争的敎条主义理論"；邓拓則說什麼"东風"、"西風"都是"陈詞滥調"。

赫魯曉夫修正主义者污蔑我們"白天黑夜地叫喊世界革命，叫喊打倒美帝国主义"，是"用空洞的咒文、响亮的辞句和揮舞馬糞紙做的劍"；邓拓則說，"东風"是"恩人"、"西風"是"敌人"的口号，是"无济于事"的空話。

赫魯曉夫修正主义者用反对"个人迷信"这个口号，来反对全世界的馬克思列宁主义政党和馬克思列宁主义者，对无产阶级的国家进行顚覆活动。敌視群众，更不懂得什麼是"群众的智慧"的邓拓，竟然狂妄地說我們党"凭着自己的明智"，"不重視群众的智慧"。这不过是重复赫魯曉夫修正主义者誣蔑我們的滥調，配合赫魯曉夫修正主义者对我們的顚覆活动。

国内外敌人对我們进行顚覆活动，采取和平演变的手段，企图实行反革命复辟；而邓拓則要以资产阶级专政代替无产阶級专政，要我們党"完全休息"，一切由他們这些修正主义分子取而代之。

邓拓是赫魯曉夫修正主义者的应声虫。邓拓所讲的，就是赫鲁晓夫所讲的。邓拓想要做的，就是赫鲁晓夫修正主义者在苏联所做的复辟资本主义的活动。

蚍蜉撼大树，反对党的总路线，攻击大跃进

对党的社会主义建設总路綫和大跃进，邓拓用所謂讲故事的手法，在《爱护劳动力的学說》、《黄金和宝劍的騙局》、《說大話的故事》、《今年的春节》、《白开水最好喝》等等杂文中，射出一支又一支的毒箭。

一九六一年，邓拓在《北京晚报》上讲了两則外国寓言故事。一个是竞技人好說大話，一个是山雀夸口，要把海水燒干。

与《两則外国寓言》同时，邓拓对我們的社会主义革命事业，射来另一支毒箭：《一个鸡蛋的家当》。

这篇杂文的材料是从明人江盈科的《雪濤小說》上抄来的。故事是讲，有一个人全部的家当只有一个拾来的鸡蛋，这个人幻想鸡蛋生鸡，鸡生蛋，卖鸡买牛，牛再生牛，翻几番，最后还打算討小老婆。结果引起他老婆的"怫然大怒"，"一拳头就把他的家当打得精光"。

邓拓讲了这个故事之后，問道："你看这个故事不是可以說明許多問題嗎？"究竟說明什么問題呢？邓拓接着說：这个人虽然懂得"要有十年才能掙到这份家当"，"但是，他的計划簡直沒有任何可靠的根据"，"用空想代替了现实"，"想入非非"，以致"这一个鸡蛋的家当就全部毁掉了"。

在这些所謂的"故事"中，邓拓讲了三个意思：（一）竞技人、山雀、只有一个鸡蛋的人，他們的"偉大計划"都是"胡吹牛皮"；（二）他們夸大了"心理要素"的作用，自以为凭着"心理要素"就可以"为所欲为"，结果"在实际的事物面前碰

得头破血流"，宣告"破产"，"完蛋"了；（三）牛皮吹破以后，"受骗的人們"不要"輕易地放走吹牛的骗子"。

在这里，邓拓真的是讲故事嗎？不是。

从来寓言故事，都是意有所寓的。江盈科讲的那个故事的題目就叫做《妄心》，是諷刺那些"世之妄意早計，希图非望者"，即諷刺那些希望早一点、快一点实现自己目的的人。邓拓也在文章中反复启发讀者，要懂得这些故事的现实意义。他说："如果你有举一反三的理解力"，那末，"这些寓言，显然都包含了深远的意义"，可以說明现在的"許多問題"；"事实显然证明"，"直到如今，这样吹牛的人物，随时随地都还可以遇见"。他并且指着鼻子說："請問，你听見山雀的夸口沒有？你看見带着湯匙去赴宴的沒有？"你看，邓拓就是用这种挑战的口吻宣告，他讲的故事是有目的的，他的目的就是攻击党的总路綫，攻击大跃进。

在党的社会主义建設总路綫的鼓舞下，全国人民要求迅速改变我国一穷二白的落后面貌，在一个不太长的历史时期内，把我国建設成为一个社会主义的现代化的强国。帝国主义者曾經嘲笑我們，說我們是"說大話"、是"吹牛皮"。在我国遭受暫时經济困难时，帝国主义者就叫嚷中国的大跃进"失败了"，攻击我們的社会主义建設"完蛋了"。而邓拓所讲的这些故事，就是攻击我們的总路綫、大跃进是"說大話"，是"胡吹牛皮"，是"想入非非"，是"用空想代替了现实"，结果"碰得头破血流"，把全部穷家当都"毁掉"了。

什么藤結什么瓜，什么阶级說什么話。赫魯曉夫修正主义者攻击我們的总路綫、大跃进"是一条危險的尝試的道路"，是"經济中的主观主义和唯意志論"，遭到了"彻底失败"。邓拓对我們的攻击同赫魯曉夫修正主义者的攻击，如出一轍。

对于国内外阶级敌人的无耻污蔑，我們党早就有力地作了駁斥。我們党說：我們用大跃进的速度把我国建設成为一个社会主义的现代化的强国，难道这是做不到的嗎？是吹牛皮、放大炮嗎？不，是做得到的。旣不是吹牛皮，也不是放大炮。只要看我們的历史就可以知道了。我們不是在我們的国家里把貌似强大的帝国主义、封建主义、官僚資本主义从基本上打倒了嗎？我們不是从一个一穷二白的基地上經过十几年的努力，在社会主义革命和社会主义建設的各方面，也达到了可观的水平嗎？我們不是也爆炸了原子彈嗎？中国出现大跃进，这是一种必然趋势，是任何反动势力所阻擋不了的。

在事实面前"碰得头破血流"的，不是我們，而是国内外的阶级敌人，是一小撮右傾机会主义者即修正主义者。

应該指出，邓拓对党的总路綫、大跃进不只是罵罵而已，他气势汹汹地煽动說："牛皮旣已吹破，受騙的人們就决不会輕易地放走吹牛的骗子"，这就是說，他要纠集牛鬼蛇神起来推翻我們的党，推翻无产阶级专政。我們也还是要以其人之道还治其人之身。按照邓拓自己的說法，他这个政治骗子的面目旣已被大家揭破，我們也絕不能輕易放他过去！

替被罢了官的右傾机会主义者辯护，并为他自己呼冤

邓拓上述攻击党、攻击总路綫的言論，完全是右傾机会主义即修正主义的言論。现在已經查明，一九五七年，反右斗争之前，邓拓发表了許多反党反社会主义的资产阶级右派言論，邓拓是漏网的右派。一九五九年，他被罢了官，被撤銷了他在人民日报担任的重要工作。邓拓替被罢了官的右傾机会主义者呼冤喊屈，同时也就是为他自己呼冤喊屈。

吳晗的《海瑞罷官》出籠以后，邓拓忽然发思古之幽情，写了一篇《为李三才辩护》的文章。

邓拓說，李三才"是一个正面的历史人物"，李三才"攻击封建黑暗政治"的英雄事迹"被湮沒"，这是使人"感到遗憾的事情"。对于李三才的所謂不白之冤，邓拓不仅为之万分痛惜，而且讲起来情緒很激动。李三才究竟是何許人，邓拓为什么要替他辩护？

李三才是明代万历时的一个官僚，任过凤阳巡撫、戶部尚书等职。他是双手沾满农民起义者鲜血的劊子手，是地主阶級的忠实奴才，是人民的死敵，根本不是"正面人物"。

邓拓所以对已死几百年的李三才感兴趣，因为他被罷过官。李三才任戶部尚书时，想挤入"內阁"，工部郎中邵輔忠等奏劾李三才"大奸似忠，大詐似直，列具貪、伪、險、橫四大罪"。李三才被迫"罢官"。居家时，御史刘光复告他"盗皇木营建私第"，又引起一場爭論。结果李三才"落职（即罢官）为民"。

《明史》对李三才的評論是："才大而好用机权，善籠絡朝士……性不能持廉，以故为众所毁"，"世以三才为賢"。

《明史》作者完全是用替李三才辩护的口气来写的。因此，从史书上說，李三才沒有不白之冤，用不着辩护。可是，邓拓却为李三才憤憤不平，要替他翻案。他說，"李三才又一再上疏，……看来他是理直气壮的，而万历的朝廷却不敢彻底查究这个事实。問題的眞相如何，这不是很明白了嗎？"

李三才"盗皇木"的事，据《明史》記载是經过查究屬实，幷且把李三才"落职为民"。奇怪的是，邓拓在写这篇文章时，火气却那么大，他不顾《明史》記载，添枝画叶，故作波瀾，硬說李三才"是理直气壮的"，而朝廷方面"却不敢彻底查究"。

問題的眞相如何，确实很明白：邓拓笔下的这位"李三才"，就是"海忠介"即"海瑞"，就是被我們罷了官的右傾机会主义分子。邓拓所以把一个鎮压农民起义的创子手說成是为民請命、为民兴利的好官；为他的被罢官辯护，就是为被罢了官的右倾机会主义分子喊冤。邓拓所說的"理直气壮"，就是所謂反党骨气。但是，右倾机会主义者在人民面前，在党面前，是有罪的，他們决不是"理直气壮"的。他們早已"日薄西山 气息奄奄"了。

邓拓还写了《郑板桥和"板桥体"》一文。文章开头的一首詩是一九六一年写的，其中四句是："一支画笔春秋笔；十首道情天地情。脱却鳥紗眞面目；潑干水墨是生平。"全文讲的是什么呢？讲的是郑板桥"丢鳥紗帽"。他翻来复去說"罢官"：郑板桥"完全站在人民的方面，为受灾群众謀利益，而激怒了封建官僚"，因此，"罢官而去"；統治阶级"完全听信了豪紳地主們的誣告"，終于使"郑板桥竟罢官而去"；"罢官以后"，他的思想作風"越来越鮮明"。

邓拓还引了郑板桥题在自己画的《深山兰竹图》上的一首詩："深山絕壁見幽兰，竹影蕭蕭几片寒。一頂鳥紗須早脱，好来高枕臥其間"，幷說，这幅画是在他不願做官的时候画的，如果"把这个画中的境界和当时画家所經历的官宦生活做一对照，它的主题思想不是显而易見了嗎？"这就是說，《深山兰竹图》的主题思想就是"一頂鳥紗須早脱"，就是"罢官"。

毫无疑問，这篇文章的中心思想，就是宣傳郑板桥在"罢官以后"仍旧不屈服的"傲骨"。

一九六一年，邓拓还为米万钟、李鱓的被罢官鳴不平。他說，米万钟是"很有骨气的人"，"为政清廉，关心民刑"，屡評时政，頗受中下层人民称頌，因此遭到"罢官"。說李鱓"被一班权貴人物所忌，以致解职"；"两革科名一貶官"这句詩反映李鱓"憤懣不平的心情"。

显然，邓拓是借这些地主阶级的亡灵，抒发自己对被罢了官的右傾机会主义者的无限同情，字里行間流露出他对党的刻骨仇恨。一九六三年，当我們党对那些向党、向社会主义进行猖狂进攻的牛鬼蛇神展开反击时，邓拓更借郑板桥的口叫出："难道天公还拑恨口，不許长吁一两声"。足見仇恨之深。

邓拓在一九五九年被罢官之后，写了这样的一首詩：

笔走龙蛇二十年，分明非梦亦非烟。

文章滿紙书生累，風雨同舟战友賢。

屈指当知功与过，关心最是后争先。

平生贏得豪情在，举国高潮望接天。

从这首詩中，可以明白地看出，他自己被罢官，对党是怀着强烈的仇恨的。在这首詩里，邓拓頑强地表現自己，为自己辯解，污蔑党沒有分清他的"功"、"过"；邓拓的"豪情"，就是反党的"傲骨"，所謂"后争先"，就是等待时机，企图东山再起。

一九六一年到一九六三年間，邓拓所以大肆頌揚被罢了官而不屈服的"骨气"，一方面是为了同吴晗的《海瑞罢官》互相呼应，密切配合，替右傾机会主义者唱贊歌；另一方面，发泄他自己胸中对党的仇恨，为自己鬧翻案，向党进攻。

不准滑过去！

邓拓供认，他懂得"瞞天过海"、"借尸还魂"、"渾水摸魚"、"指桑罵槐"、"假痴不癲"、"笑里藏刀"、"无中生有"、"十面埋伏"、"虛張声势"等等"陰謀詭計"。他知道赤膊上陣是很"危險"的，因此，他总是"披挂上陣"。在他认为时机有利时，就狠狠进攻，在他认为时机不利时，就准备滑过去。邓拓和他們"三家村"的"兄弟們"，确是一伙政治阴謀家。

邓拓这一伙对阶級斗爭抓得很紧，他們同以毛主席为首的党中央，恶毒地进行了斗争。

一九五九年六月，庐山会議前，反党反社会主义的急先锋吴晗，放出了大毒草《海瑞駡皇帝》，恶毒地咒駡以毛主席为首的党中央。庐山会議之后，紧接着又放出了另一株大毒草《論海瑞》。为了配合右傾机会主义的翻案进攻，一九六一年初，吴晗"破門而出"，向党向社会主义射出了一支大毒箭《海瑞罢官》。一九六一年三月，"三家村"的主将邓拓"上馬"，《燕山夜話》上台演出了。过了几个月，孟超的《李慧娘》、田汉的《謝瑤环》同时出籠。一九六一年十月十二日，邓拓在《种晚菘的季节》杂文中，讲了如下一段黑話："我希望能够联合几位园艺的爱好者，同我一起来做个小小的試驗：在自己門前的地边，现在再撒下大白菜的种子，争取在下霜以前再长出一茬白菜。虽然这一批白菜不能长得很大，但是，也很可能还有相当的收获。这样取得一些經驗，将会有更多的用处"。主将一声令下，就在同年同月，"三家村"黑店在《前綫》开张了。一九六二年五月 他们取得了"經驗"之后，又联合了一批"园艺爱好者"，撒下了另一批"晚菘"——"长短录"。

一时天空出现了一片烏云，邓拓、吴晗、廖沫沙、孟超、夏衍等人，串通一气，結为一伙，在《前綫》、《北京日报》、《北京晚报》和《人民日报》的副刊上，开辟专栏，称兄道弟，說长論短，散播了大量的反党反社会主义的毒草。牛鬼蛇神紛紛出籠。他們利令智昏，以为时机已到，狂妄地提出，要我們党必须赶紧"完全休息"，要用棍子把革命者打死。

但是，他們对形势完全作了錯誤的估計。

一九六二年九月，我們党举行八届十中全会，会上毛主席进一步闡明了他早就提出的关于社会主义社会的阶级、阶级斗爭的理論，并且敎导我們开展兴无灭资的阶级斗爭。毛主席的敎导，像一声春雷，使人們的眼睛立刻明亮起来了。在这种情况下，邓拓觉得形势不妙，于是来了一个緩兵之計。他登了一则广告，叫《奉告讀者》，說是"由于近来把业余活动的注意力轉到其他方面，我已經不写《燕山夜話》了。""等将来确有一点心得，非写不可的时候，再写不迟"。明明是因为十中全会之后形势对他們不利，"夜話"才"下馬"的，却說什么"注意力轉到其他方面"。这完全是一套骗人的鬼話。但是，另一方面他又暗示，一旦时机到来，"非写不可时"，还要再写。"夜話"暫时"下馬"，"三家村"黑店照常"营业"，观察形势，伺机而动。

一九六五年十一月，姚文元同志揭露了吳晗的《海瑞罢官》是一株大毒草。邓拓便匆忙出場，写了一篇《从〈海瑞罢官〉談到"道德继承論"》，表面上是批評吳晗，实际上是替吳晗辩护。他們企图混过关去。

邓拓的这篇文章，是怎样为吳晗辩护的呢？

第一，邓拓說，《海瑞罢官》的指导思想是"道德继承論"。他装腔作势地說，"反复探索吳晗同志研究海瑞和創作《海瑞罢官》这个剧本的指导思想"，結論是：道德继承論。他断定，无論是《海瑞駡皇帝》《海瑞罢官》还是《論海瑞》，它的思想基础都是道德继承論。

第二，回避要害問題。《海瑞罢官》的要害就是"罢官"，就是替被罢了官的右倾机会主义分子唱赞歌。但是邓拓却閉口不提"罢官"，而且轉弯抹角地向讀者說明，《海瑞罢官》的主题不是"罢官"。

总之，邓拓的文章表面上是批判，实际上是为了模糊群众的視綫，轉移群众的斗争目标；幷且丢給吳晗一个救生圈，告訴吳晗，你的問題主要在道德继承問題上，对于剝削阶级道德，"决不能加以继承，而且必須采取革命的态度"，在这里大作文章，我們就可以避开"要害"，滑过去了。

吳晗在《关于〈海瑞罢官〉的自我批評》中連忙說："最近

向阳生同志"的批評，"使我认識了錯誤，改正了自己的观点"。接着，在他写的关于道德討論的自我批評中，干脆就用邓拓抛給他的救生圈做题目，叫做《是革命、还是继承？》他完全按照邓拓的調子唱歌，承认自己确实是一个"旧道德繼承論者"。他說："不管那一篇文章或讲話的中心論点，归根到底只是一个"，这就是"道德继承論"。幷說邓拓的批評是"科学的批評"，"我誠恳地接受，幷且表示深切的感謝。"

这是"賊喊捉賊"的一出双簧戏。

他們认为一方提出了"批評"，一方"承认"了錯誤，进行了"檢討"，事情就可以过去了，邓拓、吴晗等一伙反党反社会主义分子，就可以溜之大吉了。

但是，事情的发展，是邓拓等人料不到的。他們的这些活动反而进一步暴露了他們反党反社会主义的丑恶面目。

毛主席敎导我們：各种剥削阶级的代表人物，"他們有长期的阶级斗爭經驗，他們会做各种形式的斗爭——合法的斗爭和非法的斗爭。我們革命党人必須懂得他們这一套，必須研究他們的策略，以便战胜他們。切不可书生气十足，把复杂的阶級斗爭看得太簡单了。"今天重讀这段話，是多么的亲切呵！

上述事实說明了什么呢？它說明：

第一，邓拓等人反党反社会主义活动，貫穿着一条黑綫，这条黑綫是：誣蔑、攻击党和以敬爱的毛主席为首的党中央，恶毒地攻击党的总路綫、大跃进，极力支持被罢了官的右傾机会主义分子的翻案进攻，积极进行資本主义的复辟活动。

第二，他們的反党反社会主义是有領导有組織的。有将有帅，有掌柜，有伙計。他們彼此呼应，互相合作，結为一伙反党反社会主义的集团。

第三，邓拓等人的反党反社会主义是有計划的。也就是説，何时进攻，怎样进攻，何时退却，如何退却，等等，他們是有一整套进退应变策略的。

这説明，他們的反党反社会主义，是有領导、有組織、有計划的。我們同他們的斗爭，是一場无产阶級和資产阶級之間异常尖銳的你死我活的阶級斗爭，决不能等閑視之。但是，他們这一伙不过是一只紙老虎，看起来，他們神气活現，只要把他們放在太阳底下一照，他們就原形毕露了，他們就垮台了。

旣然邓拓反党反社会主义集团的阴謀已經暴露，画皮已經撕破，手法已經戳穿，我們就一定要穷追到底。

彻底的唯物主义者，是无所畏惧的。在这場惊心动魄的阶級斗爭中，我們一定要敢于揭露矛盾，敢于斗爭，敢于夺取一个又一个的胜利。攻无不克、战无不胜的毛澤东思想偉大紅旗，引导着我們胜利前进。

（原载一九六六年五月十四日《人民日报》）

請看 "三家村" 的反动真面目

編者 鮑蔚文 吳 英 钟 华

前 言

邓拓、吳晗、廖沫沙 "三家村" 的反党反人民反社会主义面目已暴露于光天化日之下。广大工农兵群众和姚文元、高炬、何明等同志的文章对 "三家村" 进行了义正辞严的批判。为了帮助广大讀者进一步洞察 "三家村" 的反动面目，我們特将《燕山夜話》《三家村札記》中射出的大量毒箭，加以摘录编排示众。为了便于閲讀，有的地方我們加了 些注解。

邓拓的《燕山夜話》，共 百五十三篇，內一百五十二篇发表于一九六一年三月至一九六二年九月《北京晚报》。其中一百五十篇，由北京出版社分五集出版。另有三篇：《陈絳和王耿的案件》《鴿子就叫做鴿子》《今年的春节》，因为作者心中有鬼，未收入集子。《三家村札記》，从 九六一年十月至一九六四年七月，发表于《前綫》杂志，共六十七篇，署名吳南星。吳是吳晗，南是馬南邨即邓拓，星是繁星即廖沫沙。

《燕山夜話》《三家村札記》和《海瑞罵皇帝》《海瑞罢官》是一脉相承的，貫穿着一条反党反社会主义的黑綫。这条黑綫同当时国际上帝国主义、现代修正主义和各国反动派的反华大合唱相呼应，同国內地富反坏右

的复辟活动相呼应，和右倾机会主义分子在一起露骨地
向党猖狂进攻，妄图使我們偉大的祖国改变颜色。

　　毛主席教导我們："凡是反动的东西，你不打，他
就不倒。"现在，一个具有偉大历史意义的社会主义文
化大革命正在兴起。在这場偉大的斗爭中，广大工农兵
群众、革命干部、革命知識分子更高地举起毛澤东思想
的偉大紅旗，发揚革命精神，一定要彻底摧毁"三家
村"这家大黑店，一定要打倒一切牛鬼蛇神，一定要把
社会主义革命进行到底！

《燕山夜話》反动內容摘要

(一) 惡毒地攻击我們偉大的党，攻击无产阶級专政，攻击党的总路綫

1. 攻击无产阶级专政，誣蔑党和国家"吏
治已經日趨腐敗"，誣蔑我們反对右倾
机会主义分子的斗爭是"扩大化和复杂
化"；胡說什么"王道"比"霸道"好，谩
罵我們偉大的党"想做霸主""到处树
敌""不得人心"

　　"最近偶然翻閱了宋代魏泰的《东軒笔录》，……有一些历
史掌故很有趣味，可以打开人的思路。比如，书中記載陈絳和王
耿的案件，就是一个例子。"

　　"陈絳在福建，据說貪赃枉法，声名狼藉。当时临朝听政的
明肃太后发觉了他的違法行为，責問宰相王沂公。这位宰相却一

再支吾搪塞，最后迫不得已，又采取敷衍的态度，以致一错再错，充分暴露了他既无知人之明，又无料事的本领。"

"当王耿（注：宰相派去彻查陈绛案件的官吏。）到达福建以后，冒冒失失地宣布了陈绛的几十条罪状。可是一一核对审实，才知道这几十条却是故意夸大和捏造的，同时衔枚又揭发了王耿的儿子受贿赂的事实。这消息很快传到京城，明肃太后大怒，下令把王耿也关进了牢狱。于是这个案件就更加扩大了范围，内容也更加复杂了。"（注：读者注意，这是邓拓在用影射的手法恶毒地攻击党！）

"读历史的人只要用冷静客观的态度，仔细分析这个案件的主要情节，都不难发现它的扩大化和复杂化，有一个重要的原因，这就是宋代政府在明肃太后临朝期间，吏治已经日趋腐败。上边用人行政没有精明强干的宰相和他的僚属认真负责；下边的地方官吏则为所欲为，实际上形成了尾大不掉的局面。"（注：看，邓拓竟然这样指桑骂槐，攻击无产阶级专政！）

（《陈绛和王耿的案件》，《北京晚报》一九六一年六月二十二日）

"那末，照我们现在的观点，用我们的语言来说，究竟什么是王道，什么是霸道呢？所谓王道，可以做一种解释，就是老老实实的从实际出发的群众路线的思想作风；而所谓霸道，也可以做一种解释，就是咋咋呼呼的凭主观武断的一意孤行的思想作风。不过，这种解释是不能强加于古人的，用这种观点去评论古人也是不合实际的。"

"但是，无论如何，从古代的历史中，人们却也不难找出经验教训，说明即便在古代，王道也毕竟要比霸道好得多。《汉书》的作者班固，追述秦汉以前诸侯争霸的局势时，在好几个地方都对霸道有所讽刺。……这使人一看就会感觉到当时要想做霸主的，到处树敌，多么不得人心！"（注：**这同赫鲁晓夫修正主义咒骂我们是"霸权主义"有什么两样！**）

（四集：《王道和霸道》，一九六二年二月二十五日。发表日期根据《北京晚报》下同。）

2. 誣蔑和詛咒我们党的領导"爱說大話"，是"吹牛的騙子"；"自己逞能""自作聪明"，"終久会有一天要吃大亏"

"王充在《論衡》中指出：'儒者之言，溢美过实。'他的意思显然是认为，文人之流往往爱說大話。其实，爱说大话的还有其他各色人等，决不只是文人之流而已。"

"历史上说大话的真人真事，虽然有许多，但是这些编造的故事却更富有概括性，它们把说大话的各种伎俩集中在典型的故事情节里，这样更能引人注意，提高警惕，因而也就更有教育意义了。"

（五集：《說大話的故事》，一九六一年六月十一日）

"事实显然证明，**说大话的只能胡吹牛皮，决不可能采取行动。直到如今，这样吹牛的人物，随时随地都还可以遇见。**他们之中牛皮吹的大小虽然有所不同，但是，其为吹牛则一。"

"马赫派自以为凭着他们的心理要素的作用，就能够为所欲为，而其结果，只能在实际的事物面前碰得头破血流，最后必然要宣告马赫派的破产。"（注：**此句在《北京晚报》发表的原文是：**"马赫派自以为凭着他们的心理要素的作用，就能够克服任何困难，而其结果，困难不但不会被克服，反而越来越多，其严重性也日益增大，最后必然要宣告马赫派的破产。"马赫是主观唯心主义者，邓拓竟然把我们伟大的党诬蔑为马赫派，妄想我们伟大祖国的建设事业宣告破产，其用心之恶毒，昭然若揭。）

"山雀在牛皮吹破以后，只不过害羞地飞走了，这当然是幸运的；应该看到，在另外的情况下，牛皮既已吹破，受骗的人们就决不会轻易地放走吹牛的骗子。"

(五集，《两则外国寓言》，一九六一年十一月二十六日)

"汉光武帝时著名的学者郑兴，也曾经劝告刘秀，要'博采广谋，纳群下之策'。宋代范仲淹的儿子范尧夫，曾经劝告司马光说：'愿公虚心以延众论，不必谋自己出。谋自己出，则谄谀得乘间迎合矣。'这些古人的见解都很不错。特别是范尧夫所说的'不必谋自己出'，这一点尤其值得注意。有的人常常喜欢自己逞能 自作聪明，看不起群众，不管什么事情总是要自己出主意，企图出奇制胜，而不接受下面群众的好意见。有这种毛病的人，如果自己不觉悟，不改正这种毛病，终久会有一天要吃大亏。"

(四集，《智谋是可靠的吗？》，一九六二年二月二十三日)

3. 疯狂地反对党的总路线、大跃进，诬蔑我们党"用空想代替了现实"，把"一个鸡蛋的家当""打得精光"；恶毒地讲谤我们党不懂得"爱护劳动力"

"我们平常说某人有了家当，就是承认他有许多家财，却不会相信一个鸡蛋能算得了什么家当！"

"明代万历年间，有一位小说家，名叫江盈科。他编写了一部《雪涛小说》，其中有一个故事说：'一市人，贫甚，朝不谋夕。偶一日，拾得一鸡卵，喜而告其妻曰：我有家当矣。妻问安在？持卵示之，曰：此是，然须十年，家当乃就。因与妻计曰：我持此卵，借邻人伏鸡乳之，待彼雏成，就中取一雌者，归而生卵，一月可得十五鸡。两年之内，鸡又生鸡，可得鸡三百，堪易十金。我以十金易五犊，犊复生犊，三年可得二十五牛。犊所生者，又复生犊，三年可得百五十牛，堪易三百金矣。吾持此金以举债，二年间，半千金可得也。'"

"你看这个故事不是可以说明許多問題嗎？这个财迷也知道，家当的积累是需要不少时间的。因此，他同老婆计算要有十年才能挣到这份家当。这似乎也合于情理。但是，他的计划简直没有任何可靠的根据，而完全是出于一种假设，每一个步骤都以前一个假设的结果为前提。对于十年以后的事情，他统统用空想代替了现实，充分显出了财迷的本色，以致激起老婆生气，一拳头就把他的家当打得精光。"（注：邓拓在这里对我国人民自力更生、艰苦奋斗，改变一穷二白面貌的伟大革命精神极端仇视，刻毒咒骂我们"统统用空想代替了现实"。）

（一集：《一个鸡蛋的家当》，一九六一年六月十五日）

"早在春秋战国及其前后的时期，许多古代的大政治家已经知道爱护劳动力的重要意义。……他們通过自己的統治經驗，却也发现了所謂'使用民力'的'限度'，实际上就是发现了劳动力消长的某些客观规律。"

"《礼記》《王制篇》写道：'用民之力，岁不过三日。'……其实，用现代的話来讲解，这就是指的各种基本建设所用的劳动力。按照当时社会的生产力水平，古人规定了各种基本建设所用的劳动力，大致只能占总劳动力的百分之一左右。现在看来，这个比例对于以农业生产为根本的古老国家是适当的"、

"《周礼》上又記載着：'丰年三日，中年二日，无年则一日而已。'这就是說，在丰年基本建设占用的劳动力可以达到总劳动力的百分之一左右；平常的中等年景，只能占用百分之零点

六左右；没有什么收成的荒年顶多只能占用百分之零点三左右。"

"我们应该从古人的经验中得到新的启发，更加注意在各方面努力爱护劳动力"，"有许多事情必须估量自己的能力是否胜任，决不可过于勉强。"（注：《礼记》是古代一部记载地主阶级礼法的书，邓拓在这里是说，看 地主老爷是多么爱惜"民力"啊！要我们无产阶级从中得到"新的启发"，这不是诽谤我们完不爱护劳动力又是什么！）

（一集：《爱护劳动力的学说》，一九六一年四月三十日）

4. 极端仇视社会主义事业大发展，叫嚣 "解冻"，咒骂不肯"放下"就等于瞎子， 鼓吹"放下即实地"，要我们撒手不革命

"北风带来的严寒季节就要结束了，代之而起的将是和暖的东风，大地很快就要解冻了，……"（注："解冻"是赫鲁晓夫修正主义集团反斯大林时用的反革命语言。在"三家村"的人们看来，"解冻"了，就是意味着资本主义势力和封建势力复辟的时机来到了。）

（《今年的春节》，《北京晚报》一九六二年二月四日）

"这几天整理旧书，偶然又拿出明代刘元卿的《应谐录》，翻阅其中有一则写道：

'有盲子过涸溪桥上，失坠，两手攀楯，兢兢握固，自分失手必坠深渊。过者告曰：无怖，第放下即实地也。盲子不信，握楯长号。久之，手惫，失手坠地。乃自哂曰：嘻，蚤知是实地，何久自苦耶？'"

"看了这个小故事，觉得很有启发。有的人自己虽然不是瞎子，但是平常遇到某些事情，实际上却很像这个故事中的瞎子所

表现的。（注：这是对革命人民的恶毒攻击！）这是为什么呢？根本的原因是由于不了解实际情况，心中无数，所以遇事没有把握，不知如何是好。"

"遇事完全可以不必害怕，不要像这个故事中的瞎子那样，生怕坠入深渊，拼命抓住桥楯不肯放手；尽管放心大胆地撒手，要知道'放下即实地'，又有什么可怕呢？"（注：所谓"放下"，就是要我们下马，要我们不革命！）

"有时办一件事情的时候，由于调查研究工作做得不够，总觉得自己带有某种程度的盲目性。甚至周围的群众也提出一些有益的意见，反映了若干正确的情况，只是自己因为心中无数，也无法判断这些意见和情况的正确与否。……到了事实完全弄清楚的时候，有些问题又事过景迁了，心里感到十分懊恼。这正如那个瞎子说的，早知道放下即实地，又何必自讨苦吃呢？"

（三集：《"放下即实地"》，一九六一年十一月五日）

5. 借明代李三才、米万钟"辞官"、"罢官"，为罢了官的右倾机会主义分子喊冤叫屈，要为他们"分别立传"；同时，自命为政治上的反对派，攻击我们党"片面地只强调政治"是"极端錯誤的"

"他（注：指李三才。）反对当时征收矿税的办法，并且积极支持东林党人。""因为多次上疏没有结果，李三才曾经请求辞官回家，却又有許多朝士上疏加以挽留。"

"当然，在那个时候还出现了攻击封建黑暗政治的'东林党人'，（注：东林党是明代由在野的官僚政客等组成的地主阶级反对派。）而'三才与深相結'。因此，当时有一班顽固腐败的势力，极力攻击顾宪成、高攀龙等东林党人，同时也极力攻击李三才。后来魏忠贤的一伙人，更把李三才和东林党人同样当做不共戴天的仇敌，那是毫不足怪的。"

"甚至在李三才终于退归故里以后，他们还要把'盗皇木营建私第'等罪名，加于李三才身上。……李三才又一再上疏，'请遣中官按问'，'請诸臣会勘'，'請上亲鞫'。看来他是理直气壮的，而万历的朝廷却不敢彻底查究这个事实。问题的眞相如何，这不是很明白了吗？"

（五集：《为李三才辯护》，一九六二年三月二十九日）

"米万钟是一位很有学问也很有骨气的人。……据称，米万钟为政清廉，关心民刑和文教事业，所到之处，颇受中下层人民和文士們的称颂。"

"由于米万钟平日鄙视魏忠贤及其同伙，并且屡次评议时事，他就成了魏忠贤的眼中釘。特别是魏忠贤的走狗倪文焕极力诬陷好人，当时被他陷害的有几十人，重的严刑拷打致死，輕的则被削籍夺职。米万钟也受到了削籍夺职的处治。"

"过去各地方编辑地方志的时候，照例要提出一批所谓'乡贤'的名单，然后收集资料，分别立传。我们现在如果要编辑北京志，那末，显然也应该考虑给宛平大小米（注：指明末的官僚米万钟，清初的官僚米汉雯。）以适当的地位。"

（三集：《宛平大小米》，一九六一年十一月九日）

"'风声、雨声、读书声，声声入耳；
家事、国事、天下事，事事关心。'
这是明代东林党首領顾宪成撰写的一副对联。'

"上联的意思是讲书院的环境便于人们专心讀书。这十一个字很生动地描写了自然界的風雨声和人們的讀书声交織在一起的情景，令人仿佛置身于当年的东林书院中，耳朵里好像眞的听見了一片朗誦和讲学的声音，与天籁齐鸣。"

"下联的意思是讲在书院中讀书的人都要关心政治。这十一个字充分地表明了当时的东林党人在政治上的抱负。他们主张不能只关心自己的家事，还要关心国家的大事和全世界的事情。"

（注：东林党的政治抱负是取当时的中央政权而代之。看，"三家村"的政治野心有多大！）

"片面地只强調讀书，而不关心政治；或者片面地只强調政治，而不努力读书，都是极端错误的。不读书而空谈政治的人，只是空头的政治家，决不是眞正的政治家。"

（二集：《事事关心》，一九六一年十月五日）

6. 同赫魯曉夫修正主义一个腔調，疯狂诅咒我們偉大的党是"自命不凡"的"妄人"，"起碼的知識一点也不懂"，就"以为从此可不必再請老师了"，"对于比自己强的人却不能虚心团結"

"哪一个妄人如果想一下子就把什么都学会 其結果必定要吃大亏。"

"初学的一个最重要关节，就是在刚刚学会一、二、三或外国文A、B、C等等的时候。有一些轻浮的人，正如那个富翁的儿子一样，往往在这个时候就'欣欣然'起来，以为'得矣，得矣'，什么都懂得了。这也好像学打拳的人，刚学会几个动作的时候，多半以为自己很了不得，处处想跟别人较量几下子。（注：中国人民想同帝国主义、现代修正主义较量吗？邓拓说 不行。請看，这是一副多么可恶的奴才相！）倒是学得多了，眞正有了一些本領，才反而虚心起来。由此可见，越是没有本領的就越加自命不

86

凡；越是有本領的才越加謙虛謹慎。"

"学生如果自命不凡，看到入门很容易，就把老师一脚踢开，那末，他就什么也学不成。正如那个富翁的儿子一样，他以为从此可不必再請老师了。殊不知他根本还不曾入门，只学会一、二、三，对于所谓'六书'等起码的知识一点也不懂，所以他父亲叫他给姓万的亲友写一个請帖，他就傻眼了。"

"我們不懂的东西还很不少，都迫切需要虚心学习。但是，在学习方面有許多問題，并沒有得到彻底的解决。从三到万这个故事似乎对我们有一些启发。我们无妨以此为例，举一反三，想一想怎样才能更好地加强我们的学习吧。"

（一集：《从三到万》，一九六一年六月八日）

"有的人对于'不及者'倒还可以团结，而对于比自己强的人却不能虚心团结。……要欢迎朋友比自己强，这对自己有好处，因为可以向他学习，提高自己。"

（一集：《交友待客之道》，一九六一年四月六日）

7. 党的八届十中全会召开前后，邓拓仓皇退却，提出了"三十六計"以"走为上"；宣布要等到"将来"时机到来时再干

"看到一本题名为《三十六計》的油印小册子"。

"它列举了三十六計的名目，并且引述了古代兵家用計的实例作为证明，这是它的可取之处。"

"所謂三十六計与檀道济避魏的故事直接有关，……"

"檀道济当时所用的計策，并不只是以'走为上'；如果没有其他計策，他要走也走不了。可是他用了疑兵、反间等几种計策，互相配合，使魏军不敢追逼，才能安全退走。"（注：邓拓

想"安全退走"了，但是能溜得了么？今天，广大革命人民一定要反掉"三家村"反党反社会主义的黑线。）

（五集：《"三十六計"》，一九六二年九月二日）

"前一个时期写《夜話》是被人拉上馬的，现在下马也是为了避免自己对自己老有意见。等将来确有一点心得，非写不可的时候，再写不迟。"

（五集：《奉告讀者》，一九六二年十一月十四日）

（二）反对馬克思列宁主义、毛泽东思想，千方百計地推行"和平演变"的阴謀，鼓吹資产阶級的文艺、学术、教育路綫，反对兴无灭資的文化革命

1. 竖起"欢迎'杂家'"的黑旗，疯狂攻击馬克思列宁主义、毛澤东思想，叫嚷为地主資产阶級"学者"夺取领导权

"无论做什么样的领导工作或科学研究工作，既要有专门的学问，又要有广博的知识。前者应以后者为基础。"

"但是，有的人根本抹杀这两者之间的关系，孤立地片面地强調专門学问的重要性，而忽視了广博知識的更重要意义。他們根据自己的錯誤看法，还往往以'广博'为'杂乱'，不知加以区别。因而，他們见到知識比較广博的人，就鄙視之为'杂家'。"

"殊不知，眞正具有广博知识的'杂家'，却是难能可贵的。如果这就叫做'杂家'，那末，我们倒应該对这样的'杂家'表示热烈的欢迎。"

"旧时代知名的学者，程度不等地都可以说是杂家。（注：

邓拓欢迎的"杂家"，就是那些地主资产阶级"学者"之流的反动人物。）他们的文集中什么都有。同样的一部书，对于研究社会科学的人有用，对于研究自然科学的人也有用。"

"现在我们如果不承认所谓'杂家'的广博知识对于各种领导工作和科学研究工作的重要意义，那将是我们的很大损失。"

（一集：《欢迎"杂家"》，一九六一年三月二十六日）

2. 坚持資产阶級的学术路线，鼓吹"多学少評"，支持大批毒草出籠，不准我們对剥削阶级思想文化进行彻底批判

"其实，不论是思想批判、学术批判等等，决不是以'打击'或'否定'一切为目的的；而是为了去粗取精，去伪存眞，更好地接受遗产，发展文化，发展我们的社会主义事业。"

"如果不采取这样的批判方法和批判态度来进行研究工作，结果就只能是主观武断。而武断，作为批判的对立面，却是科学的敌人。"

（一集：《"批判"正解》，一九六一年五月十四日）

"多学少评，这是值得提倡的正确的求知态度。……这也是我国历代学者留给我们的一条重要的治学和办事的经验。谁要是无视这条宝贵的经验，就一定会吃大亏。"

"一般說来，实际动手写一部书、做一件事等等，是相当不易的；而袖手旁观，評长論短，总是不大费劲的。比如，古人写一部书吧，往往尽一生的精力，还不能完全满意。却有一班喜欢挑剔的人，动辄加以讥评，使作者十分寒心。"

"我們从古人的經驗中，必须懂得一个道理，这就是：对一切事物，要多学习，少批评，保持虚心的态度。"

（二集：《多学少評》，一九六一年八月二十四日）

3. 攻击毛澤东文艺路线，鼓吹暴露"生活中的矛盾和缺陷"，讽刺社会主义的新生活

"从我們現在的观点看来，**所谓幽默，它的表現形式主要是由于人们对生活中的矛盾和缺陷**，引起了一种同情的苦笑，有时也会变成譏笑，但是，它并不等于諷刺。"

"无論如何，人們的生活中总会有某些矛盾的現象，不免会叫人觉得可笑，因此，就不会没有一点幽默感。**总之，我们的生活本身，自然会带来种种幽默，也需要有一点幽默啊！**"

（五集，《生活和幽默》，一九六二年五月十三日）

"一般地說来，历来的画家們对于当时的社会現实不但不可能进行分析和批判，而且毕竟还不敢大胆地揭露它的弊病。于是**有一些画家就选择了特别含蓄的表現形式，以表达他们对当时的社会現实不滿的情绪。**"

"最突出的漫画，还应該說到所謂扬州八怪的作品。这些画家实际上都是当时南北各地不滿于現实的文人，他们憤世嫉俗，滿腹牢騷，不合时宜。"

"在这里，就举罗两峰的作品为例吧。……他生平最爱画鬼，并且以画鬼而成名。人們都知道他的成名之作乃是《鬼趣图》，这可以說是古代漫画的典型了。"

"他对鬼的讽刺，实际上却是对人的讽刺。但是在当时的社会上，画家如果直接用漫画去諷刺那班活人，**一定要惹祸**；如果只是諷刺一些死鬼，就不至于有什么危險了。也許正是經过了这些实际的考虑之后，画家終于选择了以鬼为諷刺对象的这种漫画手法。"

（三集，《古代的漫画》，一九六一年十一月二日）

"曾經有人认为，所謂創作的灵感是唯心的概念，实际上并不存在什么灵感。这种認識对不对呢？在一切文艺創作活动中，究竟要不要灵感呢？"

"很明显，创作的灵感无非是一切作者思维活动的高潮的产物。它是人体这个物质結构中最高級最精密的物质构造——大脑的注意力最集中的时候所产生的。因此，不但艺术家在进行形象思维的时候，要有灵感；科学家在进行论理探讨的时候，也要有灵感。当然，任何思维过程，如果非常平靜，沒有什么波瀾，大脑的活动不紧张，甚至于沒有出現兴奋状态，不能形成高潮，那末，在这种情况下，所謂灵感一般地是不会产生的。"

（四集：《創作要不要灵感》，一九六二年三月十五日）

4. 猖狂宣揚封建主义的教育制度，反对无产阶級的教育方針，阴謀"造就"大量地主資产阶級的接班人

"看来旧科班的这一整套方法是符合于教育学原理的。我国古代对于人才的培养和使用，也很注意'量才而教之，量才而用之'的原则。如《汉书》《董仲舒傳》記載，董仲舒在一篇奏疏中提出建議：'兴太学，置明師，以养天下之士，数考問以尽其才。'他还建議：'量才而授官，录德而定位。'类似这样的主张，历代都有，可以說是老生常談，簡直很不容易引起人們的重視。"

"然而，这种量体裁衣地培养和使用人才的方法是比较科学的，也是从实际出发、符合实际需要的。整个社会全面地采用这种方法，就能够有计划地造就各种各样的人才。"

（五集：《"科班"的教育法》，一九六二年六月二十八日）

"昨天，一位六十八岁的老医師来信說：

91

'我有一个十九岁的独生女，……今夏本拟应北京师范大学文科考試，昨健康檢查证明，以听力关系不及格，如是只好在家。……父女相依为命，不願她登记远行。……請問应如何改变现状，不令小女閑坐在家？'"

"就这位老医师所述的情况而論，他的女儿既然因为耳朵有病不能升学，**又不宜离家远行**，那末，正确的办法是什么呢？我以为她应該有計划地在家自学。**古来不知有多少著名的学者都是自学成功的**。……这位老医师的女儿更有比别人特殊优越的条件，她可以跟她的父亲学医，使家傳的学問进一步发揚光大起来。在这位医师父女二人'相依为命'的情况下，他們正好可以把**自学与家傳相结合**，一方面解决女儿的学业前途問題；另一方面解决父亲的**家学继承問題**。这样不是一举两得嗎？"

"学医的要几辈相传才能积累可靠的经验，这不是沒有道理的。我希望給我写信的这位老医师和他的女儿，能够在我們今天嶄新的社会制度下，以自学和家传相结合的办法，做出新的成绩。"

"当然，这种自学与家传的途径和办法，绝不限于医学一个方面，其他方面同样可以采取这个办法，以解决与此类似的其他困难問題。"

（五集：《自学与家傳》，一九六二年七月八日）

"照清代孙承澤的《畿辅人物志》的記載看来，張詩早年参加考試的时候，就曾显露出一种倔强的反抗精神。当时有一个故事說：'顺天府试士，士当自负几入试。诗使其家僮代之，试官不许，遂拂衣出。'"

"这从我們现在的观点来說，似乎張詩对待劳动的态度很有問題。为什么自己抬一个书桌都不肯，偏偏要叫家童去抬呢？这不是鄙視勞动嗎？”

"然而，如果从当时的历史条件和具体情况出发，加以分析，那末，我们就不应該过分地責怪張詩，反而应該承认这是他对封建考试制度表示强烈反抗的一种方式。"

（三集，《昆侖山人》，一九六二年一月七日）

5. 竭力引誘青年走地主資产阶級的治学道路，使他們变成"三家村"搞資本主义复辟的工具

"古人每到书多的时候，往往也有了相当的地位，正如袁枚說的：'通籍后，俸去书来，落落大滿，素蟬灰絲，时蒙卷軸。'这不能不引起认眞的讀书人的警惕，他們时常写下許多座右銘、对联之类以鞭策自己，生怕一天到晚忙忙碌碌，什么书也沒有讀。以古喩今，那末，我们现在就更要趁着年靑的时候，抓紧机会，赶快读书。"

（四集，《有书赶快讀》，一九六二年五月十日）

"距今一千九百年前，在洛阳城里的书摊旁边，有一位年靑的讀书人，（注：指王充。）时常站着或者蹲着看书。他看了一本又一本，日子久了，差不多把书摊上的书籍全都讀完了。凡是讀过的书，他常常都会背誦。这个靑年人后来成了一位著名的学者，就决不是偶然的。我们现在的靑年讀者，如果能够学习王充的精神，勤苦读书，又有什么不好呢？"

（四集，《这是不是好现象》，一九六二年三月二十五日）

"要想专攻一门学问，或者专门研究一个问题，就必须读尽这一门学问或这一个问题有关的一切图书资料。而要达到这个目的，又必須知道这許多图书资料所屬的門类。否則到处瞎碰，什

么也学不成。郑樵自己所以能够写成像《通志》那样的大书，就因为他生平勤学苦讀 到处'搜奇訪古' 遇見人家收藏有图书的，就要借讀，抄录了大批重要的材料，进行研究。**他的经验是非常可贵的，我们应该好好学习。"**

（二集，《一把小钥匙》，一九六一年七月三十日）

6 吹捧地主阶級的老祖宗，坚持用地主資产阶級道德改造社会，妄图恢复剝削阶級統治

"从《貧士傳》中可以看到，古来许多有骨气的人，虽然在**非常穷困的条件下生活** 周围又有恶势力对他们进行威胁利诱，但是，他们坚定不移地表现了崇高的气节，真是像俗諺說的'人穷志不穷'，不能不叫人肃然起敬。"

（三集，《人穷志不穷》，一九六一年十一月十九日）

"有一班人八面討好，誰也不得罪，自以为很有涵养，其实在我們看来乃是典型的'乡愿'，多么卑鄙可耻啊！" （注：资产阶级右派经常攻击左派为"乡愿"。吴晗也赞扬右倾机会主义分子反对"乡愿"。邓拓又在这里咬牙切齿地咒骂听党的话的同志为"乡愿"。真是物以类聚，反动阶级的人物连使用的语言都是一样的。）

（三集，《涵养》，一九六一年十二月三日）

"顔淵問孔子：所謂'克己复礼'应該怎样解释？孔子回答說：'非礼勿視，非礼勿听，非礼勿言，非礼勿动。'"

"孔子說的話有許多是我們根本不能贊同的；但是，他說明克己复礼的意义所讲的这四句话，只要加以正确的解释，我觉得还有一些道理。"

（二集，《非礼勿》，一九六一年八月六日）

"前次的《夜話》曾經提到《揚子法言》中的一句話——'顏苦孔之卓也'。"

"他（注：指揚雄。）在文章中反复說明，顏回以他自己能够学习孔子为最大的快乐。……如果把語气更加强調一下，那末，他的意思也可以說，孔子是高尚至极了，卓越至极了，无論如何学不到，所以說，顏苦孔之卓之至也。"

"我們現在对于揚雄的《法言》等著作，当然可以也应該加以研究。对于他所推崇的顏回学习孔子的经验，**如果能够有批判地拿来运用，变成正确的对于真理的追求和学习，那就很有益处了。**"

（二集：《"顏苦孔之卓"》 一九六一年八月二十七日）

"我們看到今天生活在社会主义制度下的儿童，对于春秋战国时代的荀子认为'人性皆恶'的意见是不能赞同的；**对于孟子说的'人生皆有善性'的意见却应该表示基本上赞同。**"

（一集：《珍爱幼小的心灵》，一九六一年六月一日）

《三家村札記》反动內容摘要

（一）惡毒地攻击我們偉大的党，反对社会主义革命和社会主义建設

1. 攻击党的領导"爱說偉大的空話"，咒罵"东风压倒西风"是"陈詞滥調"

"说了半天还是不知所云，**越解释越糊涂，或者等于没有解释。这就是伟大的空话的特点。**"

"这种伟大的空话在某些特殊的場合是不可避免的，因而在

一定的意义上有其存在的必要。可是，如果把它普遍化起来，到处搬弄，甚至于以此为专长，那就相当可怕了。假若再把这种說空話的本領敎給我們的后代，培养出这么一批专家，那就更糟糕了。因此，遇有这样的事情，就必須加以劝阻。"

"凑巧得很，我的邻居有个孩子近来常常模仿大詩人的口气，編写了許多'偉大的空話'，……不久以前，他写了一首'野草頌'，通篇都是空話。他写的是：

'老天是我們的父亲，
大地是我們的母亲，
太阳是我們的褓姆，
东风是我们的恩人，
西风是我们的敌人。
……'"

"这首詩里尽管也有天地、父母、太阳、褓姆、东風、西風、恩人、敌人等等引人注目的字眼，然而这些都被他滥用了，变成了陈词滥调。"

"到了有話非說不可的时候，說出的話才能动人。否則內容空虛，即便用了最偉大的字眼和詞汇，也将无济于事，甚至越說得多 反而越糟糕。因此，我想奉劝爱说伟大的空话的朋友，还是多读，多想，少说一些，遇到要说话的时候，就去休息，不要浪费你自己和别人的时间和精力吧！"

（《"偉大的空話"》，《前綫》一九六一年第二十一期，十一月十日出版）

2. 辱罵我們党"言而无信""不堪信任"，患了严重的"健忘症"，"必須赶緊完全休息"

"世上有病的人很多，所患的病症更是千奇百怪，无所不有，其中有一种病症，名叫'健忘症'。誰要是得了这种病症，就很麻煩，不容易治好。"

"得了这种病的人，往往有許多症状，比如，见过的东西很快都忘了，说过的话很快也忘了，做过的事更记不得了。因此，这种人常常表现出自食其言和言而无信，甚至于使人怀疑他是否装疯卖傻，不堪信任。"

"看来这位健忘病者的症状，已經达到相当严重的地步。但是，我们还不能估计这种病症发展到最严重的时候，会变成什么样子，大概总不外乎发疯或者变傻这两个结果。"

"患这种病的……必须赶紧完全休息，什么话都不要说，什么事情都不能做，勉强说话做事，就会出大乱子。"

"对这种病症，难道就沒有一点积极治疗的方法嗎？当然不是。比如，古代有的巫医，主張在发病的时候，马上用一盆狗血，从病人的头上淋下去，然后再用冷水冲洗，可使神志稍清，一次不愈，则连治三次。……现代西医的办法，有的是在发病的时候，用一根特制的棍棒，打击病人的头部，使之'休克'，然后再把他救醒。"（注：读者特别注意，"三家村"对党对人民用心是何等凶狠毒辣！）

（《专治"健忘症"》，《前綫》一九六二年第十四期，七月二十五日出版）

3. 猖狂地攻击我們党的領导是"主观主义" "教条主义"，"自以为是"，"害己、害人、誤国"

"赵括和馬謖都是好人，不是坏人，他们的主观願望都是要办好事情的。却吃了主观主义的亏，吃了教条主义的亏，自以为是，光凭书本知識、理論知識，不顾客观形势，不听有实踐經驗人們的劝告，結果是摔了大跟斗。……光凭书本上的理论，自以为是，因而失败，害己 害人 误国的教训。时间虽然隔得很久了，今天来重温这些教训，看来还是有益的。"

（《赵括和馬謖》，《前綫》一九六二年第二期，一月二十五日出版）

4. 破口大罵革命的馬克思主义者是"一些口称不怕鬼而实际怕鬼怕得要死的人"，說要使他們"丑态百出"

"中国科学院文学研究所出版过一本《不怕鬼的故事》。这当然是本好书。但是现在看来，单是一本《不怕鬼的故事》还不够用，还得有一本《怕鬼的故事》。"

"在《不怕鬼的故事》中，……不论怕鬼的与不怕鬼的，又都有一个共同点：都承认有鬼。是一群'有鬼论'者 而不是'无鬼论'者。"

"王富（注：王富和下面提到的张祥，都是明朝人写的《雅謔》这部书中的人物。）敢于'出尸而伏棺'，并且自己去装鬼吓人，可見他心目中是沒有鬼的，所以他不怕。張祥虽口出大言：'吾能黑夜出之'，实际上却心里怀着一个鬼胎，所以 見棺已离盖，就惊疑不止，再見棺中伸出两只手，更心惊胆裂，分不清是人是鬼，慌忙告饒許願；还不行，就失声大叫 以至惊恐欲絕，显出一副活見鬼的丑态。"

"張祥既是一个怕鬼怕得要死的人，为什么又口讲大話，敢連夜去开棺出尸呢？故事中也交待：为了賭胜王富所許的一坛酒，就連自己的胆量究竟是大是小，也忘之脑后。他不但好酒贪杯，見利忘义，而且是个空口说大话，顾前不顾后的赌棍。"

"我說，还得有一本《怕鬼的故事》，就正是要挑选一些口称不怕鬼而实际怕鬼怕得要死的人，把他们写成故事，以便活画出他们的丑态百出。"

"上引故事的原作者，署名为'浮白斋主人'。看他写的这段故事，倒真是值得浮一大白；他的书名是《雅谑》，也的确是既雅且谑。一个明朝人能这样写作，难道我们今日就没有这样的有才有志之士来'雅谑'一番么？"

（《怕鬼的"雅谑"》，《前线》一九六一年第二十二期，十一月二十五日出版）

5. 攻击我们党"言而不行""言行不一"，不讲科学，不接受遗产，"造成损害"

"一、谈的是科学话，这没有问题，问题是在你只是'谈'科学话，不'办'科学事，这是言而不行的问题。"

"二、谈的虽是科学话，办的却不是科学事，而是另一些非科学的事。这是言与行不一致的问题，怪不上科学理论的本身，只能怪你自己为什么放下科学事不办，去办那些不科学的事。"

"三、你所谈的本不是什么科学，只是号称'科学'，所以办不出科学事来。"

"四、理论同实际不符合，谈的'科学话'同办的'科学事'碰不上头。"

（《科学话同科学事》，《前线》一九六二年第九期，五月十日出版）

"现在有许多人对于古为今用的原则，不知道如何执行，其原因就在于他们不会批判地总结前人的经验，不善于接受遗产。……有许多地方，明明看到有些做法与大多数人长期积累的经验相违背，并且已经引起了不良的后果而不敢断然做出决定，以致迁延时日，造成损害，那也不一定都是必要的。比如，在农业生产方面有些问题便是证明。"

"有的人往往就把群众的经验丢在一边，对于中国历代农学的遗产基本上采取了否认的态度。最明显的例子是关于农田水利问题的。"

（《重视群众的經驗》，《前綫》一九六三年第十一期，六月十日出版）

6. 阴險地诽谤我们的干部只会耍"太极拳"，"只希望自己越省心越好"，"无形中造成了一股歪风"

"为什么要强調多用心呢？因为现在的确有一些人不善于用心，甚至于不喜欢用心，只希望自己越省心越好，不管遇到什么情况和问题，满不在乎地耍一套'太极拳'，就把事情对付过去了。这种现象虽然只是发生在少数人身上，可是影响却很不小，无形中造成了一股歪风，如果任其发展下去，其結果就可能会妨害我們的工作不能更快更好地取得应有的效果。"

（《多用心》，《前綫》一九六二年第十七期，九月十日出版）

7. 借古詩来散播和发泄对党和社会主义事业的强烈仇恨，企图达到"三家村"的反动政治野心

"我在青年时期讀杜詩，印象最深刻的一首，却是《奉赠韦左丞二十二韵》，我对这首诗感触深刻，以至三十多年来还能随口背诵，例如'纨袴不餓死，儒冠多误身'；'讀书破万卷，下笔如有神'；'自谓颇挺出，立登要路津，致君尧舜上，再使風俗淳'；我背诵得最熟而又感受最深的是这几句：'此意竟萧条，行歌非隐沦，骑驴十三载，旅食京华春，朝扣富儿门，暮随

肥马尘，残杯与冷炙，到处潜悲辛！'每当背诵到这些地方，不但心里是酸酸的，而且眼前立即浮现出一个年逾三十还飘泊无依的穷书生，生活逼迫着他风尘仆仆地东奔西走。'

"在我的青年时期，我之所以对这首诗感触特别深刻，是因为我虽同杜甫相隔一千多年，自己的才能更不能与杜甫相比，但是所处的社会环境却大体相似，同样是'纨袴不餓死，儒冠多误身'的阶级社会。在那样的社会，任何一个'自謂頗挺出'的穷青年，即使满身抱負，壮志凌云，也都无济于事；在社会上闖来闖去若干年，最后不能不落为'青冥却垂翅，蹭蹬无纵鳞'。"

（《志欲大而心欲小》，《前綫》一九六二年第十五期，八月十日出版）

（二）宣揚地主資产阶級的腐朽意識形态，在思想領域中推行"和平演变"的阴謀，反对文化革命，为牛鬼蛇神复辟鳴鑼开道

1. 鼓吹剝削阶級道德，为反革命政治服务

"統治阶級的道德論在一般情况下，也就成为被統治阶級的道德論，巩固統治阶級的統治了。"

"孔子和他的后继者的学說，成为教育全国人民的經典，许多世代以来，人们都把他的学说作为判别是非的准绳。"

"问题是封建社会的道德论的某些部分，有没有值得今人吸取的地方？我以为是有的。"

"例如忠，过去要忠于君主，今天呢，难道不应該忠于国家，忠于人民，忠于社会主义建設事业！"

"又如孝，对父母要好，父母年老了，丧失劳动力了，子女

难道不应该照顾父母？"

"**资产阶级的道德，精打细算，多方赚钱，难道不应该成为社会主义经营管理企业的一条重要原则。**"

"无論是封建道德，还是资产阶级道德，无产阶级可以吸取其中某些部分，使之起本质的变化，从而为无产阶级的政治、生产服务。"

（《說道德》，《前綫》一九六二年第十期，五月二十五日出版）

2. 公然宣揚地主官僚的"大丈夫"精神，跟党和人民对抗

"无产阶级若不善于吸取过去统治阶级某些优良的东西，甚至完全摒弃，**那末，看来只有向古代的无产阶级继承，或者自己来凭空创造了。**問題是在古代 无产阶级拜不存在；自己凭空创造呢，**也不大可能**"。（注：对无产阶级的讽刺、**挖苦无以复加，仇视之心，暴露无遗。**）

"在环境特别困难时，在是和非，忠和逆，正义和不义的抉择中，这些历史人物(包括文天祥在內)都牺牲或者敢于牺牲自己的生命，保持了孟子所說的大丈夫的品德。**这些人物虽然都是地主，都是官僚，但是，在和恶势力斗爭中，他们却都是大丈夫。**"

"从这些封建时代的言論和人物的表现中，对照我們无产级的道德标准，不是可以看到道德是可以批判地继承么！"

（《再說道德》，《前綫》一九六二年第十六期，八月二十五日出版）

3. 企图复活地主阶级的教育，毒害新中国的青少年

"《三字经》是本好书，可惜已经被冷落了几十年，没有人

去理会它了。"

"說是好书 因为这本小书是旧时代普及知識的讀物，內容涉及面非常广泛，……从这本书編纂以来，公元十三世紀后期一直到二十世紀初期，七百多年来 成为儿童启蒙的必读书，发生了深远的广泛的影响。"

(《三字經》)"就旧时代所有的书来說，是一部最短的书，但是內容却非常丰富，……是一本小型百科全书，評价都是很高的。"

"說它是小型中国通史，因为作者用极簡练的手法，把历史上王朝的兴衰更迭都說清楚了。"

　　　　　(《談《三字經》》，《前綫》一九六二年第一期，一月十日出版)

4. 胡說封建王朝修史 "是我們国家的好傳統"，公然要求我們为反动統治阶級修史立傳

"任何一个王朝初起时，要办的大事之一，便是組織編写力量，建立史館，总結前朝的經驗，以国家的名义，頒布或刊印前朝的断代史。这个好办法，尽管王朝不断更替，却一直被保存下来，是我们国家的好传统，也是历史特征之一。"

"設想組織对祖国历史研究有經驗的专門家若干人，带上几十个或更多的大学历史系毕业的高材生，大家一起来閱讀，整理，研究，分析、总結史料，化上十年八年时間，在較长的实践中，专門家的队伍不是就建成了嗎？"

"以后再用十年八年时間写，十年八年时間改，我們时代的清史、民国史是可以写成，而且可以写好的。(明史修了一百多年，用二三十年的时間修清史，决不算多。)"

　　　　　(《論修清史》，《前綫》一九六三年第三期，二月十日出版)

"中国是最富有历史傳統的国家，不但各个朝代的历史沒有中断过，而且各种体裁的历史，也是万紫千紅，开遍于广闊无垠的历史园地。特别是地方志，从《越絕书》到现在，內容有省志、府志、县志、鎭志、山志、庙志、学校志、机关志等等，除了散佚的以外，保存到今天的，还有七八千种之多。这个好传统，真是值得我们自豪，应该批判地予以继承的。"

（《談写村史》，《前綫》一九六三年第二十二期，十一月二十五日出版）

5．頑固地保护帝王将相霸占舞台，反对工农兵成为舞台的主人

"一个现代剧目創作出来了，上演了，大家都来欣賞、議論一番：质量高不高，思想性如何，是否能够站得住等等，特别是艺术性怎么样，更为人们所注意，而且大家会很自然地拿它来和传统剧目比一比。于是議論紛紜，說好的，說坏的，說差不多的都有。这种现象当然是正常的。"

"在馬克思主义的文藝批評标准面前，任何剧目都是平等的，现代剧目也好，传统剧目也好，我们应该一视同仁，都要严格要求。"

（现代剧目）"是否能保留下来，最终到底还得靠剧目本身，不能依靠主观的捧場和保驾。"

（《不平等的平等》，《前綫》一九六三年第二期，一月二十五日出版）

"在三击掌（注：这是一出宣扬反动封建道德的坏戏。）这出戏里，写她（注：指戏中人物王宝钏。）和父亲王允的斗争，倒有点骨气，还有可取之处。"

"我国的戏剧遗产是无比丰富的。有完全适合今天需要的好戏，也有必须禁演的坏戏，这两部分在整个旧剧目中都占少数，

而大量的是精华和糟粕并存"。

（《論戏剧改革》，《前綫》一九六三年第十二期，六月二十五日出版）

6. 用"讀书""成名""升級"等作釣餌，为"三家村"黑店搜罗信徒

"'讀书百遍，其义自見。'这話是有道理的。有的书必须多读，特别是学习古典文　那些范文最好是能够读到可以背诵的程度。除了多讀之外，还得多抄，把重点、关鍵性的詞句抄下来．时时翻閱　这样便可以記得牢靠，成为自己的东西了。多讀多抄，这个二多是必須保证的。"

（《談讀书》，《前綫》一九六一年第二十三期，十二月十日出版）

"历史上有不少穷困的农民、穷人，发愤图强　克服困难，顽强学习，成为著名的学者。"

"后汉桓荣年輕时和哥哥元卿在田里做活，一到休息时候，桓荣便打开书本，朗誦起来．哥哥笑他，白費气力討苦吃，中什么用？后来桓荣成为学者，哥哥才叹口气說，像我們这样农民，那能知道念书有这样好处呢！"

（《古人的业余学习》，《前綫》一九六一年第十九期，十月十日出版）

"建議高等院校的所有教师，每学期至少必須提出一篇研究論文，升級的业务标准应该是教学质量和研究成绩并重。对于有些教了若干年书，只会依样画葫芦，吃多年前的存货，从来不做研究工作，今后也不打算做的人，建議第一不可升級　第二加强思想教育。"

（《談学术研究》，《前綫》一九六三年第十五期，八月十日出版）

7. 鼓吹"业余时间是第一兴趣广泛驰骋的自由天地"，露骨地推行"和平演变"的阴谋

"兴趣是什么？是个人的爱好。……就生活爱好說，有的爱画画，有的爱唱歌，有的喜爱体育活动，有的爱跳舞，有的爱釣魚，有的爱打桥牌，如此等等。"

"通过实践，第二兴趣，工作中的兴趣不是便培养出来了吗？而且这第二兴趣幷不妨碍第一兴趣，（注："三家村"的第一兴趣除了密谋策划进行反党反社会主义活动外，就是吃喝玩乐，谈猫说狗 捧地主，玩古董，打麻将，做买卖·追求苏联修正主义知识分子的一套。这就是"三家村"的兴趣。）你依然可以保持文学的爱好，业余时间是第一兴趣广泛驰骋的自由天地"。

（《談兴趣》《前綫》一九六三年第十八期，九月二十五日出版）

（原載一九六六年五月十四日上海《解放日报》和《文汇报》）

評《前綫》《北京日报》的資产阶級立場

＊

天津人民出版社編輯、出版
（天津市哈密道12号）
天津市书刊出版业營业許可証津出字第 001 号
天津人民出版社印刷厂印刷　河北省新华书店发行

＊

开本 787×1092 毫米 1/32　印張 2　字数 45,000
一九六六年五月第一版
一九六六年五月第一次印刷
印数 1—300,000

統一书号　3072·340
定价：0.13元

毛泽东思想万岁

天津人民出版社

1966·7

毛泽东思想万岁

本　社编

天津人民出版社

目　　录

毛泽东思想万岁

——紀念中国共产党成立四十五周年

《人民日报》社論

今天，在我国无产阶级文化大革命的高潮中，在世界人民革命斗争波澜壮阔的大好形势下，我们来纪念中国共产党成立四十五周年。

我们的党，是伟大的、光荣的、正确的党。

我们的党，是毛泽东同志亲手缔造和培育的党，是用马克思列宁主义、毛泽东思想武装起来的党，是理论同实际相结合的、和人民群众紧密地联系在一起的、有认真的自我批评精神的无产阶级革命党，是经历了革命历史上最激烈、最艰苦、最长期、最复杂的斗争的无产阶级革命党。

我们党的四十五年的历史，是毛泽东同志把马克思列宁主义的普遍真理同中国革命和世界革命的具体实践密切结合起来的历史。我们党四十五年来所取得的伟大胜利，是毛泽东思想的伟大胜利。

毛泽东思想是在我国人民民主革命、社会主义革命和社会主义建设的实践中，发展起来的；是在我党和各国马克思列宁主义者同帝国主义和现代修正主义的斗争中，发展起来的；是在总结被压迫人民和被压迫民族反对帝国主义和各国反动派斗争的新经验中，发展起来的；是在总结伟大的十月社会主义革命以来国际无产阶级革命和无产阶级专政的新经验中，发展起来的；是在吸取苏联赫鲁晓夫集团篡党、篡军、篡政，而把苏联由社会主义制度引向资本主义复辟道路的严重的、痛苦的教训中，发展起来的。

像毛泽东同志经历那样长期、那样复杂、那样激烈、那样多方面的斗争的革命领袖，同马克思、恩格斯、列宁、斯大林一样，在历史上是罕见的。正因为毛泽东同志善于随时运用马克思列宁主义的辩证唯物论和历史唯物论，来总结各种革命斗争的新经验，所以，毛泽东思想是我国革命各个阶段上唯一正确的指针，是被压迫人民和被压迫民族反对帝国主义、反对现代修正主义和反对一切反动派的强大的革命思想武器。

毛泽东思想是在帝国主义走向全面崩溃、社会主义走向全世界胜利的时代，天才地、创造性地、全面地继承和发展了的马克思列宁主义，是当代马克思列宁主义的顶峰，是最高最活的马克思列宁主义。毛泽东同志是当代最伟大的马克思列宁主义者。

列宁说：马克思主义"在其生命的途程中每走一步都得经过战斗"。毛泽东思想是在同国内外各种强大敌人的斗争中发展起来的，也是在同党内各种机会主义思想的斗争中发展起来的。

我们党从成立以来的长时期中，贯串着以毛泽东思想为指针的一条马克思列宁主义红线。在整个民主革命时期，以毛泽东同志为代表的党的正确路线，曾经先后同两次右倾机会主义路线和三次"左"倾机会主义路线进行了严重的斗争。一九三五年一月的遵义会议，确立了毛泽东同志在全党的领导地位。经过一九四二年开始的全党的整风运动，到一九四五年党的第七次全国代表大会，确定了以毛泽东思想作为我们全党的指导思想，作为党的一切工作的指针。

刘少奇同志在党的第七次全国代表大会上指出：毛泽东同志"是天才的创造的马克思主义者"。毛泽东思想的产生和发展，"这是我们党和我国人民在长期奋斗中最大的收获与最大的光荣，它将造福于我国民族至遥远的后代。""并将对各国人民的解放事业，特别是东方各民族的解放事业，作重大的有益的贡献。"

中华人民共和国的成立，标志着我国进入了社会主义革命和无产阶级专政的新时代。社会主义革命是彻底消灭剥削阶级和私有制的革命，是比民主革命深刻得无可比拟、广泛得无可比拟的革命。在社会主义社会里，在完成了生产资料所有制的社会主义改造以后，阶级和阶级矛盾仍然存在，虽然阶级斗争的形式发生了变化，但是阶级斗争并没有结束。在无产阶级专政时期，存在着极其复杂、极其尖锐的阶级斗争。国内外的阶级敌人极端仇视我们的社会主义事业。在国内，被打倒的和正在逐步被消灭的剥削阶级拼命挣扎，拼命反抗。他们人还在，心不死，并且同那些新产生的资产阶级分子互相勾结，时刻企图实现反革命复辟。帝国主义、现代修正主义和各国反动派总是千方百计地阴谋进攻、破坏、瓦解和颠覆我们的社会主义制度。这种激烈的国内外的阶级斗争，不可避免地要反映到我们党内来。

建国十六年来，以毛泽东同志为首的党中央马克思列宁主义的领导，同反党修正主义集团，进行了二次大的斗争。

第一次大的斗争，是同高岗、饶漱石反党联盟的斗争。

这场斗争，发生在一九五三年我国大规模社会主义革命开始的紧要关头。这时，党提出了社会主义工业化和对农业、手工业、资本主义工商业进行社会主义改造的总路线。高岗、饶漱石这些混进党内的资产阶级代理人，这些野心家、阴谋家，在国内阶级关系剧烈变化、阶级斗争十分紧张的形势下，再也耐不住了。他们大肆进行阴谋活动，妄图夺取党和国家的最高权力，实现资产阶级的反革命复辟。以毛泽东同志为首的党中央,同这些反革命分子进行了坚决的斗争。在一九五四年党的七届四中全会和一九五五年党的代表会议上,彻底揭露和粉碎了这个反党联盟。

由于这个斗争的胜利,全党更加紧密地团结在毛泽东思想的旗帜下,团结在以毛泽东同志为首的党中央的周围,保证了社会主义改造的伟大胜利。

第二次大的斗争,是同另一小撮右倾机会主义即修正主义反党集团的斗争。

一九五八年,以毛泽东同志为首的党中央提出了鼓足干劲、力争上游、多快好省地建设社会主义的总路线。在这个总路线的鼓舞下,全国人民意气风发,掀起了社会主义革命和社会主义建设的伟大新高潮。这是一个新的大跃进。在这个大跃进的过程中,出现了全国农村的人民公社化。帝国主义、现代修正主义和国内外反动派,对我党的建设社会主义总路线,对我国人民在党的总路线指导下的大跃进和人民公社化,极端恐慌,极端仇视,联合起来对我们进行疯狂的攻击。在一九五九年党的庐山会议上,一小撮混进党内的资产阶级野心家、阴谋家,在赫鲁晓夫修正主义集团的支持下,向以毛泽东同志为首的党中央,发动了猖狂的进攻。他们抛出了一个彻头彻尾的修正主义纲领,企图用来代替党的社会主义建设总路线,妄想把我国拉回到资本主义道路上去。

我们的党，在毛泽东同志和党中央的领导下，一致奋起，给这个反党集团以坚决回击，彻底粉碎了他们的阴谋，保卫了以毛泽东同志为首的党中央的正确领导，保卫了党的团结，保卫了党的社会主义建设总路线。随之而来的，是我国人民在各个战线上取得了一个又一个的胜利。人们看见，一九五八年和一九五九年大跃进所播下的种籽，已经结下丰硕的果实。

一九五九年反对右倾机会主义反党集团这场斗争的胜利，是毛泽东思想的又一次伟大的胜利。这个胜利，对于我国在社会主义道路上前进，具有重大的历史意义。

第三次大的斗争，是同最近揭发出来的反党反社会主义反毛泽东思想的反革命集团的斗争。

这一些反党分子是混进党里、政府里、军队里和文化界里，窃踞重要职务的资产阶级代表人物，他们的活动，比前两次被粉碎的反党集团更隐蔽、更狡猾。他们长期地打着"红旗"反红旗，披着马克思列宁主义、毛泽东思想的外衣，反对马克思列宁主义、毛泽东思想。他们挂着拥护党拥护社会主义的假招牌，干的是反党反社会主义的反革命勾当。

随着我国社会主义革命的逐步深入，随着社会主义教育运动的逐步发展，无产阶级文化大革命的问题就突出起来了。这个反革命集团，站在资产阶级的反动立場上，竭力抵制和反对党中央和毛泽东同志提出的社会主义文化大革命的路线，抵制和反对毛泽东同志在党的八届十中全会上提出的社会主义社会阶级和阶级斗争问题的指导方针，反对把社会主义革命进行到底。在他们所控制的新闻界、教育界、文艺界、学术界、出版界以及其他文化界的一些重要阵地上，他们大搞资产阶级对无产阶级的阶级斗争，大量散布资产阶级、修正主义毒素，向毛泽东思想、向以毛泽东同志为首的党中央、向社会主义制度，发动了猖狂的进攻。他们千方百计地包庇资产阶级右派，打击无产阶级革命派，压制广大工农兵群众的革命运动，抗拒和破坏无产阶级文化大革命。他们的手伸得很长，要抓党权、要抓军权、要抓政权。他们的目的，就是要篡党、篡军、篡政，实现资本主义复辟。一旦时机成熟，他们就要演出赫鲁晓夫式的反革命政变。

他们抓笔杆子，就是要为他们的资本主义复辟和反革命政变作舆论准备。

在无产阶级文化大革命中，彻底揭露和粉碎这个反革命集团，是毛泽东思想的新的伟大的胜利。这是保证我国社会主义革命继续发展的大事，是巩固无产阶级专政的大事，是防止修正主义篡夺领导权、防止资本主义复辟的大事，是防止反革命政变、防止反革命颠覆的大事，是关系全国人民命运的大事。从广义上说，也是关系世界人民命运的大事。

十六年来我们党内发生的三次大斗争，是毛泽东思想同反毛泽东思想的斗争，是马克思列宁主义路线同修正主义路线的斗争，是无产阶级和资产阶级两个阶级、社会主义和资本主义两条道路的斗争。

毛主席说，"党内不同思想的对立和斗争是经常发生的，这是社会的阶级矛盾和新旧事物的矛盾在党内的反映。党内如果没有矛盾和解决矛盾的思想斗争，党的生命也就停止了。"毛主席还指出，"阶级斗争是客观存在，不依人的意志为转移的。就是说，不可避免的。人的意志想要避免，也不可能。只能因势利导，夺取胜利。"

我们党每经历一次大斗争，清除一小撮混进党内的阶级异己分子，这是完全正常的、合乎规律的现象。每经过这样一场斗争，我们的党就更加团结了，更加巩固了，战斗力就更加坚强了。帝国主义、现代修正主义和国内外反动派，梦想从这里面捞取一根稻草，完全是枉费心机。

十六年来我们党内二次大斗争说明：那些反党集团的一切罪恶活动的目的，都是为了搞反革命政变，为了变无产阶级专政为资产阶级专政。如果不把他们的罪恶阴谋揭发出来，他们肯定是要对人民下毒手的。

如果他们的阴谋得逞，我们几十年流血牺牲打出来的无产阶级江山，人民的江山，就会废于一旦。我国人民就要重新受压迫、受剥削，过牛马的生活。帝国主义就会卷土重来，**赫鲁晓夫修正主义也会骑到我们头上，我国就会重新沦为殖民地、半殖民地。**

我们共产党员，革命的无产阶级，一切拥护社会主义制度和无产阶级专政的人们，对于这样的事情，决不能等闲视之，一定要严正对待。

由于我们的党是毛泽东同志领导下几十年革命的党，是用马克思列宁主义、毛泽东思想武装起来的党，是同人民群众血肉相联的、有丰富革命经验的党，我们完全能够识破和揭露这些反党集团，使他们的阴谋不能够得逞。这些反党分子并没有什么了不起，他们的阴谋一旦被戳穿，就立即陷入广大人民群众的包围之中，就显出了纸老虎的原形。

伟大的毛泽东思想，是一切反党集团阴谋搞反革命政变的最大障碍。因此，他们总是把攻击的矛头指向毛泽东思想。他们和帝国主义者和赫鲁晓夫修正主义者一样，一提到毛泽东思想就反感，就骂街，就跳起来，就歇斯底里大发作。谁拥护毛泽东思想，提倡学习毛泽东思想，他们就反对谁、攻击谁，造谣、诬蔑，什么手段都使得出来，什么坏事都干得出来。他们特别害怕广大工农兵直接掌握毛泽东思想。**他们以"简单化"、"庸俗化"、"实用主义"为罪名，来反**

对广大工农兵活学活用毛主席著作。他们下禁令、贴封条，就是不让毛泽东思想同广大工农兵群众见面。但是，他们越是禁止，越是封锁，越是反对，广大工农兵越是热爱毛主席著作，越是如饥似渴地学习毛主席著作。

我们党四十五年的历史经验证明，毛泽东思想是我们党的灵魂，是我们党的命根子。反党野心家阴谋篡党、篡军、篡政，就一定要贬低、歪曲、攻击和反对毛泽东思想。为了使我们的党永不变质，使我们的国家永不变色，我们就要永远把毛泽东思想作为我们党的指导思想，作为全党团结和革命的共同思想基础。现在是这样，一百年是这样，一千年也是这样，永远是这样。对待毛泽东思想的态度，是衡量谁是真革命，谁是假革命、反革命，谁是马克思列宁主义，谁是修正主义的尺度。不论是现在还是将来，谁要反对毛泽东思想，就是革命的死敌，就是人民的死敌，就要全党共诛之，全国共讨之。

早在二十一年前，刘少奇同志就向全党指出："现在的重要任务，就是动员全党来学习毛泽东思想，宣传毛泽东思想，用毛泽东思想来武装我们的党员和革命的人民，使毛泽东思想变为实际的不可抗御的力量。"

周恩来同志说："用毛泽东思想把我们的干部和

劳动人民武装起来，是把我国社会主义革命进行到底，顺利推进我国社会主义建设事业的极其重要的条件，也是克服和防止资产阶级思想、修正主义和教条主义的根本方法。"

林彪同志提出："我国是一个伟大的无产阶级专政的社会主义国家，有七亿人口，需要有一个统一的思想，革命的思想，正确的思想，这就是毛泽东思想。"

"必须通过活学活用毛主席著作，把毛主席的思想灌输到工人、农民中去，才能改变劳动人民的精神面貌，才能使精神力量转化为巨大的物质力量。"

邓小平同志指出："我们党的最大的优点，就是有以毛泽东思想为代表的指导思想。毛泽东思想是经过了历史的考验的。中国的革命不是由别的思想引导到胜利的，而是由毛泽东思想引导到胜利的。革命胜利以后，也正是在毛泽东思想的指导下，我们的社会主义革命和社会主义建设，才获得了这样伟大的成就，并且继续胜利地前进着。"

中国人民解放军是毛泽东同志亲手缔造的忠实于党、忠实于人民的无产阶级专政的工具。人民解放军响应中央军委和林彪同志提出的"读毛主席的书，听毛主席的话，照毛主席的指示办事，做毛主席的好战士"的号召，开展了活学活用毛主席著作的运动。这是一个伟大的创举，已经收到了不可估量的巨大的成效。

全国亿万工农兵群众活学活用毛主席著作的运动正在蓬勃发展，这是人类历史上空前宏伟的思想革命运动。这是马克思列宁主义的空前普遍化。占世界人口四分之一的大国，正在变成学习马克思列宁主义、毛泽东思想的大学校。有了用毛泽东思想武装起来的几亿人民，有了千百万用毛泽东思想武装起来的无产阶级革命事业的接班人，我们才能够把我国的社会主义革命进行到底，才能够使我国由社会主义逐步地过渡到共产主义，才能够使我国对世界革命作出更大的贡献。

全国广大工农兵群众，广大革命干部和广大革命知识分子，要紧紧地团结在党中央和毛泽东同志的周围，坚决遵照党中央的指示：念念不忘阶级斗争，念念不忘无产阶级专政，念念不忘突出政治，念念不忘高举毛泽东思想伟大红旗。

伟大的中国共产党万岁！

伟大的领袖毛主席万岁！

伟大的战无不胜的毛泽东思想万岁！

（一九六六年七月一日）

党的阳光照亮文化大革命的道路

《人民日报》社論

当前这場史无前例的我国无产阶级文化大革命，在党和毛主席的正确领导下，正在一步一步地取得胜利。

毛主席说："领导我们事业的核心力量是中国共产党。"

中国人民的一切事业，一切斗争，只有在中国共产党的领导下，才可能取得胜利。

推翻"二座大山"的民主革命，是在中国共产党的领导下，取得胜利的。

社会主义革命和社会主义建设的一切伟大成就，是在中国共产党的领导下取得的。

无产阶级文化大革命，也只有在中国共产党的领导下，才能够取得胜利。

总之，我们祖国要繁荣，要富强，要建立一个没有人剥削人的伟大的社会主义制度，没有中国共产党的领导，是根本不可能的，只能是纯粹的幻想。

我们的党，有伟大的、战无不胜的毛泽东思想作为全党团结和革命的思想基础，有以毛主席为核心的党中央的坚强领导。

我们的党，是按照毛主席的建党思想和革命风格建立起来的，是一个理论和实践相结合的、密切联系群众的、有自我批评精神的无产阶级革命党。

我们的党，是在同国内外强大敌人的斗争中，同党内各种机会主义的斗争中，发展、壮大和巩固起来的，是经过长期革命斗争的严峻考验的。

我们的党，是在毛泽东思想指导下，经历几乎世界历史上从来没有过的千难万苦，在大风大浪中，善于绕过暗礁，走向一个胜利又一个胜利的党。

我们的党，在人民群众中享有极大的、不可动摇的威信。我们的党，代表无产阶级和广大劳动人民的最高利益，同人民群众的关系，就像毛主席所说的，是鱼和水的关系。

所以，我们的党，不愧被称为伟大的党，光荣的党，正确的党。

在党中央和毛主席的领导下，我们党的各级组织，我们的党员，我们党的干部，大多数是好的，是忠于无产阶级，忠于共产主义事业，忠于马克思列宁主义、毛泽东思想的。虽然有的党员，有的组织，有不同程度的缺点和错误，但是，他们在党和群众的帮助、教育和监督下，经过批评和自我批评，许多人是可以改正过来的。

在社会主义革命和社会主义建设时期，阶级斗争仍然是很激烈的，社会主义和资本主义两条道路的斗争是极其尖锐的，并且是长期的。这种社会上的阶级斗争，两条道路的斗争，不可避免地要反映到我们的党内来。对于马克思主义者来说，这并不是奇怪的事，而是正常的、合乎规律的现象。

在我们党内，有一小撮反党、反社会主义的资产阶级代表人物。他们是打进来的阶级敌人，或者是被拉出去的蜕化变质分子。他们篡夺了一些单位和部门的领导权。这种情况过去有，现在有，将来还可能有。党能够发动群众，把他们揭露出来，罢他们的官，夺他们的权，坚决把他们清除出去，这正是表明我们党的坚强战斗力，表明我们党的团结和巩固。

无产阶级的文化大革命，是要革资产阶级和一切剥削阶级的意识形态的命。正如毛主席所说的，这是触及人们灵魂的大革命。这一场文化大革命，不但在社会上是剧烈的阶级斗争，而且在党内，也必然会遭到那一些思想上没有入党的、死抱着资产阶级思想的人们的反抗。

对待文化大革命的态度，是社会上的一切人们是否拥护无产阶级专政和社会主义制度的试金石。

一切党的组织，一切共产党员，也将在这场文化大革命中经受考验。

以毛泽东思想武装起来的中国共产党的领导，是无产阶级文化大革命取得胜利的根本保证。

有了党的正确领导，文化大革命才有正确的方向，革命人民才能心明眼亮，运动才能健康地发展。

党的正确领导，就是要善于走群众路线，从群众中来，到群众中去，善于同群众商量，倾听群众意见，分辨是非，区别对待。

党的正确领导，就是要依靠坚定的无产阶级革命派，发展左派队伍，争取最大多数，孤立和分化少数，集中力量打击那些只占百分之几的死心塌地反党反社会主义的反革命分子。

党的正确领导，就是不断提高群众的无产阶级政治觉悟，对大多数人采取团结——批评——团结的政策，经过运动，最后做到团结百分之九十五以上的人们，包括那些犯错误而又愿意改正、有所交代的党内外的人们。

一切好党员、好干部和好的党组织，都要勇敢地参加这场革命，进一步地用毛泽东思想武装自己，领导好这场文化革命的群众运动。都应当站在运动的前面，站在群众之中，而不要害怕群众，不要给群众泼冷水。

我们各级党组织的一些领导干部，只要不是反党、反社会主义的，就应当轻装上阵。自己有一些缺点错误，应当勇敢进行自我检查，虚心接受群众的批评。不要因为群众贴了几张大字报，提了一些意见，就表示不满，腰杆子硬不起来。

我们的党和人民群众，以有伟大的毛泽东思想为指南而自豪，以有一个用毛泽东思想武装起来的党中央的领导而自豪。

毛主席关于社会主义时期阶级、阶级矛盾和阶级斗争的学说，是马克思列宁主义的新发展，是经过反复考验证明了的无产阶级革命真理，是颠扑不破的无产阶级革命科学。这个无产阶级革命科学，是在我们的社会主义革命和社会主义建设的实践中，发展起来的；是在我党和各国的马克思列宁主义者同帝国主义和现代修正主义的斗争中，发展起来的；是吸取苏联赫鲁晓夫集团篡党、篡军、篡政，而把苏联由社会主义制度引向资本主义复辟道路的严重的、痛苦的教训中，发展起来的。

我国无产阶级文化大革命中的阶级斗争，这个阶级斗争中所暴露出来的千百万件事实，进一步地证明了毛主席关于社会主义时期阶级、阶级矛盾和阶级斗争学说的正确性。

我们在这场文化大革命中，就是要根据毛主席这个反映客观规律的学说，去进行斗争，去改造人们的主观世界和客观世界，从而能够更好地去进行我国社会主义革命和社会主义建设，使我国有可能在将来由社会主义过渡到共产主义。

毛泽东思想和党中央领导的阳光，照亮了我国无产阶级文化大革命的道路。

只要我们坚决按照毛泽东思想办事，按照党中央和毛主席的指示办事，加强党对运动的正确领导，把党的领导和广大群众密切地结合起来，我们就会无往而不胜。

一切牛鬼蛇神，最后都不能逃脱毛泽东思想的阳光，都不能逃脱党的阳光。在毛泽东思想和党的阳光照射下，在千百万觉悟群众的众目睽睽下，一切牛鬼蛇神想投机取巧，想颠倒是非，想浑水摸鱼，想制造思想混乱，是绝对办不到的。他们想蒙混过关，想逃脱失败的命运，更是绝对办不到的。

（一九六六年六月二十四日）

信任群众，依靠群众

《紅旗》杂志社論

一个无产阶级文化革命的伟大的群众运动，正在全国兴起。千百万革命群众，响应党中央和毛主席的号召，以雷霆万钧之力，对反党反社会主义的资产阶级代表人物，展开了尖锐的斗争。牛鬼蛇神陷入了广大群众的汪洋大海包围之中，他们遭到了空前的严重打击。

发动广大群众，用群众运动的方法，进行无产阶级文化大革命，这是伟大的创举。

亿万人民群众起来批判旧世界，是这場无产阶级文化大革命的一个根本特点。

毛主席告诉我们："革命战爭是群众的战爭，只有动员群众才能进行战爭，只有依靠群众才能进行战爭。"

这是一个普遍的眞理。革命战爭是这样，无产阶级的一切事业是这样，无产阶级文化大革命当然也是这样。沒有群众运动，就沒有无产阶级革命。同样，沒有群众运动，也就沒有无产阶级文化大革命。

　　过去，我们党进行推翻帝国主义、封建主义和官僚资本主义统治的革命战争，是依靠广大人民群众的。正是在毛主席领导下，组织起来的广大人民群众，打倒了国民党反动派统治的旧中国，建立了无产阶级专政的新中国。今天，**我们党进行触及人的灵魂的无产阶级文化大革命，也必须依靠广大人民群众。无论用枪杆子批判旧世界，还是用笔杆子批判旧世界，都必须依靠人民群众。**

　　无产阶级文化大革命，是群众的革命事业。在无产阶级文化大革命的整个过程中，都必须依靠群众，放手发动群众。只有动员群众，大搞群众运动，出大字报，大鸣、大放、大辯论，才能使无产阶级文化大革命广阔深入地开展，才能把一切牛鬼蛇神暴露出来，把他们打倒，才能眞正解决在意识形态领域中无产阶级和资产阶级之间谁战胜谁的问题，胜利完成无产阶级文化大革命的任务。

　　历史已经证明，广大的革命群众是反动国家机器的埋葬者，是反动社会制度的埋葬者。历史也必将证明，广大的革命群众是一切剥削阶级意识形态的埋葬者。

　　在广大人民群众中，蘊藏着极大的文化革命的积极性。近几年来，革命干部，革命知识分子，特别是广大的工农兵群众，活学活用毛主席著作，获得了巨大的成绩。他们掌握了毛泽东思想。在阶级斗争中，在生产斗争中，在科学实验中，他们用毛主席著作用得很好。在当前无产阶级文化大革命中，他们用毛主席著作也用得很好。他们是捍卫无产阶级专政的真正的铜墙铁壁。他们是摧毁为资产阶级代表人物盘踞的思想文化阵地的主力军。如果低估了这一点，那就要犯绝大的错误。

几个月来，波澜壮阔的无产阶级文化大革命运动证明：

掌握了毛泽东思想的广大人民群众，对于牛鬼蛇神的识别能力最强，他们看得最清，认得最明；

掌握了毛泽东思想的广大人民群众，对于牛鬼蛇神战斗得最好，他们瞄得最准，打得最狠；

掌握了毛泽东思想的广大人民群众，最善于进行斗争，最善于用摆事实、讲道理的方法，把资产阶级代表人物驳斥得体无完肤。

几个月来，波澜壮阔的无产阶级文化大革命运动证明：

以毛泽东思想武装起来的中国共产党的领导，是无产阶级文化大革命取得胜利的根本保证。

党的正确领导，就是要善于走群众路线，就是要自始至终把放手发动群众作为运动的根本。信任群众，依靠群众，是我们党的无限力量的源泉。信任群众，依靠群众，放手发动群众，大搞群众运动，是我们党进行无产阶级文化大革命的一个极其重要的方针。

是否信任群众、依靠群众，敢不敢放手发动群众，这是无产阶级世界观和资产阶级世界观的分水岭，也是真正的马克思列宁主义政党同一切修正主义政党的一个根本区别。我们党所以有力量，就在于信任群众，依靠群众，敢于放手发动群众。只有站在群众运动的前头，放手发动群众，才能在无产阶级文化大革命中发挥领导作用。如果不是这样，而是害怕群众，害怕群众运动，那就根本谈不上什么领导，那就违背毛主席经常教导我们的党的领导原则。

毛主席教导我们，在无产阶级文化大革命中，必须组织、发展无产阶级左派队伍，并且依靠他们发动群众，团结群众，教育群众。

全国各地，到处有坚定的无产阶级革命左派。绝大多数共产党员、共青团员，是可以信赖的，在党的正确领导下，他们是无产阶级革命左派的核心。

无产阶级革命左派最听党的话，最听毛主席的话，他们在革命中最勇敢、最坚决，他们最善于团结多数，他们能够在斗争中起模范作用。他们是这场无产阶级文化大革命的先锋。

我们党必须依靠各个地方、各个部门的坚定的左派。不要受级别、资历、年龄等等错误框框的束缚，把坚定的左派组织起来，作为运动的骨干，大胆放手地让他们在无产阶级文化大革命中发挥带头作用。

只有依靠坚定的**左派**，放手发动群众，才能真正贯彻执行**毛主席和党中央**的指示，才能辨明真革命和假革命、革命和反革命，才能领导无产阶级文化大革命，使运动健康地发展。

毛主席教导我们，领导与**群众**相结合是党的领导方法的一个根本原则。在无产阶级文化大革命中，也必须坚持这个原则。

群众路线是党在一切工作中的根本路线。人民群众是我们一切革命工作的力量源泉。依靠人民群众，我们就能克服一切困难，战胜一切敌人，做好一切工作。离开人民群众，我们就会变成无源之水，无本之木，我们就将一事无成。毛主席说："应该使每一个同志懂得，只要我们依靠人民，坚决地相信人民群众的创造力是无穷无尽的，因而信任人民，和人民打成一片，那就任何困难也能克服，任何敌人也不能压倒我们，而只会被我们所压倒。"在伟大的无产阶级文化大革命中，我们一定要遵照毛主席的指示，信任群众，依靠群众，放手发动群众，和人民群众打成一片，把无产阶级文化大革命进行到底。

（一九六六年第九期）

彻底批判前北京市委
一些主要負責人的修正主义路綫

《紅旗》杂志社論

无产阶级文化大革命迅猛地向前发展。一批一批的牛鬼蛇神被揭露出来，一个一个的反动堡垒被冲垮。在毛主席和党中央的直接支持下，北京市的广大工农兵群众，广大的党的干部和革命知识分子，揭露了、推翻了前北京市委这个反党反社会主义的阴谋集团。前北京市委一些主要负责人的反革命修正主义嘴脸充**分地暴露出来了。**

这是我国无产阶级专政历史上的一件大好的重大事件，这是毛泽东思想的新胜利。

前北京市委一些主要负责人的领导，贯串着一条**反党反社会主义反毛泽东思想的黑线。**这条黑线的主要点，就是反对无产阶级革命，反对无产阶级专政，反对党中央和毛泽东同志的正确路线，实行反革命的修正主义路线。它表现在以下几个方面：

第一，抗拒无产阶级文化大革命。前北京市委一些主要负责人非常害怕无产阶级文化大革命，顽固地反对和破坏文化大革命。他们的反革命修正主义路线，正是在这场文化大革命中暴露的。在毛主席和党中央的直接领导下，中共上海市委发动了对吴晗《海瑞罢官》的批判，吹起了无产阶级文化大革命的号角。上海《文汇报》刊登了姚文元同志《评新编历史剧〈海瑞罢官〉》的文章，这就触怒了前北京市委那帮修正主义老爷们。他们肆无忌惮地攻击上海市委，公然抗拒毛泽东同志的指示。他们把姚文元同志的文章，视作洪水猛兽，运用掌握在他们手里的宣传工具，千方百计地进行抵制和封锁。他们使用种种卑鄙恶毒的手段，压制和打击一切坚持毛泽东同志正确路线的无产阶级革命派，包庇那些反党反社会主义反革命的黑帮分子。在毛泽东同志批判了前北京市委以后，他们还进行有组织、有计划的抵抗，企图牺牲车马，保存主帅。《前线》和《北京日报》四月十六日的编者按语，就是他们玩弄这种反革命的两面手法的一个集中表现。他们还进行了一系列秘密的、地下的、非法的活动，死守阵地，并且收集无产阶级革命派的材料，准备反扑。这一系列的反党活动，为他们自己的彻底垮台准备了条件。一帮在党内隐藏了很久的资产阶级代表人物的反革命面目，就这样地被识破了。

　　第二，反对城乡社会主义教育运动。前北京市委反对无产阶级文化大革命，是他们几年来一贯反对城乡社会主义教育运动，反对社会主义革命的继续和发展。他们对抗毛主席和党中央关于城乡社会主义教育运动的方针，反对放手发动群众揭开阶级斗争的盖子，保护城乡基层的那些党内走资本主义道路的当权派，保护地、富、反、坏、右。当城乡社会主义教育运动深入发展的时候，他们就迫不及待地要"刹车"，并且大搞翻案活动，为地、富、反、坏、右撑腰，打击贫下中农和革命的积极分子，进行有组织、有计划的反攻倒算。前北京市委的这条路线，就是反对社会主义革命的路线，就是复辟资本主义的路线。

第三，抛弃阶级和阶级斗争的观点，企图"和平演变"。前北京市委顽固地对抗毛泽东同志关于社会主义社会阶级和阶级斗争的指导方针。他们在文化教育、工业、农业、财贸等各项工作中，都反对以阶级斗争为纲。他们反对突出无产阶级政治，而突出资产阶级政治。他们抛弃了马克思列宁主义、毛泽东思想关于阶级和阶级斗争的观点，就不能不陷入赫鲁晓夫修正主义的泥坑。他们实行的，实际上就是赫鲁晓夫"全民党"、"全民国家"那一套修正主义的货色。他们的资产阶级本性是很鲜明的。他们在各条战线上，残酷地压制和打击无产阶级革命左派和革命群众，放手让一切牛鬼蛇神出笼。这一小撮反革命的修正主义分子，在北京市党政机关的一些单位和一些部门，实行"和平演变"，使这些单位和部门的领导权，为资产阶级代表人物所篡夺。

第四，变无产阶级专政为资产阶级专政。前北京市委一小撮反革命修正主义分子打着无产阶级专政的旗号，实际上力图实行的是资产阶级独裁。他们对广大的工农兵，广大的党的干部和革命知识分子，实行压制和打击，专横独断，絲毫不讲民主。他们的"民主"，是一小撮反党反社会主义反毛泽东思想的资产阶级代表人物的民主，是一小撮资产阶级反动"学术权威"的民主，是一小撮地、富、反、坏、右的民主。他们是一批恶霸，是一批閻罗王。

第五，为复辟资本主义、顛覆无产阶级政权作輿論准备。前北京市委一小撮反革命修正主义分子，非常重视制造复辟资本主义、顛覆无产阶级政权的輿论。他们把《前线》、《北京日报》、《北京晚报》当作反党反社会主义反毛泽东思想，散布修正主义毒素的工具。他们利用他们能够掌握的报纸、刊物、广播、书籍、讲坛、文学作品、电影、戏剧等等，大肆放毒，腐蚀和毒害全国人民。所有这一切，都是为复辟资本主义准备条件的。

第六，反对毛主席和党中央提出的教育方針，实行资产阶级的、修正主义的教育方針。前北京市委一些主要负责人所控制的一些学校不是为无产阶级政治服务，而是为资产阶级复辟服务。他们不是培养无产阶级革命事业的接班人，而是培养新的资产阶级知识分子。他们对资产阶级分子爱护备至，对广大的革命师生进行排斥和打击。在他们控制下的北京大学，就是一个典型的反动的顽固堡垒。

第七，反对活学活用毛主席著作。前北京市委一小撮人竭力反对广大工农兵群众和干部活学活用毛主席著作。**他们十分仇视毛泽东思想，一听到毛泽东思想就反对，就咒骂，**就暴跳如雷。他们对听毛主席的话，照毛主席指示办事的工农兵群众和革命干部，进行压制和打击。这一小撮反革命修正主义分子尽做坏事，他们最害怕在毛泽东思想的阳光下，暴露自己的原形。**他们最害怕广大群众掌握毛泽东思想这个威力无穷的武器，**来推翻他们的反动统治。

第八，招降納叛，結党营私。前北京市委那些主要负责人为了推行他们的修正主义的政治路线，实行一套封建帮会的、结党营私的组织路线。前北京市委的主要负责人采用封官许願、招降纳叛等等卑鄙手段，收买拉拢一帮人，结成死党，充当他们的忠实走狗。

第九，对党中央实行严密封鎖。前北京市委一小撮反党分子，他们把北京市当成一个"独立王国"，水泼不进，针插不进，谁也过问不得，谁也批评不得，老虎屁股摸不得。但他们却要到处伸手。他们是一个阴谋家、野心家的集团。

第十，打着紅旗反紅旗。这些反党反社会主义的修正主义分子，所以能够在相当长的时期內隐藏下来，

目　　录

大海航行靠舵手

《人民日报》社論

在我国社会主义革命的新阶段，在无产阶级文化大革命发展的关键时刻，毛泽东同志亲自主持举行了党的八届十一中全会。这次会议，是我国社会主义革命新阶段的里程碑。

社会主义国家，在基本完成生产资料所有制方面的社会主义改造以后，仍然存在着走什么道路的问题。是把社会主义革命进行到底，逐步向共产主义过渡？还是半途而废，向资本主义倒退？这个问题，尖锐地摆在人们面前。毛泽东同志总结和吸取了我国革命和国际共产主义运动的正反两面的经验，在理论上，回答了这个问题；在实践中，正在逐步解决这个问题。

毛泽东同志在一九六二年党的八届十中全会上，再一次强调了关于社会主义社会的矛盾、阶级和阶级斗争的理论，向我们提出了千万不要忘记阶级斗争的伟大号召。近几年来，毛泽东同志又提出了关于社会主义革命和社会主义建设的一系列英明决策，提出了关于社会主义教育运动和无产阶级文化大革命的一系列重要指示，提出了关于反对帝国主义，关于建立反对美帝国主义及其走狗的最广泛的国际统一战线，关于反对现代修正主义，支持世界一切被压迫人民、被压迫民族的革命斗争的一系列重大方针。这些，对于巩固我国的无产阶级专政和社会主义制度，防止修正主义篡夺党和国家的领导，防止资本主义复辟，保证我国坚持无产阶级国际主义，都是根本性的问题。

大海航行靠舵手！

我国革命的伟大舵手就是毛泽东同志。

几十年来，每当我国革命的重要关头，都是因为党和人民群众有毛泽东同志这样天才的舵手掌舵，有伟大的毛泽东思想作指南，**拨开迷雾，端正航向，**使我们革命的大船，能够绕过无数的险滩和暗礁，在大风大浪中，沿着马克思列宁主义的革命航道，胜利前进。

列宁说："没有革命的理论，就不会有革命的运动。"确实是这样。没有毛泽东思想，就没有伟大、光荣、正确的中国共产党，就没有我国民主革命和社会主义革命的胜利，就没有新中国，就不能把我国建设成为伟大的社会主义国家，**就不能使我国人民在世界上永远站起来，永远向前进。**

林彪同志很正确地说明了毛泽东思想对我国革命

和我国前途的极端重要性。他说："我国是一个伟大的无产阶级专政的社会主义国家，有七亿人口，需要有一个统一的思想，革命的思想，正确的思想，这就是毛泽东思想。"

我国无产阶级文化大革命的根本任务，就是要使毛泽东思想最广泛地为群众所掌握，进一步促进人的思想革命化，进一步把精神力量变成改造社会、改造自然的宏伟的物质力量。

让我们更高地举起毛泽东思想的伟大红旗，更紧密地团结在以毛泽东同志为首的党中央的周围，努力实行党的八届十一中全会公报指出的各项政策，团结一切可以团结的人们，自力更生，奋发图强，克服一切阻力和困难，把无产阶级文化大革命进行到底，把社会主义革命进行到底，把反对帝国主义和现代修正主义的斗争进行到底。

为把我国建设成为一个强大的社会主义国家而奋斗。

为联合世界各国人民，建立一个没有帝国主义、没有资本主义、没有剥削制度的新世界而奋斗。

中国人民大团结万岁！

世界人民大团结万岁！

（一九六六年八月十五日）

毛泽东思想是我们的命根子

《解放軍报》社論

我们伟大领袖毛主席亲自主持举行的党的八届十一中全会，是我国社会主义革命前进道路上的重要里程碑。

会议通过的关于无产阶级文化大革命的决定，是毛主席为我们制定的文化革命的伟大纲领和行动指南，是毛主席对马克思列宁主义的划时代的新发展。

在党的八届十中全会以来的四年里，我国人民处在国內外阶级斗爭极其复杂、激烈的大风浪中。由于我们有伟大的舵手毛主席的英明领导，有伟大的毛泽东思想为指南，我们能够冲破惊涛駭浪，克服种种困难，在社会主义革命和社会主义建设事业中，在反对帝国主义和现代修正主义的斗爭中，取得了一个又一个的胜利。

我国人民所取得的一切胜利，都是毛泽东思想的胜利。

毛泽东思想是我们的命根子。沒有毛主席的领导，没有毛泽东思想，就没有我们这样一个伟大的党，没有我们这样一支伟大的军队，就没有社会主义的新中国，没有中国人民的一切。没有毛主席的领导，没有毛泽东思想，就不能把我们伟大的祖国建成一个永不变色的无产阶级的铁打江山，就不能使我国人民在世界上站起来，永远站起来。

坚决按照毛泽东思想办事，我们的事业就胜利，就发展。只要稍稍离开毛泽东思想的轨道，革命就会遇到挫折和失败。我们党几十年的历史证明了这一点，近几年的历史和当前文化大革命的进程，同样证明了这一点。

八届十一中全会，重申了毛主席关于工业学大庆，农业学大寨，全国学人民解放军，加强政治思想工作的号召；重申了毛主席关于人民解放军和工厂、农村、学校、商业、服务行业、党政机关，都应该成为一个革命化的大学校的号召。

全会强调指出：

林彪同志号召人民解放军在全军展开学习毛泽东同志著作的群众运动，为全党全国树立了光辉的榜样。用毛泽东思想武装工农兵群众、革命知识分子和广大干部，进一步促进人的思想革命化，是防止修正主义，防止资本主义复辟，使我们社会主义和共产主义事业取得胜利的最可靠、最根本的保证。对毛泽东同志著作，带着问题学，活学活用，学用结合，急用先学，立竿见影，在用字上狠下功夫的方法，是行之有效的，普遍适用的，应当进一步在全党全国推广。

对我军来说，这是极大的鼓励，也是极大的鞭策。

我军全体同志坚决响应毛主席的伟大号召。

我们一定要把我军办成一个毛泽东思想的大学校。

我们应当更加自觉地按照林彪同志提出的原则和方法，活学活用毛主席著作，特别在用字上狠下功夫。各级领导干部，应当学得更多些，用得更好些，起示范作用和带头作用，从而使我军活学活用毛主席著作的群众运动，开展得更广泛，更深入，取得更加扎实的成效。

我们应当关心国家大事，把无产阶级文化大革命进行到底。每个同志都要积极参加文化大革命，用毛泽东思想这个锐利的武器，观察和分析阶级斗争的新形势，批判剥削阶级的旧思想，旧文化，旧风俗，旧习惯，创造无产阶级的新思想，新文化，新风俗，新习惯。

我们应当认真地做群众工作，遵守三大纪律八项注意。每个同志都要参加生产劳动，参加和支援社会主义建设。要虚心向人民群众和地方干部学习。要使我们的军队，永远同人民群众打成一片，永远保持劳动人民的本色，永远做党和人民的驯服工具。

我们应当提高警惕，加强战备，防止敌人的突然袭击。如果美帝国主义及其帮凶胆敢把战争强加在我们的头上，就坚决、彻底、干净、全部地把它们消灭掉。我们一定要解放台湾。我们已经作好准备，只要祖国一声令下，就立即开赴援越抗美的最前线。

由毛主席缔造和培养的我们人民解放军，将永远高举毛泽东思想的伟大红旗，永远突出无产阶级政治，永远忠实于毛泽东思想。我们决心把学习毛泽东思想，贯彻毛泽东思想，传播毛泽东思想，捍卫毛泽东思想，当作毕生的战斗任务。

（一九六六年八月十五日）

无产阶级文化大革命的纲领性文件

《红旗》杂志社论

在我国无产阶级文化大革命发展的关键时刻，中国共产党中央委员会发表了《关于无产阶级文化大革命的决定》。这个文件，是在毛泽东同志亲自主持下，科学地总结了近几个月来无产阶级文化大革命的群众运动的经验而制定出来的。这是我国无产阶级文化大革命的纲领。这个决定一定会把我国的无产阶级文化大革命运动推向一个新的高潮。

这个决定正确地分析了我国无产阶级文化大革命的性质、形势和任务，制定了党在这场大革命中的方针和政策。

决定说，"当前开展的无产阶级文化大革命，是一场触及人们灵魂的大革命，是我国社会主义革命发展的一个更深入、更广阔的新阶段。"

毛泽东同志在十年前我国基本上完成生产资料所有制社会主义改造的时候，就英明地指出，"阶级斗争并没有结束。无产阶级和资产阶级之间的阶级斗争，各派政治力量之间的阶级斗争，无产阶级和资产阶级之间在意识形态方面的阶级斗争，还是长时期的，曲折的，有时甚至是很激烈的。无产阶级要按照自己的世界观改造世界，资产阶级也要按照自己的世界观改造世界。在这一方面，社会主义和资本主义之间谁胜谁负的问题还没有真正解决。"

无产阶级文化大革命，就是要在我们党领导下，充分发动群众，逐步解决毛泽东同志提出的这个在意识形态方面谁战胜谁的问题。

　　这一場文化大革命，是无产阶级世界观同资产阶级世界观的斗争，是无产阶级同资产阶级在意识形态领域里的夺取领导权的斗争。

　　一切阶级斗争都是政治斗争。这場文化大革命，归根到底，是社会主义制度同资本主义制度的你死我活的斗争，是一方面要巩固无产阶级专政，另一方面要变无产阶级专政为资产阶级专政的斗争。这是一場极其激烈、极其尖锐、极其深刻的阶级斗争，是无产阶级防止资本主义复辟的斗争，是我国防止帝国主义和现代修正主义进行颠覆阴谋和实行"和平演变"的斗争。这是关系我们伟大祖国前途的斗争。

　　当前这場无产阶级文化大革命的任务，正如决定中所指出的，第一，斗垮走资本主义道路的当权派；第二，批判资产阶级的反动学术"权威"，批判资产阶级和一切剥削阶级的意识形态；第二，改革教育，改革文艺，改革一切不适应社会主义经济基础的上层建筑。

　　现在，我国的无产阶级文化大革命是一片大好形势。它反映着我国政治、经济各方面的欣欣向荣。在中国共产党领导下的这場史无前例的文化大革命中，各阶级，各种政治力量之间的关系，发生了新的变动。在群众运动真正起来的地方，轰轰烈烈，势如破竹。

央制定的正确路线、方针和政策，坚决抵制危害革命的错误领导。而要做到这一点，就必须同广大群众共命运，同呼吸，从群众中来，到群众中去。有的同志把党的领导同放手发动群众对立起来，这是很错误的。

要正确地放手发动群众，就要把党的政策交给群众。这个决定的公布，使党的无产阶级文化大革命的各项政策，都直接同群众见了面，这就更有利于放手发动群众。

在运动中，要让群众彻底揭露那些还没有暴露、或者还没有充分暴露的资产阶级右派分子，彻底批判他们，把他们最大限度地孤立起来。这就要求首先抓党内那些走资本主义道路的当权派，并且力求抓得准，揭得透。

群众完全懂得，要积极地争取那些动摇不定的、认不清楚大是大非的中间派。当然群众发动起来以后，在本单位贴大字报，可能点了他们一些名，这是难免的。只要不在报纸上公开发表，同时，也允许他们贴大字报为自己辩护，那就不会伤害他们，并且会促使他们进步。我们相信，在运动的过程中，会有一些中间派变成左派。

依靠左派同广泛发动群众，更是一致的。只有善于发现左派，发展和壮大左派队伍，坚决依靠革命左派，才能够在运动中，彻底孤立最反动的右派，争取中间派，团结大多数，经过运动，最后达到团结百分之九十五以上的干部，团结百分之九十五以上的群众。

在斗争中，要不断提高左派的思想水平和政治水平，帮助他们活学活用毛主席著作。一定要有一支用毛泽东思想武装起来的非常革命化、非常战斗化的无产阶级革命派，即坚强的左派队伍，才能取得这场文化大革命的胜利。

在战无不胜的毛泽东思想的旗帜下，无产阶级文化大革命胜利万岁！

（一九六六年第十期）

掌握文化大革命的思想武器

《人民日报》社論

中共中央关于无产阶级文化大革命的决定，使我国人民群众听到了我们伟大的领袖毛泽东同志的声音。

这个决定，总结了我国广大群众在无产阶级文化革命运动中创造的新经验，反映了他们革命的首创精神。

毛泽东同志说：我们的政策，不光要使领导者知道，干部知道，还要使广大群众知道。群众知道了真理，有了共同的目的，就会齐心来做。群众齐心了，一切事情就好办了。

广大工农兵群众，所有的共产党员，革命的工作人员，革命的知识分子，革命的师生，都应当认真地学习党中央这个决定。要熟习它，精通它，应用它。要把决定中规定的方针、政策，同本单位前一个时期文化革命的情况，进行对照、比较，对的就继续照办，错的就坚决改正，还没有做的就要去做。

有两种相反的方针，两种相反的政策，两种相反的做法。一种是，信任群众，依靠群众，放手发动群众，相信群众在运动中能够自己解放自己，自己教育自己，热情地支持群众的革命精神和革命行动。另一种是，在革命的关键时刻，站在群众的对立面，压制群众。前一种就是执行马克思列宁主义、毛泽东思想的革命路线。后一种就是执行反马克思列宁主义、反毛泽东思想的错误路线。

对于错误的路线，必须坚决地抵制、批判、斗争。这样，才能使正确的路线得以贯彻执行，才能使文化大革命走向胜利。

无产阶级文化革命，是一场史无前例的大革命。这样的革命，不可能不遇到种种的阻力。正如决定所指出的，"这种阻力目前还是相当大的，顽强的。"要贯彻执行党中央的决定，就一定要同党内的错误路线作斗争，同各种各样的机会主义作斗争，同旧的社会习惯势力作斗争。

马克思和恩格斯在《共产党宣言》中说："共产主义革命就是同传统的所有制关系实行最彻底的决裂；毫不奇怪，它在自己的发展进程中要同传统的观念实行最彻底的决裂。"

当前正在进行的这场无产阶级文化大革命，就是为了消除资产阶级和一切剥削阶级的意识形态，就是要消灭那些为资本主义复辟作准备的旧思想，旧文化，旧风俗，旧习惯，就是要让毛泽东思想为最广泛的群众所掌握，创造社会主义的新思想，新文化，新风俗，新习惯。

我国七亿人民掌握了党中央决定这个强大的思想武器，就一定能进一步地团结起来，冲破重重障碍，发挥翻山倒海的力量，打倒党内走资本主义道路的当权派，横扫一切牛鬼蛇神。

（一九六六年八月十一日）

学习十六条，熟悉十六条，运用十六条

《人民日报》社論

中共中央关于无产阶级文化大革命的决定，即十六条，是在毛泽东同志亲自主持下制定的。这十六条，贯串着一个基本精神，就是：信任群众，依靠群众，放手发动群众，尊重群众的首创精神。就是说，无产阶级文化大革命，只能是群众自己教育自己，自己解放自己，不能采用任何包办代替的办法。

群众是我们社会的主人。无产阶级文化大革命，要靠广大群众自觉起来，自己动手来做。

靠本学校、本单位的群众，能不能把文化革命做好？能！每个革命师生，每个革命同志，都应当有无产阶级的雄心壮志。只要大家认真地学习十六条，熟悉十六条，运用十六条，各个学校，各个单位，就一定能够依靠群众自己的力量，取得文化大革命的胜利。

革命的群众运动，是个大熔炉。每个革命师生，每个革命同志，都要在这个熔炉里，经受考验，得到锻炼，学会革命的本领。

革命群众掌握了十六条，就可以明确文化革命的方向，辨别工作中的是非，正确部署今后的行动。我们要根据十六条，分析和判断前一段运动的问题。看那些是对的，那些是错的，那些做法是正确的，那些做法是不正确的。

文化革命小组，文化革命委员会，文化革命代表大会，是在共产党的领导下，群众自己起来进行文化革命的新组织形式。要按照十六条的规定，象巴黎公社那样，实行全面的选举。选什么人，怎么选法，都要经过群众充分酝酿几天，反复讨论几次。被选上的，如果不称职，还可以改选、撤换。

每个学校、每个单位的革命群众，都要把主要精力，放在搞好本学校、本单位的文化革命上面。学会具体分析本学校、本单位的具体情况，提出解决问题的办法，在实践中亲自创造经验，这就是对其他学校、其他单位的最好支援。每个学校、每个单位的文化革命，只有靠本学校、本单位的群众自己进行，才能搞得开，搞得好。我们要相信自己，也相信其他学校、其他单位的革命群众，是能够自己解决自己的问题的，是能够自己解放自己的。

无产阶级文化大革命，是一场触及人们灵魂的思想斗争和政治斗争。这场斗争，要文斗，不要武斗。

真理是在无产阶级手里。即使对资产阶级右派分子，也要文斗，不要武斗。文斗，可以充分揭露资产阶级右派的丑恶面目，充分驳倒他们的谬论，使他们陷于最大限度的孤立。

十六条，是毛泽东同志提出的无产阶级文化大革命的纲领，是革命群众统一认识、统一行动的指南针。

广大工农兵、革命的知识分子和革命的干部，是坚决拥护十六条的。我们革命群众，要认真学习十六条，拿起十六条这个武器，同本学校、本单位运动的实际情况做比较。合十六条的，就继续照办。不合十六条的，就要改过来。对那些抵制十六条的负责人，就要揭发，就要批判。　　（一九六六年八月十三日）

永远靠毛泽东思想干革命

《解放军报》社論

我军全体同志，怀着无限兴奋的心情，热烈欢呼《中国共产党中央委员会关于无产阶级文化大革命的决定》！

这个文件，是在毛主席亲自主持下制定的。它闪耀着毛泽东思想的光辉，集中了广大革命群众的革命愿望和首创精神，是一个具有伟大历史意义的文献，是我国无产阶级文化大革命的纲领。

我们坚决拥护毛主席和党中央这个英明伟大的决定！

我们一定遵循党中央这个决定，把无产阶级文化大革命进行到底！

我们干革命，靠什么？靠的是毛泽东思想。中国人民革命的一切事业，一切斗争，都是在毛泽东思想的指导下，取得胜利的。无产阶级文化大革命，也只有以毛泽东思想为行动指南，才能取得胜利。

目前的文化大革命运动，在以毛主席为首的党中央的正确领导下，以广大工农兵、革命知识分子和革命干部为主力军，依靠毛泽东思想这个最强大、最锐利的武器，正在胜利地向前发展。形势好得很！

实际情况证明：不论什么地方，什么单位，凡是贯彻执行了毛主席的无产阶级路线，信任群众，依靠群众，放手发动群众，坚决依靠革命的左派，集中力量打击一小撮极端反动的资产阶级右派分子，那里的运动就轰轰烈烈，热气腾腾，呈现一派大好的革命景象；凡是违背毛主席教导的，运动就冷冷清清，甚至走到压制群众、打击左派、保护右派的资产阶级道路……错误，路线的错误。

……，随着文化大革命运动的开展，出现了一……所未有的活学活用毛泽东思想的新高潮。

广大干部战士，一面声讨、控诉反党反社会主义黑帮的罪行，一面在斗争中活学活用毛主席著作。他们根据毛主席的指示，辨别是非，分清敌我，阐明正确观点，批判错误思想，揭露牛鬼蛇神，用毛泽东思想大破剥削阶级的旧思想、旧文化、旧风俗、旧习惯，大立无产阶级的新思想、新文化、新风俗、新习惯。他们带着问题学，活学活用，学用结合，急用先学，收到了立竿见影的效果。

当前这场批判资产阶级的文化大革命，正是我们活学活用毛泽东思想的最好的课堂。

在文化大革命中，我们要认真地、反复地学习毛主席有关文化革命和党的领导方法的著作，学习《中国共产党中央委员会关于无产阶级文化大革命的决定》，切实地按照毛主席的指示办事。

我们要继续积极参加批判资产阶级代表人物和资产阶级反动学术"权威"的斗争，向反党反社会主义的黑线猛烈开火。

在广大部队和连队基层单位，要继续搞好控诉教育，清除反党反社会主义黑线的毒害和影响，大兴无产阶级思想，大灭资产阶级思想。

在所有这些活动中，我们都应当突出无产阶级政治，努力地学习毛泽东思想，坚决地贯彻毛泽东思想，积极地传播毛泽东思想，勇敢地捍卫毛泽东思想，在斗争中把自己锻炼成为真正的毛主席的好战士。

毛泽东思想是我们的命根子，是我们心中的红太阳，是我们一切工作的指导方向。

我们永远忠于党，忠于人民，忠于毛主席，忠于毛泽东思想！

我们永远跟着党和毛主席闹革命，永远靠毛泽东思想干革命！

（一九六六年八月十一日）

用伟大的革命綱領武裝起来

《中国青年报》社論

我国广大青少年，最热烈地欢呼、最坚决地拥护党中央关于无产阶级文化大革命的决定。他们说：党中央的决定是"及时雨"、"进军号"，是我们战斗的武器、行动的指南。这十六条，条条是真理，字字句句都说到革命青少年的心坎上。

党中央的决定，是我国无产阶级文化大革命的纲领。这个纲领，是在毛主席亲自主持下，总结了革命群众运动经验制定出来的。广大青少年要认真学习和坚决执行党中央的决定。我们要用这个伟大革命纲领武装自己，在文化大革命中做一个真正有魄力、有智慧的革命闯将。

我们一定要用毛主席关于过渡时期阶级和阶级斗争的思想武装起来，深刻领会无产阶级文化大革命是我国社会主义革命的一个新阶段，充分认识这个新阶段中阶级斗争的新形势、新特点和新任务。

党中央决定指出，资产阶级虽然已经被推翻，但是，他们企图用剥削阶级的旧思想，旧文化，旧风俗，旧习惯，来腐蚀群众，征服人心，力求达到他们复辟的目的。无产阶级文化大革命，就是一场反对资本主义复辟的极其激烈、极其尖锐、极其深刻的阶级斗争。革命的青少年，要永远牢记毛主席的教导，念念不忘阶级斗争，时刻警惕不拿枪的敌人。通过斗争提高我们反复辟的阶级觉悟，掌握反复辟的革命本领，挖掉修正主义根子，深深扎下毛泽东思想根子，使我们的社会主义江山永远不变颜色。

我们一定要用毛主席关于信任群众，依靠群众，放手发动群众的思想武装起来，学会自己教育自己，自己管理自己，自己起来革命。

毛主席一再教导我们，人民是创造世界历史的动力，群众是真正的英雄。党中央的决定指出，广大的工农兵、革命的知识分子和革命的干部，是这场文化大革命的主力军。在这场革命中，要让群众自己教育自己，自己管理自己，自己起来革命，不能采取任何包办代替的办法。党对群众的无限信任，给了广大青少年巨大的鼓舞力量。革命要靠自己闹，重担要靠自己挑。党要求我们在革命中学会革命。我们一定要高举毛泽东思想伟大红旗，坚决贯彻党的阶级路线，发展和壮大左派队伍，争取中间派，团结大多数，集中力量打击一小撮极端反动的资产阶级右派分子、反革命修正主义分子。

我们一定要用毛主席关于敢于斗争，敢于胜利的伟大革命精神武装起来，敢想，敢说，敢闯，敢做，敢革命。

马克思列宁主义、毛泽东思想的基本点是要批判，要斗争，要革命。党中央的决定，充分体现了这种革命的战斗精神。党要求我们革命的青少年在斗争中成为勇敢的闯将。我们决不辜负党和毛主席的殷切期望。不管我们前面有多大的阻力，不管斗争可能有多少曲折和反复，我们都一定按照毛主席规划的革命纲领，坚决斗垮走资本主义道路的当权派，批判资产阶级的反动学术"权威"，批判资产阶级和一切剥削阶级的意识形态，改革教育，改革文艺，改革一切不适应社会主义经济基础的上层建筑。

毛泽东思想是无产阶级文化大革命的行动指南。党中央的决定，就是以毛泽东思想为指针制订的。学习这个决定也就是一次生动的毛泽东思想的学习。我们要结合斗争实际，边学边用，反复学，反复用。毛主席教导我们："代表先进阶级的正确思想，一旦被群众掌握，就会变成改造社会、改造世界的物质力量。"我们一定要用党的这个伟大的革命纲领武装起来，把无产阶级文化大革命进行到底。

（一九六六年八月十一日）

中共中央决定大量出版毛主席著作

新华社七日讯 为了满足广大人民群众学习毛泽东思想的迫切需要，中共中央决定加速大量出版毛主席著作，号召全国出版、印刷、发行部门的广大干部和职工立即动员起来，全力以赴，把出版和发行毛主席著作作为压倒一切的任务。通过今明两年的加速大量印制，广大群众梦寐以求的毛主席著作将逐步在全国敞开供应。

最近文化部根据中共中央的指示，召开了全国毛主席著作印制发行工作会议，制定了大量印制毛主席著作的具体计划和发行计划。《毛泽东选集》今明两年印行二千五百万部，《毛泽东著作选读》甲种本、乙种本和毛主席著作单行本，一般都由各省、市、自治区自行负责印制，在今明两年内逐步做到充分满足广大群众的需要。

中共中央决定加速大量出版和发行毛主席著作，是我国政治生活中一个具有重大历史意义的事件，是全国人民的大喜事，是当前无产阶级文化大革命运动的又一胜利。

（原载一九六六年八月八日《人民日报》）

全国人民的大喜事

《人民日报》社論

根据广大群众的迫切要求，党中央决定，由文化部立即采取革命化的措施，动员各方面的力量，大量印刷发行各种版本的毛主席著作。这是全国人民的一件大喜事！这是无产阶级文化大革命的又一个巨大胜利！

广大工农兵、革命知识分子和广大干部，对毛主席的书最热爱。他们把毛主席的书比作粮食、武器、方向盘，当作自己一切行动的指南。

读毛主席的书，已经成为我国人民政治生活的第一需要。亿万人民如饥似渴地学习毛主席著作，自觉地用毛泽东思想来改造主观世界和客观世界。这是一个伟大的群众运动，是马克思列宁主义、毛泽东思想的大普及，是一百多年来共产主义运动历史上空前未有的壮举。这个运动开创了劳动人民直接掌握马克思列宁主义的新纪元。

广大人民群众一旦用毛泽东思想武装起来，就有了无穷的革命勇气和革命智慧，就能产生无穷的革命力量。七亿人民有了毛泽东思想这个统一的思想、正确的思想、革命的思想，我们就一定能够把我国社会主义革命进行到底，就一定能够推动我国社会主义建设不断取得胜利。

在当前的无产阶级文化大革命中，广大群众高举毛泽东思想伟大红旗，大学大用毛主席著作。他们在斗争中学，在斗争中用。他们以毛泽东思想为武器，斗争那些党内走资本主义道路的当权派，批判资产阶级的反动学术"权威"，批判资产阶级和一切剥削阶级的意识形态，改革教育制度和教育方针、方法，改革一切不适应社会主义经济基础的上层建筑。我国人民的精神面貌正在发生前所未有的巨大变化。

这种情况，对毛主席著作的出版工作，提出了新的更高的要求。尽管过去我们做了大量的工作，印刷发行了相当数量的各种版本的毛主席著作和语录，受到了广大群众的热烈欢迎。很多人都是"语录身上带，随时学起来"。但是过去印刷发行的数量，同广大群众的实际需要比较起来，还是相差很远很远，仍然大大落后于群众的要求。

广大群众活学活用毛主席著作的热潮，在一段时间内，曾经受到反党反社会主义黑帮分子的阻挠。这一小撮黑帮分子对毛泽东思想抱有刻骨的仇恨。他们极端害怕毛泽东思想同广大群众见面，诬蔑广大工农兵学习毛主席著作是"庸俗化"、"简单化"、"实用主义"。在他们控制了领导权的地区和单位，他们还找各种借口，限制毛主席著作的印刷发行，妄图剥夺广大群众学习毛主席著作的权利。

阶级敌人越是仇视毛泽东思想，我们就越是热爱毛泽东思想。他们越是阻挠毛泽东思想和广大群众见面，我们就越要更好地宣传毛泽东思想，越要大量印刷发行毛主席著作，把毛主席著作送到千千万万工农兵群众中去。

采取革命的措施，在一年多的时间里，印刷发行三千五百万部《毛泽东选集》和大量的《毛泽东著作选读》和毛主席语录，这是光荣、伟大而又艰巨的任务。广大群众对毛主席著作的迫切需要，将会进一步得到解决。但是，我国是一个七亿人口的大国，学习毛主席著作的群众运动越来越高涨，因此，要完全满足几亿人民对毛主席著作的需要，不是很短期间可以做到的，必须进行持续不懈的努力。

我国人民怀着无比兴奋的心情，欢呼毛主席著作的大量印刷发行。完全可以相信，我国亿万人民活学活用毛主席著作，掌握毛泽东思想，就一定能够转化成为改造我们祖国面貌的巨大物质力量。占世界人口四分之一的国度成为学习毛泽东思想的大学校，更深入地、更广泛地普及马克思列宁主义、毛泽东思想，就会使我们这个无产阶级专政的社会主义国家永不变色，并且对世界人民的革命运动作出越来越大的贡献。

（一九六六年八月八日）

大 海 航 行 靠 舵 手

＊

天津人民出版社編輯、出版

（天津市哈密道12号）

天津市书刊出版业营业許可证津出字第 001 号

天津人民出版社印刷厂印刷　　河北省新华书店发行

＊

开本 787×1092 毫米 1/32　印張 1　字数 15,000

一九六六年八月第一版

一九六六年八月第一次印刷

統一书号　3072·358

定　价：0.08 元

全国都应该成为毛泽东思想的大学校

天津人民出版社

全国都应該成为
毛泽东思想的大学校

本　社编

天津人民出版社

目　录

177

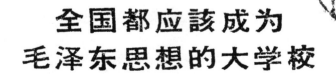

全国都应該成为
毛泽东思想的大学校

——紀念中国人民解放軍建軍三十九周年

《人民日报》社論

中国人民解放军成立到今天,已经三十九周年了。

毛泽东同志亲手缔造和直接领导的这支伟大的人民军队,几十年来,在革命战争年代,在同国內外阶级敌人长期艰苦的战斗中,在全国胜利以后,在担负保卫和建设社会主义祖国、保卫远东和世界和平的任务中,一直保持和发扬了"既是战斗队,又是工作队,又是生产队"的光荣传统。近几年来,解放军根据党中央、中央军委和林彪同志的指示,高举毛泽东思想伟大红旗,活学活用毛主席著作,大力突出无产阶级政治,发扬三八作风,参加社会主义教育运动和无产阶级文化大革命,参加和支援社会主义建设,在无产阶级化、革命化、战斗化的道路上,又大大迈进了一步。

我国人民群众历来都把解放军作为学习的榜样。

一九六四年以来，全国人民响应毛泽东同志的伟大号召，掀起了大学解放军的热潮。这对推动我国社会主义革命和社会主义建设，发挥了巨大的作用。

最近，毛泽东同志指出：人民解放军应该是一个大学校。这个大学校，要学政治，学军事，学文化，又能从事农副业生产，又能办一些中小工厂，生产自己需要的若干产品和与国家等价交换的产品。这个大学校，又能从事群众工作，参加工厂、农村的社会主义教育运动；社会主义教育运动完了，随时都有群众工作可做，使军民永远打成一片；又要随时参加批判资产阶级的文化革命斗争。这样，军学、军农、军工、军民这几项都可以兼起来。当然，要调配适当，要有主有从，农、工、民三项，一个部队只能兼一项或两项，不能同时都兼起来。这样，几百万军队所起的作用就是很大的了。

把人民的军队办成革命的大学校，这是毛泽东同志的一贯的思想。我们过去就是这样做的。现在，毛泽东同志根据新的情况，又对解放军提出了更高的要求。

毛泽东同志号召全国人民，把我国的工厂、农村人民公社、学校、商业、服务行业、党政机关也都要像解放军那样，办成革命化的大学校。

毛泽东同志指出：

工人以工为主，也要兼学军事、政治、文化。也要搞社会主义教育运动，也要批判资产阶级。在有条件的地方，也要从事农副业生产，例如大庆油田那样。

公社农民以农为主（包括林、牧、副、渔），也要兼学军事、政治、文化。在有条件的时候，也要由集体办些小工厂，也要批判资产阶级。

学生也是这样，以学为主，兼学别样，即不但学文，也要学工、学农、学军，也要批判资产阶级。学制要缩短，教育要革命，资产阶级知识分子统治我们学校的现象，再也不能继续下去了。

商业、服务行业、党政机关工作人员，凡有条件的，也要这样做。

毛泽东同志这个光辉的思想，具有伟大的历史意义。

毛泽东同志总结了我国社会主义革命和社会主义建设的各种经验，研究了十月革命以来国际无产阶级革命和无产阶级专政的各种经验，特别是吸取了苏联赫鲁晓夫修正主义集团实行资本主义复辟的严重教训，创造性地对如何防止资本主义复辟、巩固无产阶级专政、保证逐步向共产主义过渡这些问题，作出了科学的答案。

毛泽东同志提出的各行各业都要办成亦工亦农，亦文亦武的革命化大学校的思想，就是我们的纲领。

按照毛泽东同志所说的去做，就可以大大提高我国人民的无产阶级意识，促进人们的思想革命化，促进人们同旧社会遗留下来的一切旧思想、旧文化、旧风俗、旧习惯决裂。从而能够进一步又多又快又好又省地建设社会主义，能够更快地铲除资本主义、修正主义的社会基础和思想基础。

按照毛泽东同志所说的去做，就可以促进逐步缩小工农差别、城乡差别、体力劳动和脑力劳动的差别，就可以避免城市和工业的畸形发展，就可以使知识分子劳动化，劳动人民知识化，就可以培养出有高度政治觉悟的、全面发展的亿万共产主义新人。

按照毛泽东同志说的去做，就可以实现全民皆兵，大大加强我们的战备工作。帝国主义胆敢侵犯我们，就会被淹没在人民战争的汪洋大海之中。

按照毛泽东同志说的去做，我国七亿人民就都会成为旧世界的批判者，新世界的建设者和保卫者。他们拿起锤子就能做工，拿起锄头犁耙就能种田，拿起枪杆子就能打敌人，拿起笔杆子就能写文章。

这样，全国就都是毛泽东思想的大学校，都是共产主义的大学校。

中国人民解放军，几十年来就是按照毛泽东同志的这一思想办事的，现在还在不断发展提高。解放军是最好的学习毛泽东思想的大学校。全国的工厂、农村人民公社、学校、商店、服务行业、党政机关，都要以解放军为榜样，办成毛泽东思想的大学校。

广大的工农兵群众、革命干部和革命的知识分子，所有的共产党员，都要从毛泽东同志的这个英明指示中，吸取无穷的力量、智慧和勇气，为实现党和毛泽东同志提出的伟大历史任务而斗争。

（一九六六年八月一日）

把我軍办成毛泽东思想的大学校

——紀念我軍建軍三十九周年

《解放軍报》社論

我们伟大的领袖毛主席，最近对我军建设作了极其重要的指示。

毛主席說： 人民解放軍应该是一个大学校。这个大学校，要学政治，学军事，学文化，又能从事农副业生产，又能办一些中小工厂，生产自己需要的若干产品和与国家等价交换的产品。这个大学校，又能从事群众工作，参加工厂、农村的社会主义教育运动；社会主义教育运动完了，随时都有群众工作可做，使军民永远打成一片；又要随时参加批判资产阶级的文化革命斗争。这样，军学、军农、军工、军民这几项都可以兼起来。当然，要调配适当，要有主有从，农、工、民三项，一个部队只能兼一项或两项，不能同时都兼起来。

毛主席說：这样，几百万军队所起的作用就是很大的了。

毛主席的这一指示，是在我国轰轰烈烈开展无产阶级文化大革命，国内外阶级斗争更加尖锐、复杂的形势下，对我军发出的伟大号召；是在我军贯彻执行中央军委和林彪同志的指示，活学活用毛主席著作，大力突出政治，各方面工作都有很大发展的形势下，对我军发出的伟大号召。这是一个要求我军在非常无产阶级化、非常战斗化的道路上向更高阶段前进的伟大号召。

毛主席要我们把军队办成一个大学校。这个大学校，以执行战斗队的任务为主，把军学、军农、军工、军民这几项都兼起来，继承和发扬我党我军的优良传统，培养和造就千千万万个无产阶级革命事业接班人，使几百万人民军队在社会主义革命和社会主义建设事业中起更大的作用。这是一个学习毛泽东思想，贯彻毛泽东思想，传播毛泽东思想，捍卫毛泽东思想的大学校。

毛主席亲手缔造了我们这支军队，到现在，已经整整三十九年了。这是一支中国共产党绝对领导的，按照马克思列宁主义原则建立起来的工人农民的军队，是一支根本区别于封建军阀军队、资产阶级军队的完全新型的人民军队。

毛主席早在我军创建初期，就明确指出，我军决不是单纯地打仗的，而是一个执行革命的政治任务的武装集团。毛主席在著名的古田会议决议中写道："离了对群众的宣传、组织、武装和建设革命政权等项目标，就是失去了打仗的意义，也就是失去了红军存在的意义"。

毛主席为我军规定了打仗、做群众工作、生产三大任务。他指出，我军永远是一个战斗队，同时又是一个工作队，一个生产队。

毛主席在全国胜利前夕说过："军队就是一个学校"，"必须把二百一十万野战军看成一个巨大的干部学校"。

几十年来，我军正是遵照毛主席的教导这样做了的。

毛主席最近作出的指示，就是我军几十年经验的最新总结，是毛主席一贯的建军思想在新的历史条件下的发展。这一指示，对于使我军永远保持人民军队的本色，巩固无产阶级专政，对于促进我国的社会主义革命和社会主义建设，对于加强国防，发挥人民战争威力，反对美帝国主义及其帮凶可能的进攻，具有**伟大的历史意义和战略意义。**

毛主席的建军思想，是最彻底、最正确、最完整的无产阶级的建军思想。

毛主席的建军思想，是同那种只要军事、不要政治，把军队的任务缩小为单纯打仗一项的单纯军事观点根本对立的，是同一切资产阶级军事思想根本对立的。

在我军三十九年的历史中，毛主席的建军思想和建军路线，同形形色色的资产阶级军事思想的斗争，一直没有停止过。在整个民主革命时期是这样，在社会主义革命时期也是这样。

建国十六年来，我们同混进党内、军内的资产阶级军事路线代表人物，进行了二次大的斗争。

第一次大的斗争，是从抗美援朝战争结束后开始的。一小撮资产阶级军事路线的代表人物，打着"正

185

规化""现代化"的幌子，全盘照搬外国的一套，妄图否定我军的历史经验和优良传统，把我军引上资产阶级军队的道路。他们所推行的资产阶级军事教条主义，遭到我军广大干部战士的强烈抵制和反对。一九五八年的军委扩大会议，在毛主席提出的"打倒奴隶思想，埋葬教条主义"的号召下，粉碎了他们的猖狂进攻，捍卫了毛主席的建军思想和建军路线。

第二次大的斗争，是和一九五九年我们党对右倾机会主义反党集团的斗争同时进行的。党的庐山会议所揭露的反党集团的主要成员，借着他们在军队窃踞的重要职务，力图取消党对军队的绝对领导，取消政治工作，取消军队参加社会主义建设和做群众工作的任务，取消地方武装和民兵，从根本上否定毛主席的人民军队和人民战争的思想。他们妄想按照资产阶级的、修正主义的军事路线，改造我们的军队，使军队变成他们篡党、篡政，实现个人野心的工具。继党的庐山会议之后召开的军委扩大会议，彻底清算了他们的罪行，罢了他们的官。这是毛泽东思想的伟大胜利！

林彪同志主持中央军委的工作以来，最坚决最彻底地贯彻执行了毛主席的建军思想和建军路线。一九六〇年，在党中央和毛主席的关怀和指导下，由林彪同志主持召开的军委扩大会议，进一步肃清了资产阶级军事路线的影响，端正了政治工作的方向，作出了《关于加强军队政治思想工作的决议》，继承和发扬了古田会议的精神，成为我军前进道路上一个新的里程碑。几年来，在中央军委和林彪同志领导下，全军高举毛泽东思想伟大红旗，活学活用毛主席著作，突出政治，坚持四个第一，大兴三八作风，发扬三大民主，开展四好连队运动，参加社会主义教育运动和无产阶级文化大革命，参加和支援社会主义建设，使我军革命化建设和各方面工作出现了一个蓬勃发展的大好局面。

第二次大的斗争，发生在不久以前。这次斗争所揭露的在军队窃踞重要职务的资产阶级代表人物，是我们党最近揭发出来的反党反社会主义的反革命集团的重要成员。他们反对党中央，反对毛泽东思想，对林彪同志关于突出政治的指示，阳奉阴违，嘴上喊着政治挂帅，实际搞的是军事第一、技术第一、业务第一。他们打着"红旗"反红旗，大肆散布折中主义即机会主义，妄图用资产阶级军事路线，代替毛主席的无产阶级军事路线。我们党对这一小撮反党野心家的彻底揭露和批判，是毛泽东思想的新的伟大胜利！

建国以来，我军几次大的斗争所揭露的那些资产阶级代表人物，他们反对毛主席关于把我军建设成为强大的无产阶级革命军队的方针，反对党对军队的绝对领导，反对政治工作，反对群众路线。他们只要资产阶级的正规化，不要无产阶级的革命化。他们抛弃我军的光荣传统，把我军的二大任务缩小为平时练武、战时打仗的一项。总之，他们搞的那一套，都是同毛主席的建军思想，同毛主席关于把我军办成一个大学校的思想，完全相对抗的。他们的罪恶目的，就是要使我军变成一支脱离毛泽东思想，脱离无产阶级政治，脱离人民群众，脱离生产劳动，为少数野心家服务的资产阶级军队。

两种建军思想、两条建军路线的斗争，是无产阶级和资产阶级两个阶级、社会主义和资本主义两条道路的斗争在军队内部的反映。只要阶级和阶级斗争还存在，这种斗争就永远不会完结。国内外阶级敌人妄想使我们的国家改变颜色，首先就要使我们的军队改变颜色。每当阶级斗争十分紧张的关头，混进我军的极少数资产阶级代表人物，总是要跳出来兴风作浪。但是，在伟大的毛泽东思想的光辉照耀下，我军广大干部战士，包括某些暂时受蒙蔽的人，总是能够识破他们的丑恶面貌，把他们暴露在光天化日之下，使他们的阴谋不能得逞。

我军几十年的历史，充分说明了：毛主席的建军思想和建军路线，是顛扑不破的真理，是我军的命根子。在任何时候，在任何情况下，我们都不可稍稍离开毛主席的建军思想和建军路线的轨道。

我们必须热烈响应毛主席的伟大号召，继承和发扬我军的优良传统，把我军办成一个大学校。

我们要坚决遵照毛主席的指示，学政治，学军事，学文化。要积极参加社会主义教育运动，参加无产阶级文化大革命。要人人拿起毛泽东思想这个最锐利的武器，批判资产阶级。要随时作好准备，粉碎美帝国主义及其帮凶可能发动的进攻。

我们要坚决遵照毛主席的指示，把军学、军农、军工、军民都兼起来。要人人参加生产劳动，永远保持劳动人民的本色。要人人做群众工作，遵守三大纪律八项注意，使军民永远打成一片。要搞好民兵工作，在人民群众中贯彻人民战争思想。要热情参加和支援社会主义建设，积极协助地方工作，虚心向地方学习，加强军队和地方的团结。

要办好军队这个大学校，最重要最根本的，就是要活学活用毛主席著作。要在斗争中学，在斗争中用。这个大学校，必须永远高举毛泽东思想伟大红旗，永远突出无产阶级政治，用毛泽东思想指导一切工作，用毛泽东思想把每个人武装起来。

我们这个大学校，是一个毛泽东思想的大学校！

我们一定要办好这个毛泽东思想的大学校！

在伟大的毛泽东思想旗帜下，奋勇前进！

（一九六六年八月一日）

大学解放军，把工厂办成
毛泽东思想的大学校

《工人日报》社论

今天，是中国人民解放军光辉的建军节。我们工人阶级怀着无限兴奋的心情，和全国人民一道，热烈庆祝我们人民军队诞生的三十九周年。

我们的人民解放军，是在革命烈火中诞生的，是毛主席亲手缔造的，在毛泽东思想哺育下成长的一支久经考验的非常无产阶级化、非常战斗化的队伍。

解放军之所以成为一支非常无产阶级化、非常战斗化的军队，最根本的原因是：坚决突出无产阶级政治，突出毛泽东思想，把活学活用毛主席著作放在一切工作的首位。解放军把毛泽东思想的红旗举得最高，对毛主席著作学得最好，用得最活。解放军的一切工作，都以毛泽东思想为指导方向；解放军的战士，是用毛泽东思想武装起来的战士。在解放军中，在毛泽东思想哺育下成长起来的具有崇高的共产主义精神的英雄人物，如雷锋、王杰、欧阳海、麦贤得、刘英俊等，成为全国人民学习的榜样。

解放军之所以成为一支非常无产阶级化、非常战斗化的队伍，是因为他们坚决执行了毛主席的指示，坚持"四个第一"，大兴"三八作风"，从而大大加强了政治思想工作，促进了人的思想革命化。有了人的思想革命化，我们的军队就成为生龙活虎、朝气勃勃的军队，就成为战无不胜、攻无不克的军队。

我们学习解放军，就要学习他们坚决突出政治、突出毛泽东思想；就要学习他们在各项工作中坚持"四个第一"；就要学习他们大兴"二八作风"。

解放军是一个活学活用毛泽东思想的大学校，我们也应该象解放军那样把工厂办成活学活用毛泽东思想的大学校。

解放军的经验是不断发展的。在毛主席的教导下，解放军从来就是战斗队、工作队和生产队，从来就是革命的大学校，造就出了无数优秀的无产阶级革命战士。现在，在毛主席的伟大教导下，解放军正在继续发扬优良传统，进一步把军队办成一个学习毛泽东思想的大学校。在这个大学校里，学政治，学军事，学文化，除打仗外，还要搞农副业生产、搞工厂、搞各种群众工作，随时参加批判资产阶级的斗争。

我们学解放军，就要遵循毛主席最近的教导，工人以工为主，也要兼学军事、政治、文化；也要搞社会主义教育运动；也要批判资产阶级；在有条件的地方，也要从事农副业生产，例如大庆油田那样。这样做，我们的工厂就一定会成为毛泽东思想的大学校。这样，我们工人就不仅是工人，也是战士、农民和知识分子，也是批判家。每个工人就会逐步成为全面发展的人，成为共产主义新人。这样做，就会彻底挖掉修正主义根子，巩固无产阶级专政，防止资本主义复辟；就会加速我国社会主义革命和社会主义建设的发展，逐步消灭三个差别，顺利地向共产主义过渡。

一九六四年以来，全国人民响应党中央和毛主席的伟大号召，掀起了学习解放军的热潮。在工业、交通战线上，也掀起了学习解放军的热潮。

三年来，工业、交通部门从上到下都建立了政治工作机构，学习了毛主席的建军思想，学习了坚持"四个第一"、大兴"三八作风"、发扬三大民主、开展四好连队运动等经验，取得了显著成就。

广大职工和干部以解放军为榜样，开始自觉地按照毛泽东思想办企业，以政治统帅业务、生产、技术，统帅企业的一切工作。在毛泽东思想的光辉照耀下，许多企业出现了蓬蓬勃勃的跃进局面。

广大职工和干部自觉地掀起了活学活用毛主席著作的高潮，工业交通战线出现了大庆和许多大庆式企业，涌现了许许多多五好职工和英雄模范人物。

学习解放军，不是一个权宜的措施，而是百年大计，千年大计，是关系到无限发扬成百万成千万的干部和工人的革命精神的重大问题，是关系到社会主义企业是否永远坚持社会主义方向的重大问题。因此，学解放军决不是一年两年的事，必须反复学，不断学，长期学，永远学。

解放军是在毛主席的建军路线同资产阶级的建军路线斗争中发展起来的。每和资产阶级建军路线斗争一次，解放军就在突出毛泽东思想大道上迈进一步。解放军建军的三十九年，就是和资产阶级建军路线作斗争的三十九年。我们学解放军，突出政治、突出毛泽东思想，也必然会遇到种种反对和抵制，学习的过程也必然是一个反复的、顽强的斗争过程。

是按照毛泽东思想办企业还是按照资产阶级思想办企业，这是在办企业上的两种思想、两条道路的斗争。

　　一小撮资产阶级的代表人物和反动的 资 产 阶 级
"权威"、"专家"，总是千方百计反对我们突出政
治、突出毛泽东思想。我们要按毛泽东思想办企业，
他们却要按资本主义、修正主义办企业；我们要坚持
政治挂帅，毛泽东思想挂帅，他们却要提倡利润挂帅
和物质刺激。

　　还有一些人，由于他们的资产阶级世界观还没有
改造，对突出政治、突出毛泽东思想有抵触情绪，他
们往往抱住洋框框、旧框框不放，抵制我们按照毛泽
东思想办企业。

　　还有不少人头脑里长期存在着单纯业务观点，他
们只问生产，不问政治，不问阶级斗争，说什么"生
产好就是政治好"，以生产统帅政治，实质上就是突
出资产阶级政治。这种错误的思想观点，如果任其存
在，不同它斗争，我们的社会主义企业就会倒退到资
本主义，就可能改变颜色。

　　毛主席教导我们，不破不立，不塞不流，不止不
行。破字当头，立也就在其中了。要把解放军的经验
学到手，就要大破种种资产阶级思想和观点，就要和
它们坚决斗争。

　　毛主席教导我们："资产阶级、小资产阶级，他
们的思想意识是一定要反映出来的。一定要在政治问

题和思想问题上，用各种办法顽强地表现他们自己。"

我们要把解放军的经验真正学到手，要把毛泽东思想红旗举得象解放军那样高，要把工厂办成毛泽东思想的大学校，就要坚决顽强地同钻进党内的资产阶级代表人物斗，同反动的资产阶级"权威"、"专家"斗，同一切牛鬼蛇神斗，同一切资产阶级思想斗。有毒草就锄除，有反动思想就驳倒，一直斗到阶级和阶级斗争消灭那天为止。

目前，国际国内形势大好。在国内，无产阶级文化大革命正在深入发展。在国际上，全世界人民，特别是英雄的越南人民反对美帝国主义的斗争取得了重大胜利。在这个大好形势面前，我们要更好地学习解放军，更高地举起毛泽东思想伟大红旗，坚决把工厂、企业办成毛泽东思想的大学校；要大力支援越南人民的抗美救国斗争，并且随时作好准备，粉碎美帝国主义及其帮凶对我国可能发动的进攻。

（一九六六年八月一日）

我国社会主义革命的新阶段

《人民日报》社論

当前开展的无产阶级文化大革命，使我国社会主义革命进入一个新的阶段，即进入一个更深入、更广阔阶段。

一九五二年的三反五反运动，是中华人民共和国成立以后，无产阶级在党的领导下，同资产阶级和它在党内外的代表，进行大斗争的第一个阶段。这个阶段的斗争的特点，是在广大群众中，揭露了资产阶级的反动人物为了自己发财，千方百计地盗窃国家财产，不惜千百万人倾家蕩产的眞面貌。

在二反五反斗爭的基础上，在农业合作化的基础上，党比较顺利地进行了对资本主义工商业的社会主义改造，即资本主义生产资料所有制的改造。这是斗爭的第二个阶段。

斗爭的第三个阶段，是一九五七年党发动的反对资产阶级右派的斗争。这个斗爭粉碎了资产阶级右派企图篡夺我们国家的领导权、顚覆无产阶级专政、实行他们所谓"轮流坐庄"、建立反革命专政的阴谋。

一九五七年反右斗争以后，资产阶级右派分子采取了比较隐蔽的方法，待机而动。在我们暂时经济困难的期间，他们同党内的右倾机会主义分子结合起来，互相呼应，反对党的总路线、大跃进和人民公社，在城乡企图搞资本主义复辟的"大反复"。党进行的反对右倾机会主义的斗争，以及采取的一系列的保卫党的总路线和社会主义制度的政策和措施，使资产阶级右派和它在党内外的代表人物的企图归于失败，并且使我国的国民经济和文化教育得到进一步的发展。这是斗争的第四个阶段。

斗争的第五个阶段，是以一九六三年党提出的社会主义教育运动为开端，一直到最近提出的无产阶级文化大革命的伟大号召。这个无产阶级文化大革命实际上刚刚开始，但已经显出了它的伟大的、深远的意义。

中华人民共和国成立以来，无产阶级的思想，无产阶级的学术，无产阶级的文艺，在广大的范围内，进入了文化的阵地。解放初期，我们把旧的资产阶级知识分子，除了公开反革命的以外，都包下来。党的政策是要让他们为祖国工作，让他们在工作中逐步改造自己的资产阶级世界观，接受无产阶级世界观。但是，资产阶级的世界观在旧知识分子中是根深蒂固的。他们同旧社会的基础，有千丝万缕的联系。接受无产阶级世界观，对他们说来，是一个换头脑的问题，是一件很痛苦的事情，是很不容易的。

在旧知识分子头脑里面，当无产阶级世界观还没有去占领的时候，他们原有的资产阶级世界观，资产阶级的旧思想、旧习惯，还在继续起作用，并且在政治生活以及其它方面总是要顽固地表现自己，力求扩散他们的影响。他们总是企图按照地主资产阶级的世界观来改造世界。

反动政权已经被打倒，地主资产阶级的所有制已经被推翻，地主资产阶级反动分子力求把复辟的希望寄托在思想领域的斗争上。他们企图用剥削阶级的旧思想、旧习惯征服群众，迷惑人心，达到地主资产阶级复辟的目的。

所以，归根到底，无产阶级世界观同资产阶级世界观的斗争，实际上是社会主义制度同一切剥削制度的斗争，是无产阶级同资产阶级争夺领导权的斗争，是一方面要巩固无产阶级专政，而另一方面要变无产阶级专政为资产阶级专政的斗争。

毛泽东同志在十年前就英明地指出："无产阶级和资产阶级之间的阶级斗争，各派政治力量之间的阶级斗争，无产阶级和资产阶级之间在意识形态方面的阶级斗争，还是长时期的，曲折的，有时甚至是很激烈的。无产阶级要按照自己的世界观改造世界，资产阶级也要按照自己的世界观改造世界。在这一方面，社会主义和资本主义之间谁胜谁负的问题还没有真正解决。"无产阶级文化大革命，就是要依靠群众的觉悟，依靠群众自己教育自己的方法，逐步解决毛泽东同志提出的这个在意识形态上谁战胜谁的问题。

我们在社会主义各个战线上越是胜利，我们的社会主义事业越是发展越是巩固，无产阶级同资产阶级在意识形态上的矛盾和冲突，就越来越突出。无产阶级文化大革命在这个时候排在我们的重要议程上，问题就在这里。这是客观的规律。要避免这种矛盾和冲突是不可能的。无产阶级要取得最后胜利，就必须随时痛击资产阶级在意识形态领域里的一切挑战。

任何事物都处在矛盾中间，斗争中间，变化中间。马克思列宁主义、毛泽东思想的基本点，就是要批判，要斗争，要革命。斗争就是生活，你不斗它，它就斗你。丧失革命警惕性，对阶级敌人，对阶级异己分子，不进行坚决的斗争，就不是马克思列宁主义者。

我们每个共产党员，每个革命干部，每个拥护社会主义制度和无产阶级专政的人们，都应当在这场文化大革命中，更高地举起毛泽东思想伟大红旗，努力活学活用毛主席著作，更好地掌握无产阶级意识，发展共产主义思想，提高共产主义的自觉性，树立共产主义的雄心壮志。不要固步自封，而要善于从斗争中进行学习，从斗争中吸取教训。这样，我们就能够在社会主义革命这个新阶段上，战无不胜地前进。

（一九六六年七月十七日）

从群众中来　到群众中去

《人民日报》社論

毛泽东同志说："在我党的一切实际工作中，凡属正确的领导，必须是从群众中来，到群众中去。"无产阶级文化革命的工作，也是同样的。

在文化革命运动中，凡是工作做得好的单位，就是因为那里的负责人，他们能够按照毛泽东同志的教导，站在运动的最前面，放手发动群众，大胆地鼓励群众贴大字报，进行大鸣大放，大辩论，领导群众投入到横扫一切牛鬼蛇神的战斗中去。

这些好的负责人，能够先做群众的学生，再做群众的先生。

他们能够多听，多看，多想，多倾听群众的意见。

他们对自己工作中的缺点和错误，敢于引火烧身。

他们对群众贴大字报揭露和批判自己，采取欢迎态度，具有高度的共产主义风格。

这样，他们就获得了群众的信任，获得了在工作上的主动权、发言权和领导权，就能够把运动领导好。

但是，也有些单位的负责人，并不是这样。他们象叶公好龙一样，口头上也讲群众路线，等到群众起来了，他们却害怕了。他们怕这怕那，怕群众的革命烈火烧到自己身上来，怕群众抓住自己的一些小辫子。其实，这些犯了一般错误的同志，只要敢于正视自己的缺点和错误，诚恳地认真地进行自我批评，虚心地接受群众的批评，并且在行动上有改正错误的决心和表现，群众是会谅解他们的，也是会欢迎他们的。

另有少数人，对群众摆出做官当老爷的架式，把自己摆在群众之上。群众的意见，他们根本听不进。群众贴了他们几张大字报，他们就受不了。他们甚至找种种借口压制群众运动，对群众进行打击报复。他们这样做，就不可能领导文化革命，日子就混不下去，结果就会被群众所抛弃。

毛泽东同志说："我们一切工作干部，不论职位高低，都是人民的勤务员，我们所做的一切，都是为人民服务"。

共产党员绝不能够用资产阶级老爷式的态度对待群众。无产阶级文化大革命，就是要对那些资产阶级老爷们进行革命。共产党员如果不虚心向群众学习，对群众摆出一副官架子，这哪里有什么共产党员的气味呢？这根本不是共产党的作风，而是国民党的作风。

毛泽东同志在延安时就说过，要分清什么是共产党的作风，什么是国民党的作风。我们共产党的作风，就是密切联系群众，向群众学习，全心全意为人民服务，对自己的缺点和错误，要象天天洗脸、天天扫地一样，经常进行自我批评。国民党的作风，就是脱离群众，骑在群众头上，欺压群众。

毛泽东同志说：共产党员绝不能保存国民党的作风，绝不能保存官僚主义灰尘和军阀主义灰尘。

对于什么是共产党的作风，什么是国民党的作风，大多数共产党员是分得清的。但是，有些人有时候分得清，有时候又分不清；或者在一些问题上分得清，在另外一些问题上又分不清。对于共产党员来说，竟然分不清共产党作风和国民党作风的界限，那是最危险的，那就站错了队，站到革命群众运动的对立面的位置上去了。

任何革命的道路都不是笔直的，平坦的，总是有曲折的，有高高低低的。无产阶级文化大革命，这样一场触及人们灵魂的大革命，这样一场极其尖锐、极其复杂、极其深刻的阶级斗争，在运动中产生一些缺点和错误，出现一些曲折，这是难免的现象。问题是要力求把领导运动的工作做得更好些，使运动发展得更健康些，力争少一些错误，少一些曲折。

能不能够做得更好些呢？完全能够。那就是要贯彻执行毛泽东同志提出的党的群众路线，坚持放手发动群众的方针。

无产阶级文化大革命发展之迅猛，对不少人说来，是缺乏思想准备的。每个共产党员都应该在这场大革命中，在群众斗争的烈火中经受考验。他们应当用自己的行动，证明自己是人民群众的忠实的勤务员，证明自己是确确实实地把毛泽东同志的教导当作一切行动的最高指示。

（一九六六年七月二十一日）

先当群众的学生　后当群众的先生

《人民日报》社論

毛泽东同志说，"和全党同志共同一起向群众学习，继续当一个小学生，这就是我的志愿。"我们伟大领袖毛主席这种虚心向群众学习的态度，是我们共产党员的榜样。

领导无产阶级文化革命运动的每个工作人员，都要拜群众为师，向群众求教，当群众的小学生。凡是这样做的，就情况明，决心大，方法对，群众就发动得比较充分，运动就发展得比较健康。

如果不先当群众的小学生，而以"钦差大臣"自居，"下车伊始"，就哇啦哇啦地发议论，主观地定调子，划框框，那就会束缚群众的手脚，损害群众的积极性。

如果不先当群众的小学生，而把自己关在房子里发号施令，就会两眼模糊，分不清是非，分不清敌我，抓不住要害的问题。

这样，就不能正确地领导运动，就会阻碍运动。

因此，每个共产党员，都要按照毛泽东同志的教导，"放下臭架子、甘当小学生"。

当群众的小学生，就要以满腔的革命热情，眼睛向下，恭恭敬敬地向群众请教。要象毛泽东同志经常说的那样，我们切不可强不知以为知，要"不耻下问"。要先做群众的学生，然后再做群众的先生。能不能这样做，这不是一个普通的工作方法问题，而是一个根本立场、根本态度问题，是革命者的世界观问题。

我们在文化大革命运动中，必须首先学习毛泽东同志的群众观点。不少同志在口头上也承认人民群众是历史的创造者，可是一到实际工作中却又忘记了，又不承认了。掌握毛泽东同志这个思想，这是一个换脑筋的问题。这件事本身就是思想上的大革命。

当群众的小学生，虚心向群众学习，不是只听一部分人的意见，而是要听各个方面和各种不同的意见。既要听多数人的意见，也要听少数人的意见。

当群众的小学生，虚心向群众学习，不是只听赞成自己的意见，也要听反对自己的意见。一般说来，对于赞成自己的意见，总是容易入耳的。对于反对自己的意见，就不大听得进去。其实，听听反对的意见，对于全面地判断情况，往往是必要的。

向群众学习，不仅要多听，多看，还要多想，多动一动脑筋。就是说，要以毛泽东思想为指针，对群众提供的多方面的材料和意见进行分析，做一番去粗取精、去伪存真、由此及彼、由表及里的加工制作、整理、提高的功夫，从中发现问题，抓住事物的本质。这样，就能把群众中原来分散的意见，集中起来，化为有条理的系统的正确的领导意见，然后再回到群众中去加以实施。

我们要认识，只有群众的实践，才是我们党制定政策的基础和检验政策的标准。离开了群众，我们就一事无成。

无产阶级文化大革命时期，新问题、新事物不断出现。各级党组织和领导人只有自始至终当群众的学生，才能永远站在群众运动的前面，领导运动朝着毛泽东同志指引的方向前进。

（一九六六年七月二十九日）

全国都应該成为

毛泽东思想的大学校

＊

天津人民出版社編輯、出版

（天津市哈密道12号）

天津市书刊出版业营业許可証津出字第001号

天津人民出版社印刷厂印刷　河北省新华书店发行

＊

开本 787×1092 毫米 1/32　印張 1　字数 15,000

一九六六年八月第一版

一九六六年八月第一次印刷

印数 1—600,000

統一书号　3072·355

定　价：0.08元

坚决响应林彪同志号召 把活学活用毛主席著作 群众运动推向新阶段

天津人民出版社

坚决响应林彪同志号召
把活学活用毛主席著作群众运动
推向新阶段

天津人民出版社

目　　录

林彪同志号召人民解放軍
把活学活用毛主席著作群众运动
推向新阶段

新华社九日訊　林彪同志最近对人民解放军学习毛主席著作作了极其重要的指示，号召全军把活学活用毛主席著作的群众运动提高到一个新的阶段。人民解放军总政治部主任萧华同志在空军的一次干部会议上传达了林彪同志的指示。

林彪同志指出：毛澤东思想是革命的科学，是經过长期革命斗爭考驗的无产阶級的眞理，是最現实的馬克思列宁主义，是全党全軍全国人民的統一的行动綱領。必須彻底把毛澤东思想貫彻于全党全軍全国人民，用毛澤东思想来統一我們的思想。

林彪同志說：現在全国正在进行无产阶級文化大革命，全党全国学习毛主席著作已經出現了新形势，新局面。軍队要适应这个形势，把活学活用毛主席著作的群众运动提高到一个新的阶段。軍队一定要眞正成为毛澤东思想的大学校。毛澤东思想的偉大紅旗，一定要比过去举得更高。毛主席著作的学习，一定要进一步抓紧，更讲究落实，要出现新的局面，提高到新的水平。全体同志都应当尽最大的努力，把毛澤东思想眞正学到手，眞正掌握起来。

萧华同志在空军干部会议上，要求全军同志，坚决地、热烈地响应林彪同志的这一号召。他说，林彪同志的指示极为重要，极为适时，向全军提出了更高的要求，对正在深入开展的学习毛主席著作的群众运动是一个新的巨大的动力，对我军的革命化建设有深远的影响。

萧华同志说，这几年，从林彪同志主持军委工作以来，部队工作为什么发展这样快，作出这么大的成绩呢？千条万条，归到一条，就是高举毛泽东思想伟大红旗，活学活用毛主席著作，突出政治。实践证明，哪一个部队只要是高举毛泽东思想伟大红旗，活学活用毛主席著作，突出政治，坚持四个第一，大抓人的思想革命化，思想和工作面貌就发生很大的变化。

我们军队打仗历来就是靠人的觉悟，靠人的勇敢，靠政治因素，靠四个第一。部队战斗力的高低取决于政治工作、政治教育，取决于毛泽东思想的教育。用毛泽东思想武装起来的人，是最勇敢，最聪明，最革命的人。用毛泽东思想武装起来的军队，是最有战斗力的军队，是天下无敌的战无不胜的军队。我们必须用毛泽东思想武装部队，教育部队。毛泽东思想的教育搞好了，人的无产阶级觉悟提高了，勇敢、创造性、组织性、纪律性、吃苦耐劳、革命精神就都有了。像雷锋、欧阳海、王杰、麦贤得、刘英俊式的英雄人物，就会像雨后春笋一样地涌现出来。**林彪同志指出，全軍工作情况虽然很复杂，有各种不同的情况，但在这一点上，又复杂又不复杂，又有差别又沒有差别，这就是都要用毛澤东思想統一起来。**全军工作那么复杂，你究竟抓哪一条，最根本的就是抓毛泽东思想的教育，抓突出政治。这一条抓好了，一切工作都带动起来了，一切工作都能搞好。不抓这一条，你旁的地方再拚命，再流汗，也搞不出成果来，并且必然会迷失方向。各级党委、政治机关和领导干部，千条万条，就是要抓学习毛主席著作，抓突出政治，抓人的思想革命化，把军队变成毛泽东思想的大学校。这是我们建军的根本，建军的核心，建军的灵魂。

萧华同志说，无产阶级文化大革命的目的，就是要大破资产阶级思想，大立毛泽东思想。现在全国都在大学毛主席著作，我们军队应该把学习毛主席著作搞得更好，要出现新的局面，提高到新的水平，要有新的收获。要一年比一年搞得更好。不应该停留，要继续前进。不应该自满，应该提高，应该发展，应该有所创造，应该总结新的经验。否则，我们就会落后，落后于形势，落后于全国人民。

我军广大干部战士，对毛主席无限忠诚，无限热爱，对毛泽东思想无限忠诚，无限热爱。毛主席畅游长江和毛主席几次接见革命师生的消息传到部队后，全军指战员知道毛主席身体非常健康，都无比喜悦，无比振奋。大家都说，毛主席身体健康，是我们全党全军全国人民最大的幸福。祝毛主席万寿无疆的欢呼声，响彻整个军营。广大干部战士对我们伟大的领袖毛主席，怀有极其深厚的阶级感情。我们学习毛主席著作，只有怀着深厚的无产阶级感情，才能够学好。

学习的方法，还是要按照林彪同志所指示的，带着问题学，活学活用，学用结合，急用先学，立竿见影，在用字上狠下功夫。实践证明，这是学习毛主席著作最好的办法，最能解决问题。林彪同志说，现在不是学不学的问题，而是真正学到没学到的问题，真正会用不会用的问题。要真正学到，会用，就必须结合实际。结合实际，才学得懂，记得住，用得上；不结合实际，就学不懂，记不住，用不上。要结合实际，反复教育，反复宣传，反复学习，反复实践。我们不要以为部队都是老的，好像没有变，实际上天天都在变。不要怕重复。结合实际，结合思想，结合工作，就不重复了。

萧华同志说，林彪同志指示我们，部队一定要贯彻毛泽东思想，抵制修正主义思想和一切剥削阶级思想，加强革命化，提高人的阶级觉悟，提高政策水平，提高思想方法。林彪同志强調指出，"老三篇"不但战士要学，干部也要学。"老三篇"最容易讀，真正做到就不容易了。要把"老三篇"作为座右銘来学。哪一級都要学。学了就要用，搞好思想革命化。我们一定要认真地贯彻执行林彪同志的这些指示。

萧华同志说，林彪同志一貫最忠实、最坚决、最彻底地貫彻毛澤东思想，执行毛主席的正确路綫。在中国革命的重大历史关头，林彪同志总是坚定地站在毛主席一边，同各种"左"的右的錯誤路綫进行不調和的斗爭，英勇地捍卫了毛澤东思想。林彪同志主持軍委工作以来，高举毛澤东思想偉大紅旗，創造性地运用毛澤东思想，提出了加强軍队革命化的一系列重大措施。他号召在全軍开展学习毛主席著作的群众运动，并且推动全国掀起了一个工农兵活学活用毛主席著作的群众性热潮。林彪同志是毛主席最亲密的战友，最好的学生，是活学活用毛主席著作最好的榜样。我们全軍同志都应当向林彪同志学习，学习他高举毛澤东思想偉大紅旗，活学活用毛主席著作，始終不渝地宣傳和捍卫毛澤东思想。

萧华同志还向到会干部讲了我国无产阶级文化大革命的伟大意义和巨大成就，并且对空军工作作了重要指示。

（原載一九六六年十月十日《人民日报》）

学习毛泽东思想，
必須認眞地学，刻苦地学

《人民日报》社論

林彪同志最近号召人民解放军，把活学活用毛主席著作的群众运动提高到一个新的阶段。这个指示，不仅对全军，而且对全党、全国人民都完全适用，都极为重要，极为适时。

多年以来，人民解放军高举毛泽东思想的伟大红旗，突出无产阶级政治，活学活用毛主席著作，在思想革命化和工作革命化等方面，都取得了伟大成就，为全国人民树立了光辉榜样。

一九六四年，毛泽东同志向全国人民发出了大学解放军的伟大号召。全国人民以解放军为榜样，加强政治思想工作，开展了蓬蓬勃勃的活学活用毛主席著作的群众运动。短短几年中，各条战线上都涌现了许许多多活学活用毛主席著作的先进单位和先进人物。史无前例的无产阶级文化大革命，大破资产阶级思想，大立毛泽东思想，使全党全国活学活用毛主席著作的群众运动出现了新的局面。

现在，我们正处在世界革命的一个新时代，处在我国社会主义革命的一个新阶段。国内外阶级斗争的情况正在急剧地变化。我们只有更加自觉地、认真地学习毛主席著作，掌握毛泽东思想这个强大的无产阶级思想武器，才能够适应阶级斗争的新情况、新变化，向前推进革命的车轮。

林彪同志指出：毛泽东思想是无产阶级的革命科学，是经过长期革命斗争考验的无产阶级的真理，是最现实的马克思列宁主义，是全党全军全国人民的统一的行动纲领。

全国各条战线的工作尽管很复杂，情况尽管千差万别，但是，用毛泽东思想来统一我们的思想，这一点却是共同的。把活学活用毛主席著作这一条抓好了，突出了政治，人的思想革命化了，一切工作就都能带动起来，都能做好。

这几年，解放军活学活用毛主席著作，积累了丰富的经验。

（一）为革命而学。毛泽东同志说："我们的同志必须明白，我们学马克思列宁主义不是为着好看，也不是因为它有什么神秘，只是因为它是领导无产阶级革命事业走向胜利的科学。"我们学习毛主席著作，同样地是为了中国革命和世界革命。我们必须抱有干一辈子革命，学一辈子毛主席著作，改造一辈子思想的坚强决心，把学习毛主席著作当作自己生活的第一需要。在这个思想基础上，每个人就会有高度的学习自觉性，就会出干劲，出毅力，出时间，任何阻力挡不住，任何困难压不倒。

（二）怀着深厚的无产阶级感情学。林彪同志说："毛泽东思想，反映了国内国际阶级斗争的客观规律，反映了无产阶级、劳动人民的根本利益。"只有坚定地站在无产阶级立场上，怀着深厚的无产阶级感情，对毛主席、对毛泽东思想无限热爱，无限忠诚，无限信仰，才能对毛主席著作领会得深，运用得好，才能做到"毛主席怎样说的，我就怎样做"。

（二）在用字上狠下功夫。林彪同志提出："学习毛主席著作，要带着问题学，活学活用，学用结合，急用先学，立竿见影，在用字上狠下功夫。"这种学习方法，是理论联系实际的方法，是经过实践检验的最有效的马克思主义的学习方法。我们要把学习毛主席著作，同当前国内外阶级斗争形势，同党的政策紧密结合起来，同自己的思想和工作紧密结合起来，用毛泽东思想之"矢"，来射各种思想问题和实际问题之"的"。要特别重视在改造资产阶级世界观上狠下功夫，破私立公，大灭资产阶级思想，大兴无产阶级思想。

（四）在斗争中学，在斗争中用。毛泽东同志说：

"学习马克思主义，不但要从书本上学，主要地还要通过阶级斗争、工作实践和接近工农群众，才能真正学到。"在尖锐复杂的阶级斗争中，活学活用毛主席著作，真正掌握毛泽东思想，就能够看得清，站得稳，顶得住，"台风刮不动，霹雷轰不倒"。同时，还可以从正反两个方面受到教育，取得经验教训，使自己在大风大浪中得到锻炼和提高。

（五）重点文章经常学，根本观点反复学。林彪同志要求部队，把毛主席著作当作必修课。"无论是干部和战士，都应该挑选几篇必修的和当前实际斗争联系最密切的文章去精读，领会精神实质，解决当前部队的现实问题。"他还提倡结合实际学习毛主席语录，背熟一些革命警句。这样，反复学习，反复运用，就可以使毛主席的许多根本观点，在人们头脑里逐步加深，逐步扎根。

（六）干部学在前头。读毛主席的书，听毛主席的话，照毛主席的指示办事，做毛主席的好战士，这四句话，不仅是对战士讲的，而且首先是对干部、尤其是对高级干部讲的。毛泽东思想红旗举得高不高，毛主席著作学得好不好，这是衡量干部优劣的首要标准。现在，大量的青年人对毛主席著作学得很好。担任干部职位的同志，如果不认真地学习，就必然会被抛到落后的地位。

当前正在开展的无产阶级文化大革命，是一个活学活用毛主席著作的大学校。这场革命，极其尖锐，极其复杂，极其深刻，冲击着社会生活的每一个角落，深深地触动每一个人的灵魂。几个月来，在毛泽东思想旗帜下进行的无产阶级文化大革命的惊涛骇浪，对于广大革命群众和干部来说，是不上课的上课，不考试的考试；比学校里的上课深刻一万倍，比课堂里的考试过硬一万倍。

无产阶级文化大革命，是用毛泽东思想统一全国人民思想的伟大革命，是挖掉修正主义根子，防止资本主义复辟，保证我国由社会主义逐步过渡到共产主义的百年大计。

在斗争的风雨中，大批大批用毛泽东思想武装起来的英勇新战士正在迅速成长。毛泽东思想正在进一步地改变整个社会面貌和人们的精神面貌。我们伟大的祖国，正在毛泽东思想的阳光普照下发出万丈光芒。

让我们全党全军和全国人民，都来认真地、刻苦地大学毛主席著作，把毛泽东思想真正学到手，把全国真正地、迅速地办成为毛泽东思想的大学校！

（一九六六年十月十二日）

坚决响应林彪同志号召 把活学活用毛主席著作群众运动 推向新阶段

《解放軍报》社論

林彪同志最近号召我们，要适应我国无产阶级文化大革命的新形势，适应全党全国大学毛主席著作的新形势，把我军活学活用毛主席著作的群众运动，提高到一个新的阶段。

林彪同志说，军队一定要眞正成为毛泽东思想的大学校。毛泽东思想的伟大红旗，一定要比过去举得更高。毛主席著作的学习，一定要进一步抓紧，更讲究落实，要出现新的局面，提高到新的水平。全体同志都应当尽最大的努力，把毛泽东思想眞正学到手，眞正掌握起来。

林彪同志的这一指示，对我军正在深入开展的活学活用毛主席著作的群众运动，提出了更高的要求，及时地指出了我军在革命化建设道路上继续前进的方向。我们要热烈地、坚决地响应林彪同志的号召。

当前，我们正处在世界革命的一个新时代，处在

221

我国社会主义革命的一个新阶段。国內外阶级斗爭的情况在不断地变化。我们要使自己的思想适应新的情况，要完成历史赋予我们的使命，就必须学习和掌握毛泽东思想。要一年比一年学得更好。不应该停留，不应该自满，而应该继续前进，应该提高，应该发展，应该总结新的经验，应该有新的创造，新的收获。

毛泽东思想是革命的科学，是经过长期革命斗爭考验的无产阶级的真理，是当代发展到最高水平的马克思列宁主义，是最现实的马克思列宁主义，是全党全军全国人民的统一的行动纲领。我们反对帝国主义，反对现代修正主义和各国反动派，我们建设社会主义，建设强大的无产阶级革命军队，都只有靠毛泽东思想。我军的工作尽管复杂，各单位的情况尽管千差万别，但在这一点上，又不复杂，又没有差别，这就是，都必须抓住活学活用毛主席著作这个根本，这个核心，这个灵魂，都要用毛泽东思想来统一全体人员的思想，统一全体人员的行动。

我军活学活用毛主席著作的群众运动，已经持续几年了。就大多数单位、大多数同志来说，现在主要不是有没有学的问题，而是有没有真正学到，是不是真正会用的问题。真正学到，真正会用，这就是我们进一步努力的目标。

学习毛泽东思想的目的全在于用，掌握毛泽东思想的关键也在于用。只有会用了，才算是学到了。我们一定要在用字上狠下功夫。

用，就是要结合实际，就是要结合思想，结合工作，就是要用毛泽东思想来提高干部战士的阶级觉悟、政策水平和思想方法，用毛泽东思想来指导和推动我军的思想革命化和工作革命化。

结合实际，才能学得懂，记得住，用得上。

结合实际，反复学，反复用，就不怕重复，也不会重复，就会对毛泽东思想理解得越来越深，运用得越来越熟。

只要结合实际，在用字上狠下功夫，就一定会有新的收获，新的创造，新的发展，就一定可以提高到新的水平。

林彪同志一贯最忠实、最坚决、最彻底地贯彻毛泽东思想，执行毛主席的正确路线。在中国革命的重大历史关头，林彪同志总是坚定地站在毛主席一边，同各种"左"的右的错误路线进行不调和的斗争，英勇地捍卫了毛泽东思想。他主持军委工作以来，高举毛泽东思想伟大红旗，创造性地运用毛泽东思想，提出了加强我军革命化建设的一系列重大措施。他号召我军开展活学活用毛主席著作的群众运动，取得了极大的效果，推动全国掀起了一个工农兵学习毛主席著作的群众性热潮。他是毛主席最亲密的战友，最好的学生，是活学活用毛主席著作的典范。

全军同志都应当以林彪同志为榜样，像他那样始终不渝地学习、贯彻、传播和捍卫毛泽东思想。

让我们更高地举起毛泽东思想的伟大红旗，把活学活用毛主席著作的群众运动推向新阶段，使我军的无产阶级革命化、战斗化建设取得更大的胜利。

（一九六六年十月十一日）

在中华人民共和国成立十七周年庆祝大会上

林彪同志的讲話

新华社一日訊 林彪同志在中华人民共和国成立
十七周年庆祝大会上的讲话，全文如下：

同志们，朋友们：

今天是中华人民共和国成立十七周年的伟大节
日。我代表我们伟大领袖毛主席，代表党中央，代表
中华人民共和国政府，向全国的工农兵，向全国的革
命师生，向革命的红卫兵和其他战斗的青少年组织，
向全国各民族的革命人民，向全国的革命干部，致最
热烈的敬礼！向来自世界各国的朋友们表示衷心的欢
迎！

中华人民共和国成立十七周年，这是不平常的十
七年。在我国，是翻天覆地的十七年。在世界，也是
翻天覆地的十七年。

毛泽东同志领导我国人民进行革命，经历了千辛
万苦的曲折道路。国内外的敌人曾经是强大的，但终
于被中国人民推翻了，赶跑了。以美国为首的帝国主

义者，一切反动派，现代修正主义者，这些纸老虎，都被中国人民和各国革命人民戳穿了。

中国人民在短短的十七年间，完全改变了过去的面貌。这是毛泽东同志领导的中国人民群众的丰功伟绩。我们相信，全世界一切被压迫人民和被压迫民族，都会按照本国的情况，走自己的路，像中国人民一样，夺取最后的胜利。

今天，我们是在无产阶级文化大革命的高潮中来庆祝这个伟大节日的。这场无产阶级文化大革命，是在无产阶级夺取政权以后进行的一种崭新的创造性的大革命。这场大革命，要斗倒一小撮党内走资本主义道路的当权派，横扫社会上的一切牛鬼蛇神，破剥削阶级的四旧，立无产阶级的四新，目的是为着进一步巩固无产阶级专政，发展社会主义制度。国际无产阶级专政的历史经验告诉我们，如果我们不这样做，就会出现修正主义的统治，就会发生资本主义的复辟。在我国，如果出现这种情况，就会回到殖民地半殖民地、封建半封建的老路上去，帝国主义和反动派，就会重新骑在人民头上。我们这场文化大革命的重要性，是很清楚的。

现在，亿万人民群众发动起来了。革命人民扬眉吐气，反动资产阶级威风扫地。我们正在前进。我们已经奠定了伟大胜利的局面。

无产阶级文化大革命促使人们思想革命化，因而成为发展我国社会主义生产的强大的推动力。今年是第三个五年计划的第一年。今年的工业生产计划预计可以超额完成，农业可以获得又一个好收成。我国的科学技术正在攀登新的高峰。我们伟大的祖国，从来没有这样繁荣，这样生动活泼。我们的国防从来没有这样强大。

毛主席早就指出，在整个社会主义的历史时期，存在着无产阶级和资产阶级之间的阶级斗争，存在着社会主义和资本主义两条道路的斗争。无产阶级文化大革命，就是这两个阶级、两条道路斗争的新阶段。在无产阶级文化大革命中，以毛主席为代表的无产阶级革命路线，同资产阶级反对革命路线的斗争还在继续。那些坚持错误路线的人，只是一小撮人，他们脱离人民，反对人民，反对毛泽东思想，这就决定了他们一定要失败。

同志们，朋友们：当前的世界是一片大好形势。几年来世界的大动荡表明，以美国为首的帝国主义者、现代修正主义者和各国反动派，他们的寿命不长了。

美帝国主义力图从发动一场世界战争中寻找出路。我们必须加以认真对待。当前斗争的焦点在越南。我们已经作好了一切准备。我们决心不惜作出最大的民族牺牲，坚决支持兄弟的越南人民把抗美救国的战争进行到底。以美国为首的帝国主义者和以苏共领导为中心的现代修正主义者，正在狼狈为奸，积极搞和谈欺骗的勾当，目的是要扑灭越南人民反美民族革命战争的烈火，扑灭亚洲、非洲、拉丁美洲各国民族革命斗争的烈火，扑灭世界革命的烈火。只要全世界人民擦亮眼睛，他们的阴谋是不能得逞的。二十年前，毛主席就说过，全世界人民要结成反对美帝国主义的统一战线，来打败美帝国主义。世界各国革命人民，正在这条道路上前进。

毛主席说："全世界人民要有勇气，敢于战斗，不怕困难，前赴后继，那末，全世界就一定是人民的。一切魔鬼通通都会被消灭。"世界的前途，一定是这样。

中国人民将继续高举马克思列宁主义的旗帜，高举无产阶级国际主义的旗帜，同全世界马克思列宁主义者一起，同各国革命人民一起，把反对美帝国主义及其走狗的斗争进行到底，把反对以苏共领导为中心的现代修正主义的斗争进行到底！

同志们，朋友们！

我们的一切成就，一切胜利，都是在毛主席的英明领导下取得的，都是毛泽东思想的胜利。我们要用毛泽东思想统一全党的思想，统一全国人民群众的思想。我们一定要高举毛泽东思想伟大红旗，进一步在全国开展活学活用毛主席著作的群众运动。我们要把全国变成为一个毛泽东思想的大学校。我们要把伟大的祖国建设得更加强盛，更加兴旺。这是我国人民的需要，也是世界各国人民对我们的希望。

中国各族人民万岁！

世界人民大团结万岁！

中华人民共和国万岁！

中国共产党万岁！

战无不胜的毛泽东思想万岁！

伟大的领袖毛主席万岁！万岁！万万岁！

（原载一九六六年十月二日《人民日报》）

在庆祝中华人民共和国成立十七周年招待会上

周恩来总理的讲话

新华社三十日讯 周恩来总理在庆祝中华人民共和国成立十七周年招待会上的讲话，全文如下：

各位来宾，同志们，朋友们：

在我国无产阶级文化大革命高潮的时候，我们同大家欢聚一堂庆祝中华人民共和国成立十七周年，感到非常兴奋和愉快。在这里，我代表毛泽东主席、中国共产党和中国政府，向我国广大工农兵、革命师生、革命的红卫兵和青少年、革命干部，表示热烈的祝贺！向我国各族革命人民的代表们，表示热烈的祝贺！向海外侨胞和港澳同胞的代表们，表示热烈的祝贺！向来自五大洲的朋友们，表示热烈的欢迎和感谢！

我国无产阶级文化大革命是我国人民的伟大领袖毛主席亲自发动和领导的。这是毛主席总结了我国和国际无产阶级专政和阶级斗争的历史经验提出的。无产阶级专政的历史经验告诉我们，不进行无产阶级文

用毛泽东思想武装七亿人民

——庆祝中华人民共和国成立十七周年

《人民日报》社論

我们伟大领袖毛主席亲手缔造的中华人民共和国，诞生十七周年了。

十七年，在人类历史上，只是短暂的一瞬。但是，在中国这块土地上，却发生了翻天覆地的变化。七亿人口的大国，由一个受尽欺凌、任人宰割的落后国家，一跃而为伟大的社会主义先进国家，像巨人一般屹立在世界的东方。毛泽东思想阳光照耀下的新中国，成为世界革命人民向往的中心。

十七年来，我国人民在以毛泽东同志为首的党中央的英明领导下，在社会主义革命和社会主义建设的各个战线上，都取得了突飞猛进的胜利。

毛泽东同志亲自发动和领导的无产阶级文化大革命，又把我国社会主义革命推进到一个新阶段。文化革命的大风暴，正在席卷全国，震动着整个世界。

以广大的工农兵、革命的知识分子和革命的干部为主力军的亿万群众，对那些混进党内的一小撮走资本主义道路的当权派，对社会上的牛鬼蛇神，对资产阶级的顽固堡垒，展开了全面的猛烈的攻击。那些资产阶级右派老爷们，不久以前还是那么神气。曾几何时，他们一个一个地被革命群众揪出来，昔日威风，扫地以尽。

英勇的革命红卫兵们，从学校走上街头，大破剥削阶级的四旧，大立无产阶级的四新。他们把旧社会遗留下来的许多残渣余孽，许多陈规陋习，打得个落花流水。

在无产阶级文化大革命中，广大革命群众大学毛主席著作。到处都是《毛主席语录》的红色海洋，到处都是诵读毛主席著作的响亮声音。人们在斗争中学，在斗争中用，把文化革命当作活学活用毛主席著作最好的课堂。

伟大的毛泽东思想，使蕴藏在亿万人民中的革命积极性和创造性，像原子能一样迸发出来。敢想，敢说，敢闯，敢干，敢革命，成了我们时代的风格。我国年青一代，正在革命的大风大浪中迅速锻炼成长。

革命高潮促进了生产建设的高潮。在文化革命中，我国国民经济正在出现全面跃进的新局面。

人民解放军进一步地在无产阶级革命化、战斗化的道路上阔步前进。我们的国防力量是无敌的。

我国人民在反对以美国为首的帝国主义、以苏共领导为中心的现代修正主义的斗争中，在支援越南人民抗美救国战争和世界人民反帝革命斗争中，无愧地尽了无产阶级国际主义的义务。

我国人民从来没有像今天这样意气风发。我们可爱的祖国从来没有像今天这样繁荣兴旺。

"阶级斗争，一抓就灵。"我们所取得的一切成就和胜利，都证明了毛泽东同志这一英明论断的无比正确性。

毛泽东同志早就指出，在整个社会主义的历史时期，存在着无产阶级和资产阶级之间的阶级斗争，存在着社会主义和资本主义两条道路的斗争。被推翻了的资产阶级和一切剥削阶级，对他们的失败是不甘心的。他们通过钻进共产党内一小撮走资本主义道路的当权派，利用自己在思想文化领域里所占有的老阵地，妄图实现资本主义反革命复辟。毛泽东同志发动和领导的这场文化大革命，就是为着夺取剥削阶级在思想文化领域里所占领的阵地，粉碎资本主义反革命复辟的阴谋，进一步巩固无产阶级专政，使我国能够在社会主义、共产主义的道路上，合乎历史规律地前进。

无产阶级文化大革命，既然是挖一切剥削制度，挖资本主义、修正主义根子的革命，就必然会遇到阶级敌人的疯狂反抗，遇到来自各方面的阻力。

无产阶级的敌人，继续在用各种方式对抗无产阶级文化大革命。他们甚至打着"红旗"反红旗，欺骗和蒙蔽一部分群众，妄图打击无产阶级革命派，妄图"炮打"我们无产阶级革命的司令部。对此，我们必须提高警惕，识破他们，并且要更加依靠群众，信任群众，进一步地放手发动群众，使敌人的阴谋，在广大群众日益觉悟的情况下，永远不能得逞。

另有一些人，他们对于以毛泽东同志为代表的无产阶级革命路线至今还很不理解，对群众运动仍然是"怕"字当头。他们口头上也讲十六条，在行动上却离开十六条。他们自觉地或者不自觉地搞宗派主义，利用广大群众对党和毛主席的无限热爱，制造一部分工农群众反对革命学生，造成群众斗群众、学生斗学生的一些局面。他们这样做，正好为无产阶级的敌人利用来混水摸鱼。我们对这些人，本来是好心善意地希望他们改正错误。他们如果坚持不改，就会脱离人民，结果就必然滑到资本主义的道路上去。

党的八届十一中全会，号召全党全国大学毛泽东同志的著作。全会公报指出，"用毛泽东思想武装工农兵群众、革命知识分子和广大干部，进一步促进人的思想革命化，是防止修正主义，防止资本主义复辟，使我们社会主义和共产主义事业取得胜利的最可靠、最根本的保证。"

我们要坚决响应党中央的号召，在文化大革命中，高举毛泽东思想的伟大红旗，突出无产阶级政治，把活学活用毛主席著作的群众运动推向一个新的高潮。我们要很自觉地掌握毛泽东思想这个最强大的无产阶级思想武器，去回答和解决文化革命中的各种问题。我们要坚决地捍卫和执行毛泽东同志的指示，捍卫和执行党中央关于无产阶级文化大革命的决定，即十六条，捍卫和执行无产阶级的革命路线。

现在，以美国为首的帝国主义者、以苏共领导为中心的现代修正主义者和各国反动派，正在歇斯底里大发作。他们对我国无产阶级文化大革命，极尽污蔑、歪曲、挑拨、诽谤之能事。他们在反华大合唱中，声嘶力竭，比赛看谁的调子高。其实，这些老爷们的狂吠，并不能掩盖他们内心的恐惧。

先生们，你们不是把"和平演变"的希望寄托在我们年青一代身上吗？可惜，你们的算盘打错了！正是伟大的文化革命，把我们千千万万年青的一代，锻炼和造就成为反帝反修最坚强的战士。你们这些历史垃圾，总会被全世界革命人民扫得一干二净的。

中国共产党敢于进行这场无产阶级文化大革命，是我们的力量的表现，强大的表现，自信的表现。帝国主义、修正主义的老爷们，你们不是标榜什么民主、自由吗？那末，你们也让群众来个大鸣、大放、大字报、大辩论吧！你们有这种胆量吗？

我们警告美帝国主义及其帮凶，**你们放老实一**点。你们如果轻举妄动，把战争强加在我们头上，等待着你们的，将是高度觉悟了的中国人民，将是几百万英勇善战的人民解放军，将是作为人民解放军强大后盾的亿万民兵和红卫兵！

中国人民将继续高举马克思列宁主义和无产阶级国际主义的旗帜，同全世界人民一道，结成一个势不可当的广泛的反对美帝国主义的统一战线，强有力地支持越南人民抗美救国战争，直到取得最后胜利。

我们坚决支持亚洲、非洲、拉丁美洲和世界各国人民的革命，同全世界一切马克思列宁主义者和一切革命人民一道，把反对美帝国主义及其走狗的斗争进行到底，把反对以苏共领导为中心的现代修正主义的斗争进行到底！

用毛泽东思想武装起来的七亿人民，所向无敌！

战无不胜的毛泽东思想万岁！

我们伟大的导师、伟大的领袖、伟大的统帅、伟大的舵手毛主席万岁！

（一九六六年十月一日）

在毛泽东思想的大路上前进

《紅旗》杂志社論

今年，我们在无产阶级文化大革命的高潮中，在我国社会主义革命发展到一个更深入、更广阔的新阶段中，庆祝伟大的国庆节。这是一个最不平凡的节日，这是一个革命精神空前高昂的节日，这是一个最令人欢欣鼓舞的节日。

中华人民共和国成立的十七年，是全国人民高举毛泽东思想伟大红旗凯歌猛进的十七年。十七年来，在政治、经济、军事、文化各个领域里，都取得了非常辉煌的成就。我们的成就，受到了全世界革命人民的热烈赞扬，使得帝国主义者、现代修正主义者和各国反动派胆颤心惊。社会主义的新中国屹立在东方，使整个世界的革命斗争形势发生了巨大的变化。

我们十七年的伟大成就是怎样取得的呢？把我们的基本经验归结到一点，就是毛主席所说的，紧紧抓住无产阶级同资产阶级两个阶级的斗争、社会主义同资本主义两条道路的斗争这个纲。我们的胜利，是无产阶级对资产阶级斗争的胜利，是社会主义道路对资本主义道路斗争的胜利。

毛主席在一九四九年三月中国共产党七届二中全会的报告中就指出，中国革命在全国胜利，并且解决了土地问题以后，国内的基本矛盾就是工人阶级和资产阶级的矛盾。这就是说，工人阶级和资产阶级的矛盾，贯串在整个社会主义历史过程的始终，贯串在社会主义社会的各个方面。

十七年的历史经验证明，凡是抓住了两个阶级、两条道路斗争这个纲，我们无产阶级的革命事业就发展，就前进，就生动活泼，就欣欣向荣。凡是离开了这个纲的地方和部门，就出现歪风邪气，就迷失方向，就受到挫折。

毛泽东同志在一九六五年一月中共中央政治局召集的全国工作会议上告诉我们：

整个过渡时期存在着阶级矛盾、存在着无产阶级和资产阶级的阶级斗争、存在着社会主义和资本主义的两条道路斗争。忘记十几年来我党的这一条基本理论和基本实践，就会要走到斜路上去。

无产阶级文化大革命，是两个阶级、两条道路斗争的新阶段。

这次文化大革命，涉及的范围很广。我们要横扫一切牛鬼蛇神，要在意识形态领域里大破剥削阶级的四旧，大立无产阶级的四新，并且势必触及到社会的政治生活和经济生活。这次文化大革命要打击一小撮资产阶级右派分子，打击那些党内走资本主义道路的当权派。

广大工农兵、革命干部、革命知识分子同一小撮党内走资本主义道路当权派的斗争，是现阶段无产阶级同资产阶级斗争、社会主义同资本主义斗争的集中表现。

为什么党内会出现一小撮走资本主义道路的当权派呢？这是由阶级斗争规律决定的。在无产阶级专政的条件下，被推翻了的剥削阶级总是企图用各种办法腐蚀共产党的干部，在我们党内寻找他们的代理人。毛主席在党的七届二中全会上就教导我们，必须警惕资产阶级"用糖衣裹着的炮弹的攻击"。这是向全体共产党员敲起的警钟。绝大多数共产党员经受住了这种考验。但是，也有一小撮人却被资产阶级糖衣炮弹打中了。他们已经不是无产阶级的代表，而是资产阶级的代表。

党内走资本主义道路的当权派，是一小撮反革命的修正主义分子。他们打着"红旗"反红旗。他们是赫鲁晓夫式的人物。一旦有机可乘，他们就要阴谋篡党，篡军，篡政。他们是我们最危险的最主要的敌人。被推翻了的剥削阶级，把复辟的希望主要地寄托在他们身上。剥削阶级的复辟活动，主要是通过他们进行的，或者是在他们包庇下进行的。所以，只有打倒党内走资本主义道路的当权派，才能粉碎剥削阶级的复辟阴谋，进一步巩固无产阶级专政，推动社会主义事业的发展。

毛主席亲自主持制定的《关于无产阶级文化大革命的决定》，即十六条，是两条路线斗争的产物，是以毛主席为代表的无产阶级革命路线战胜资产阶级反动路线的产物。十六条的公布，获得了广大革命群众的热烈拥护，把无产阶级文化大革命推向了一个新的高潮。整个的革命形势好得很，越来越好。

但是，两条路线的斗争并未就此结束。有些地方，有些单位，两条路线的斗争还是很尖锐，很复杂的。有极少数人采取新的形式欺骗群众，对抗十六条，顽固地坚持资产阶级反动路线，极力采取挑动群众斗群众的形式，去达到他们的目的。

对资产阶级反动路线，必须彻底批判。只有彻底批判它，肃清它的影响，才能贯彻执行无产阶级的十六条，才能在正确路线指导下进行社会上的、学校的以及其他文化部门的斗、批、改，才能明确斗什么，批什么，改什么，才能明确依靠谁来斗，谁来批，谁来改，才能胜利完成一斗二批三改的任务。如果继续过去的错误路线，重复压制群众的错误，继续挑动学生斗争学生，不解放过去受打击的革命群众，等等，那就是对抗和破坏十六条。在这种情况下，怎么能够正确地进行斗批改呢？

要不要批判资产阶级反动路线，是能不能贯彻执行文化革命的十六条，能不能正确进行广泛的斗批改的关键。在这里，不能采取折衷主义。

在无产阶级文化大革命中，两条路线的斗争，是阶级斗争在党内的反映。我们必须用唯物辩证法的观点，而不能用形而上学的观点、庸人的观点来看待这个问题。

毛主席说："党内不同思想的对立和斗争是经常发生的，这是社会的阶级矛盾和新旧事物的矛盾在党内的反映。党内如果没有矛盾和解决矛盾的思想斗争，党的生命也就停止了。"

毛主席还说：在共产党内发生正确思想和错误思想的非对抗性矛盾的情况下，"如果犯错误的人坚持错误，并扩大下去，这种矛盾也就存在着发展为对抗性的东西的可能性"。

党中央认为，在无产阶级文化大革命中，犯过方向错误、路线错误的同志，应当正视自己的错误，改正自己的错误，回到正确立場、正确路线上来，而不要发展到同党对抗的地步。

坚持错误路线的人，只是一小撮人。他们脱离人民，反对人民，反对毛泽东思想。因此，他们是一定要失败的。一时被他们蒙蔽和欺骗的群众，一定会觉悟起来，同他们划清界限，反对他们。

毛主席的亲密战友林彪同志，高举毛泽东思想伟大红旗，号召开展活学活用毛主席著作的群众运动。这个运动，从人民解放军发展到全国人民群众，取得了伟大的效果。这个运动，使毛泽东思想更加深入人心。有了用毛泽东思想武装起来的亿万群众，这是无产阶级文化大革命胜利的最可靠的保证。人民群众精神面貌的飞跃，必然转化为巨大的物质力量。

十七年来，毛泽东同志总是紧紧把握着社会主义社会的基本矛盾的发展，提出问题、解决问题的。我国社会主义社会发展到今天，毛泽东同志提出了无产阶级文化大革命的理论和路线，这是马克思列宁主义的伟大发展，这是共产主义运动历史上的伟大创举。

国际无产阶级的历史经验，特别是苏联出现修正主义统治的历史教训告诉我们，只有进行无产阶级文化大革命，彻底批判一切剥削阶级的意识形态，批判资产阶级的反动学术"权威"，改革教育，改革文艺，改革一切不适合社会主义经济基础的上层建筑，挖掉隐藏在党内的资产阶级代理人，大破资产阶级思想，大立无产阶级思想，才能巩固无产阶级专政，防止出现修正主义统治，防止资本主义复辟，使我们的事业沿着社会主义和共产主义的方向胜利前进。

苏共修正主义领导集团和其他的叛徒、工贼，天天疯狂地咒骂我们的无产阶级文化大革命。他们为什么要这样咒骂呢？这是因为他们意识到中国这场无产阶级文化大革命的影响是无法阻挡的。它必然会唤醒他们国内的无产阶级革命派，唤醒广大的革命人民起来反对他们。他们统治的宝座是岌岌可危的。

历史的规律是不可改变的。国内外的一切反动派，绝不能逃脱历史的惩罚。他们都将被自己的掘墓人革命群众所埋葬。

不管敌人怎样叫骂和攻击，伟大的中国人民，都将沿着自己的道路，胜利的道路，毛泽东思想的道路，昂首阔步地前进，把无产阶级文化大革命进行到底，把社会主义革命和社会主义建设的各项事业，从胜利推向胜利。

（一九六六年第十三期）

念念不忘高举毛泽东思想伟大紅旗

——庆祝中华人民共和国成立十七周年

《解放軍报》社論

今天，我们在无产阶级文化大革命的高潮中，在全国一片热气腾腾的革命景象中，庆祝伟大的中华人民共和国成立十七周年。

我们的国家，在伟大的毛泽东思想哺育下，像东方升起的太阳，向全世界放射着灿烂的光芒。

毛主席亲自发动和领导的无产阶级文化大革命，把我国社会主义革命推到了新阶段，使我国出现了前所未有的大好形势。毛泽东思想深入人心。亿万群众精神振奋，斗志昂扬。一小撮走资本主义道路的当权派和其他牛鬼蛇神，已经陷落在革命人民的汪洋大海中。一切腐朽的意识形态和上层建筑的其他不适用部分，正在土崩瓦解。广大青少年在革命的大风浪中经受着锻炼，迅速成长为我国无产阶级革命的坚强后代。我们的胜利已经确定无疑。

文化大革命焕发起来的亿万人民的冲天干劲，成为推进社会生产的强大力量。今年的工业生产计划可望超额完成。农业是又一个丰收年。科学技术正在攀向新的高峰。

我们伟大的祖国空前兴旺。我国各族人民空前团结。我国的无产阶级专政空前巩固。我们的国防空前强大。

我们的社会主义事业在精神和物质两条战线上飞速前进。我们所取得的一切成就，一切胜利，都来源于伟大的毛泽东思想，都是毛泽东思想的胜利。

毛泽东思想反映了无产阶级和广大劳动人民的根本利益，反映了国内国际阶级斗争的客观规律，是革命人民百战百胜的武器，是我们一切工作、一切行动唯一正确的指针。我们的革命和建设事业，无论怎样千头万绪，都不能忘记了方向，丢掉了根本。我们一定要念念不忘高举毛泽东思想伟大红旗。

我军是毛主席亲自缔造、培育和领导的人民军队，是我国无产阶级专政的柱石。我们要永远忠于毛主席，忠于伟大的毛泽东思想，忠于党和人民的事业。我们要永远保持鲜红的旗帜。

几年来，我军遵照军委和林彪同志的指示，高举毛泽东思想伟大红旗，突出政治，鼓足干劲，在非常无产阶级化、非常战斗化的道路上奋勇向前。我们已经取得很大成绩。我们还面临着光荣而艰巨的任务。我们一定要继续前进。

我们的经验千条万条，加强毛泽东思想的教育是根本的一条。必须通过活学活用毛主席著作，把毛泽东思想贯彻到全军干部战士中去。必须用毛泽东思想统一全军的思想，统一全军的行动。这一条做好了，干部战士的思想觉悟提高了，就有了积极性和创造性，有了吃苦精神和勇敢精神，有了好的纪律，好的作风。这样，我们的部队就能永远充满革命朝气，保持强大的战斗力，就能经得起大风大浪的考验，胜利地完成各种任务。

党的八届十一中全会以来，随着无产阶级文化大革命的深入发展，全党全国大学毛主席著作出现了新的形势，新的局面。这就要求我军把活学活用毛主席著作的群众运动，提到一个新的更高的阶段。

我们对毛主席著作的学习，要进一步抓紧，更讲究落实。要学得更好，用得更好。要有新的收获。

我们要更好地做到带着问题学，活学活用，学用结合，急用先学，立竿见影，在用字上狠下功夫。这样，才能学得懂，记得住，用得上。

我们的各级干部，特别是领导干部，要带头学好。要用毛泽东思想批判资产阶级思想和一切剥削阶级思想。用毛泽东思想提高阶级觉悟，提 高 政 策 水平，提高思想方法。

我们要把广大群众活学活用毛主席著作的丰富经验总结起来，加以推广。要宣扬新的典型，树立新的榜样。要虚心学习地方的先进经验。

总之，我们一定要更加努力、更加认眞地读毛主席的书，听毛主席的话，照毛主席的指示办事，做毛主席的好战士。一定要把毛泽东思想眞正学到手，眞正掌握起来。

让我们更高地举起毛泽东思想的伟大红旗，突出无产阶级政治，鼓足革命干劲，为把我军办成一个毛泽东思想的大学校而奋斗！为保卫祖国，解放台湾，随时准备粉碎美帝国主义及其帮凶的突然进攻，支援越南人民的抗美救国斗争，支援世界各国人民的革命斗爭而奋斗！

战无不胜的毛泽东思想万岁！

我们伟大的领袖毛主席万岁！

（一九六六年十月　日）

在毛泽东思想的大路上前进

*

天津人民出版社編輯、出版

（天津市哈密道12号）

天津市书刊出版业营业許可証津出字第 001 号

天津人民出版社印刷厂印刷　河北省新华书店发行

*

开本 787 × 1092 毫米 ½ 印張 1　字数 14,000

一九六六年十月第一版

一九六六年十月第一次印刷

印数 1—600,000

統一书号 3072·366

定　价：0.08元

以毛主席为代表的
无产阶级革命路线的胜利

毛主席和
林彪第六
次检阅文
化革命大军

天津人民出版社

以毛主席为代表的
无产阶級革命路綫的胜利

天 津 人 民 出 版 社

目　　录

毛主席第六次检閱文化革命大軍

新华社三日讯 在以毛主席为代表的无产阶級革命路綫取得偉大胜利的凯歌声中，我們的偉大导师、偉大領袖、偉大統帅、偉大舵手毛主席，今天在无产阶級文化大革命中心——我們偉大祖国的首都北京，接見来自全国各地的革命师生和紅卫兵。这是两个多月来，連国庆节在內，毛主席对来自全国各地革命师生第六次的接見。

在无产阶級文化大革命运动更深入、更广闊、更健康地向前发展的大好形势下，从全国各地来北京进行革命串連的革命师生和紅卫兵們，受到毛主席的亲切接見，万分鼓舞，他們纵情欢呼"毛主席万岁！""以毛主席为代表的无产阶級革命路綫的胜利万岁！"

今天，我們偉大的領袖毛主席和他的亲密战友林彪同志，在持续七个多小时的接見大会上，精力充沛，神采煥发，一直和大家在 起。毛主席在天安門城楼上迈着稳健的步伐，先后九次走向城楼的东、西两端，向欢呼的人羣亲切招手、鼓掌。革命小将們通过广场时，狂欢跳跃，千遍万遍地高呼"毛主席万岁！万岁！万万岁！"他們无比兴奋地說："我們的毛主席和林彪同志身体这样健康，这是全中国人民和全世界人民最大的幸福。"

革命小将們滿怀激动的心情說，我們的毛主席最关心群众，最相信群众，最放手发动群众。在这场史无前例的无产阶级文化大革命中，毛主席最坚决地支持了革命群众的首创精神。他們坚定地表示，一定要更高地举起毛泽东思想伟大紅旗，在以毛主席为代表的无产阶级革命路线的基础上，紧密地团結起来，乘胜前进，彻底批判资产阶级反动路綫，肃清其流毒，誓把无产阶级文化大革命进行到底。

今天，首都呈现一片热气腾腾的革命景象。来自全国各省、市、自治区的革命小将們，高举毛主席像和紅旗，从全城四面八方连夜汇向天安門广场，汇向广场东側的条条大道上。当朝霞映紅天空的时候，英姿焕发的紅卫兵們便翻开紅光闪闪的《毛主席語录》，迎着冉冉升起的紅太阳朗读起来，一遍又一遍地高唱《大海航行靠舵手》和用毛主席語录譜成的歌曲。他們纵情地歌唱："金色的太阳升起在东方光芒万丈，东风万里鲜花开放紅旗像大海洋。伟大的领袖英明的导师敬爱的毛主席，革命人民心中的太阳心中的紅太阳。"

上午十时十分，当军乐队奏起《东方紅》乐曲时，毛主席和他的亲密战友林彪同志，以及中央和其他方面的领导同志周恩来、陶鑄、陈伯达、邓小平、刘少奇、朱德、李富春、陈云、宋庆龄、董必武、陈毅、贺龙、譚震林、徐向前、毕雪峰、謝富治、刘宁一、萧华、杨成武、江青、刘志坚、張春桥、吳德等登上了天安門城楼檢閱台。这时，整个天安門广场成了紅浪翻騰的海洋。千万双充满深情的眼睛仰望着毛主席，千万双佩戴紅袖章的手臂揮舞着紅光闪闪的《毛主席語录》，不停地欢呼跳跃，"毛主席万岁""毛主席万万岁"的欢呼声，就像滚滚春雷，震蕩着首都的天空。

中共中央政治局常委、中央文化革命小組組長陈伯达同志宣布大会开始。

林彪同志在全場热烈的掌声中讲話（全文另发）。

林彪同志首先代表我們偉大領袖毛主席，代表党中央，向前来北京看望毛主席和进行革命串连的革命师生和紅卫兵战士表示最热烈的欢迎。

他說，毛主席是最偉大的无产阶级革命家，他总是同羣众在一起，充分地信任羣众，和羣众同呼吸，共命运，全心全意支持革命的羣众运动。毛主席給全党同志，給青年一代，树立了最光輝的榜样。

林彪同志指出，当前，无产阶级文化大革命的形势很好！偉大的毛澤东思想更加普及，更加深入人心。在毛主席"抓革命，促生产"的号召下，文化大革命促进了人的思想革命化，推动了工农业生产和科学技术的飞跃发展。最近发射导彈核武器的試驗成功，是毛澤东思想的偉大胜利！是无产阶级文化革命的偉大胜利！

他說，党的八届十一中全会，宣告了以毛主席为代表的无产阶级革命路綫的胜利，宣告了資产阶级反动路綫的破产。两个多月来，毛主席的正确路綫同广大群众見面，为广大群众所掌握，展开了对錯誤路綫的批判。毛主席号召大家关心国家大事，眞正变成了广大群众的行动。这是极大的好事。这是把无产阶级文化大革命进行到底的重要保证。

他指出，毛主席的无产阶级革命路线，同資产阶级反动路綫，是水火不相容的。只有彻底批判資产阶级反动路綫，清除这条路綫的影响，才能正确地、完全地、彻底地执行毛主席的路綫。

林彪同志指出，在毛主席正确路綫的指引下，我国廣大革命羣众，創造了无产阶级专政下发展大民主的新經驗。这种大民主，就是党无所畏惧地让廣大羣众运用大鳴、大放、大字报、大辩論、大串連的形式，批評和监督党和国家的各级領导机关和各级領导人。同时，按照巴黎公社的原則，充分实现人民民主权利。这种大民主，是毛泽东思想同廣大羣众相结合的新形式，是羣众自己教育自己的新形式。这种大民主 是毛主席对馬克思列宁主义关于无产阶级革命和无产阶级专政学說的新贡献。

他强調指出，国际无产阶级专政的历史經驗证明，沒有进行这样彻底的无产阶级文化大革命，沒有实行这样的大民主，无产阶级专政就会削弱，就会变质，資本主义就要采用各种形式复辟，剥削阶级就会重新騎在人民的头上。

他說，这样大民主，不但領导和羣众之间必须彻底实行，而且，在羣众中，在羣众相互之间，也完全必须彻底实行。在群众之间，沒有这样的大民主，不善于互相商量，不善于倾听不同的意见，不善于摆事实讲道理，不善于开动脑筋，思考問題，这样，就不可能自己教育自己，自己解放自己，就不可能达到发展左派队伍，团结大多数，孤立一小撮資产阶级右派的目的，就不可能不折不扣地实行我們偉大导师——毛主席所提出的无产阶级文化大革命的路綫。

林彪同志說，毛主席是支持同志們步行串連的。步行串連的好处，可以广泛地接触群众，接触社会的各个方面，更深入了解社会主义社会的阶级斗争。可以更好地向工农学習，在更寬广的范圍內，傳播毛澤东思想。这样做，对于革命师生进一步領会毛澤东思想，領会毛主席的正确路綫，是大有好处的。当然，这种步行串連，必须有計划、有組織、有准备地进行。

林彪同志最后說，党中央相信，无产阶级文化大革命已經有了几个月的經驗，今后将会更好地进行，取得更大的成就！

林彪同志的讲話在全場激起一陣又一陣暴风雨般的掌声。

上午十点二十分，在《大海航行靠舵手》的乐曲声中开始了盛大的游行。来自全国各地的革命师生和紅卫兵，揮动着鮮紅的《毛主席語录》，高呼"毛主席万岁"，浩浩蕩蕩地通过天安門广場，接受最高統帅毛主席的檢閱。在这支文化革命大軍中，有来自毛主席家乡的革命青少年，有来自革命圣地延安等地的革命后代，有来自內蒙古草原、天山南北和金沙江畔的許多少数民族的革命学生，还有来自西藏高原的翻身农奴子弟。他們带着全国各族青少年和亿万革命群众的嘱托，来接受敬爱的領袖毛主席的檢閱，表达他們永远忠于毛主席，堅决捍卫和执行以毛主席为代表的无产阶级革命路綫的堅强意志，表达他們誓把无产阶级文化大革命进行到底的决心。

中国人民解放軍部分軍事院校的革命师生們，今天怀着无比激动、无限喜悦的心情，和来自全国各地的革命小将一道接受了偉大領袖毛主席和他的亲密战友林彪同志的檢閱。毛主席身穿草綠色軍装，巍然屹立在天安門城楼上，含着慈祥的微笑，向革命小将們頻頻招手致意，使这些小将十分激动。他們兴奋地說："世界上什么最紅？天安門上的太阳最红！世界上什么人最亲？伟大的领袖毛主席最亲！世界上什么最幸福？见到伟大统帅毛主席最幸福！世界上什么任务最光荣？学习、执行、宣传、捍卫毛泽东思想最光荣！"空军某军事学校的师生們剛从革命圣地延安进行政治野营后来到北京。他們在延安参观了毛主席当年居住过的楊家岭以及"七大"会址，重温了我党我軍的光辉历史。今天，他們见到日夜想念的毛主席，許多人当場写詩、写决心书向毛主席庄严宣誓，表示永远执行以毛主席为代表的无产阶級革命路綫，奋斗一生　革命到底！

来自上海的数以万計的革命师生和紅卫兵，今天欢欣鼓舞地来到了天安門。清晨，华东师范大学的革命小将們学习討論着《紅旗》杂志社論：《以毛主席为代表的无产阶級革命路綫的胜利》。他們說，这篇社論說出了我們的心里話。他們回忆在上海参观党的第一次全国代表大会会址所受到的教育，深切体会到，从党的第一次代表大会起，毛主席就一直代表着党的正确路綫，以毛主席为代表的无产阶級革命路綫，过去是、现在是、将来也永远是革命胜利的最大保证。这些革命小将今天幸福地见到了敬爱的領袖毛主席，无限激动地說：我們欢呼毛主席，就是欢呼胜利，我們永远高举毛澤东思想偉大紅旗，沿着毛主席指引的路綫，奋勇战斗，夺取无产阶級文化大革命的更大胜利。

从遵义这个革命历史名城来京的革命小将，今天經过天安門广場时看見了我們最最敬爱的領袖毛主席，激动得热泪盈眶，他們不断高呼："以毛主席为代表的无产阶級革命路綫的胜利万岁！""毛主席万万岁！"遵义二中的一位小将說："遵义会議确立了我們偉大領袖毛主席在全党的領导地位，在毛主席正确路綫的領导下，我們的革命事业一天天兴旺起来，从胜利走向胜利。在这次无产阶級文化大革命中，以毛主席为代表的无产阶級革命路綫又战胜了資产阶級反动路綫，取得了偉大胜利。"他在日記本上写下了自己的誓言：我一定要好好讀毛主席的书，听毛主席的話，照毛主席的指示办事，誓死保卫以毛主席为代表的无产阶級革命路綫，把无产阶級文化大革命进行到底，跟着毛主席干一輩子革命。

最近从印度尼西亚归国的許多华侨青年，今天带着海外侨胞热爱祖国、热爱毛主席的无限深情，接受了毛主席的檢閱。他們回国前，印尼反动当局曾对他們进行了种种折磨和迫害，恶毒地迫使他們交出和燒毁毛主席著作。但是偉大的毛澤东思想給了这些青年无穷的力量。他們說，头可断，血可流，毛澤东思想不可丢。他們不屈不撓地同印尼反动当局斗爭，冒着生命危险保藏毛主席著作。今天，他們揮舞着祖国同胞贈送的《毛主席語录》，激昂地說：我們要学一輩子毛澤东思想，用一輩子毛澤东思想，誰要企图让資本主义在中国复辟，就是想让我們华侨回到过去无依无靠的苦日子，我們坚决不答应。

参加今天大会的，共有二百多万革命师生。在接受了毛主席檢閱的一百多万革命小将中，有許多像大連海运学院"长征紅卫队"那样的革命青少年，他們为了把自己鍛炼成为毛主席所期望的无产阶級革命事业的接班人，从他們的家乡出发，全程步行来到了首都，接受毛主席的檢閱。从安徽蚌埠行軍到北京的蚌埠铁路中学的十一名紅卫兵小将，今天幸福地登上了天安門前面的观礼台。当毛主席出现在天安門城楼上的时候，他們千百次地纵情高唱《大海航行靠舵手》，千百次地振臂欢呼"毛主席万岁！"他們說，"毛主席啊！我們步行串連来到您的身边，现在請您檢閱吧！"这十一名小将組成的"毛澤东思想长征宣傳队"，以頑强的毅力，从蚌埠出发，步行两千余里，历时四十四天，胜利到达北京。一路上，他們活学活用毛主席著作，磨炼自己的革命意志，并向工农群众学习。当見到毛主席的时候，他們激动地說：毛主席对我們青年一代这样关怀，我們一定坚决响应林彪同志的号召，把毛澤东思想眞正学到手，跟着毛主席干一輩子革命，把工人阶级的紅色家譜一代一代續下去。以"紅軍不怕远征难"的英雄形象为榜样，山东省临淄县敬仲农中"长征赤卫队"，用八昼两夜的时間，平均每天以一百一十里的速度，步行来到北京。他們今天在接受毛主席檢閱的时候，怀着无限敬意和感激的心情，把他們在行軍途中縫制的"长征赤卫队"队旗，献給敬爱的毛主席。他們还給毛主席写了一封充滿革命豪情的信，向毛主席汇报他們步行串連的"战績"。信中写道：最最敬爱的領袖毛主席，我們一定要把您对我們的鼓辉和教导，記在心上。我們一定要跟着您干一輩子革命，永远保持无产阶级的革命本色，永远成为您所領导的偉大革命队伍中的一支小小战斗队。

参加今天大会的各方面的負責人还有：邓颖超、廖承志、張鼎丞、萧劲光、邓子恢、張云逸、楊秀峰、錢瑛、許光达、曾山、赵尔陆、吕正操、王树声、張經武、謝觉哉、楊勇、張宗逊、李涛、陈奇涵、陈漫远、李志民、刘澜波、苏振华、廖汉生、陈正人、刘建勋、赵毅敏、孔原、方毅、張愛萍、姚依林、李天佑、王新亭、徐立清、袁子欽、傅钟、邱会作 張池明、李作鵬、吳法宪、余立金、吳克华、陈仁麒、李寿軒、崔田民、黃志勇、陈士榘、譚輔仁、江文、黃文明、李眞、郑維山、傅崇碧、黃作珍、李天煥、蔡順礼、孔石泉、钟亦兵、周士第、楊至成 譚冠三、傅秋濤、王宏坤、胡痴、謝鐺忠、王力 关鋒、戚本禹、穆欣、姚文元、郭沫若、楊明軒、程潛、張治中、阿沛·阿旺晋美、周荣鑫、姬鵬飞、余秋里 谷牧、楊奇清、江一眞 刘文輝 惠中权、許德珩 高文华、呂东、徐今强 段君毅、刘杰 吳融峰 王諍 邱創成、王秉璋 钟子云、康世恩、李四光、曠伏兆、刘裕民、賴际发、蔣光鼐、錢之光、孔祥禎、徐运北 孙大光、朱学范、袁宝华、吳波、沙千里、陈国栋、王磊、林海云 萧望东、張奚若、楚图南、謝扶民、薛暮桥、胡立教汪东兴、曾滌、李人林、謝有法、王屏、孙正、江学彬、唐平鑄、刘祖春 馬純古、王道义、曹軼欧、高崇民 蔡廷鍇、沈雁冰、李德全、解学恭、苏謙益、高揚文、馬力、丁国鈺等。

　　应邀在天安門城楼参加大会的外国朋友，有美国著名作家斯特朗，亚非作家常設局秘书长森納那亚克和夫人，亚非新聞工作者协会总书記查不多，越南南方民族解放阵綫常駐中国代表团代理团长阮明芳，美国著名黑人領袖罗伯特·威廉和夫人，剛果（布）友好訪华代表团团长庫薩卡納·普罗斯佩尔，安哥拉作家、反帝战士达克鲁斯，新西兰人士艾黎，日本人士金澤幸雄，英国人士洪若詩，丹麦人士艾伯，美国人士加尔文

（原載一九六六年十一月四日《人民日报》）

在接見全國各地來京革命師生大會上

林 彪 同 志 的 講 話

新華社三日訊 林彪同志在接見全國各地來京革命師生大會上的講話，全文如下：

同學們，同志們，紅衛兵戰士們：

在全國無產階級文化大革命的新高潮中，你們懷着對偉大領袖毛主席無限熱愛，無限忠誠的心情，來到北京，看望毛主席，同時，交流革命經驗。我代表毛主席，代表黨中央，向你們表示最熱烈的歡迎！

今天，毛主席非常高興地接見你們。這是兩個多月來，連國慶節在內，毛主席第六次接見來自全國各地的革命師生和紅衛兵。毛主席是最偉大的無產階級革命家，他總是同群眾在一起，充分地信任群眾，和群眾同呼吸，共命運，全心全意支持革命的群眾運動。毛主席給全黨同志，給青年一代，樹立了最光輝的榜樣。

當前，無產階級文化大革命的形勢很好！巨大規模的群眾運動，轟轟烈烈，一天比一天深入。整個社會面貌，人們的精神面貌，都有很大的變化。偉大的毛澤東思想更加普及，更加深入人心。在毛主席"抓革命，促生产"的号召下，文化大革命促进了人的思想革命化，推动了工农业生产和科学技术的飞跃发展。最近发射导弹核武器的试验成功，是毛泽东思想的伟大胜利！是无产阶级文化革命的伟大胜利！

党的八届十一中全会，宣告了以毛主席为代表的无产阶级革命路线的胜利，宣告了资产阶级反动路线的破产。两个多月来，毛主席的正确路线同广大群众见面，为广大群众所掌握，展开了对错误路线的批判。毛主席号召大家关心国家大事，真正变成了广大群众的行动。这是极大的好事。这是把无产阶级文化大革命进行到底的重要保证。

毛主席的路线，是让群众自己教育自己，自己解放自己的路线，是"敢"字当头的路线，是敢于相信群众，敢于依靠群众，敢于放手发动群众的路线。这是党的群众路线在文化大革命中的运用和新发展。这是无产阶级文化大革命的路线。

资产阶级路线，是反对群众路线，是反对群众自己教育自己、自己解放自己的路线，是压制群众，反对革命的路线。这条资产阶级反动路线，不是把斗争的矛头指向一小撮党内走资本主义道路的当权派，和社会上的牛鬼蛇神，而是指向革命群众，采取各种形式，挑动群众斗群众，挑动学生斗学生。

毛主席的无产阶级革命路线，同资产阶级反动路线，是水火不相容的。只有彻底批判资产阶级反动路线，清除这条路线的影响，才能正确地、完全地、彻底地执行毛主席的路线。

在毛主席正确路线的指引下，我国广大革命群众，创造了无产阶级专政下发展大民主的新经验。这种大民主，就是党无所畏惧地让广大群众运用大鸣、大放、大字报、大辩论、大串连的形式，批评和监督党和国家的各级领导机关和各级领导人。同时，按照巴黎公社的原则，充分实现人民民主权利。没有这种大民主，不可能发动真正的无产阶级文化大革命，不可能实现人们灵魂深处的大革命，不可能把无产阶级文化大革命搞深搞透，不可能挖掉修正主义的根子，不可能巩固无产阶级专政，不可能保证我们国家沿着社会主义、共产主义的道路前进。这种大民主，是毛泽东思想同广大群众相结合的新形式，是群众自己教育自己的新形式。这种大民主，是毛主席对马克思列宁主义关于无产阶级革命和无产阶级专政学说的新贡献。

国际无产阶级专政的历史经验证明，没有进行这样彻底的无产阶级文化大革命，没有实行这样的大民主，无产阶级专政就会削弱，就会变质，资本主义就要采用各种形式复辟，剥削阶级就会重新骑在人民的头上。

这样大民主，不但领导和群众之间必须彻底实行，而且，在群众中，在群众相互之间，也完全必须彻底实行。在群众之间，沒有这样的大民主，不善于互相商量，不善于倾听不同的意见，不善于摆事实讲道理，不善于开动脑筋，思考问题，这样，就不可能自己教育自己，自己解放自己，就不可能达到发展左派队伍，团结大多数，孤立一小撮资产阶级右派的目的，就不可能不折不扣地实行我们伟大导师——毛主席所提出的无产阶级文化大革命的路线。

毛主席是支持同志们步行串连的。步行串连的好处，可以广泛地接触群众，接触社会的各个方面，更深入了解社会主义社会的阶级斗争。可以更好地向工农学习，在更宽广的范围內，传播毛泽东思想。这样做，对于革命师生进一步领会毛泽东思想，领会毛主席的正确路线，是大有好处的。当然，这种步行串连，必须有计划、有组织、有准备地进行。

党中央相信，无产阶级文化大革命已经有了儿个月的经验，今后将会更好地进行，取得更大的成就！

在毛泽东思想的伟大旗帜下前进！

毛主席的路线胜利万岁！

无产阶级文化大革命胜利万岁！

中国共产党万岁！

毛主席万岁！万岁！万万岁！

（原载　九六六年十一月四日《人民日报》）

以毛主席为代表的
无产阶级革命路綫的胜利

《紅旗》杂志社論　　14期

当前，无产阶级文化大革命是一片大好形势。形势大好的基本特点是：广大群众眞正发动起来了。正如毛主席所说，"这个运动规模很大，确实把群众发动起来了，对全国人民的思想革命化有很大的意义。"

广大革命群众对于以毛主席为代表的无产阶级革命路线更加了解。他们的斗争方向更加明确，斗志更加昂扬。他们在斗争中活学活用毛主席著作，把学习毛主席著作的群众运动推向了新的高潮。无产阶级文化大革命运动，正在更深入、更广阔、更健康地向前发展。

近来，广大群众响应毛主席"要关心国家大事"的号召，认眞思考无产阶级文化大革命中两条路线的斗争，对资产阶级反动路线展开了群众性的批判。这种群众性的批判遍及全国各省市，各部门，各学校。一切违背毛主席路线的错误，资产阶级反动路线的各种表现形式，都遭到广大群众的揭露和批判。

广大革命群众起来批判资产阶级反动路线，这是广大群众真正发动起来和当前形势大好的重要表现。这说明了以毛主席为代表的无产阶级革命路线日益深入人心，资产阶级反动路线宣告破产。

毛主席的正确路线直接为群众所掌握，广泛深入地开展群众性的对错误路线的批判，亿万群众这样地关心国家大事，是一件极大的好事。这对于那些领导无产阶级文化大革命很不理解、很不认真、很不得力的同志，是一个很大的推动力，对于那些执行资产阶级路线的同志改正错误，也是一个很大的帮助。这对于进一步纠正错误路线，清除它的恶劣影响，正确贯彻执行无产阶级革命路线，正确贯彻执行文化大革命的十六条，是一个最重要的保证。

两条路线的斗争，一直围绕着对待群众采取什么立场，采取什么态度的问题上。以毛主席为代表的无产阶级革命路线，是相信群众，依靠群众，尊重群众的首创精神，让群众自己教育自己，自己解放自己，放手发动群众去斗争党内一小撮走资本主义道路的当权派，放手让群众斗争社会上的一切牛鬼蛇神，进行斗、批、改。资产阶级反动路线却反其道而行之。提出这条路线的某些代表人，反对群众自己教育自己，自己解放自己，他们搬出国民党的"训政"来对待群众，把群众当成阿斗，把自己当成诸葛亮，他们压制群众，扼杀群众的首创精神，他们转移斗争目标，把矛头指向革命群众，把革命群众打成"反革命"、"反党分子"、"右派分子"、"假左派，真右派"等等。

这两条路线是针锋相对的。一条是毛主席的群众路线，另一条是资产阶级的反对群众、镇压群众的路线。一条是无产阶级革命的路线，把无产阶级文化大革命进行到底的路线，另一条是资产阶级反对革命的路线，要把无产阶级文化大革命引到相反的道路，使文化大革命夭折的路线。

不破不立。不反对资产阶级反动路线，不清除这条错误路线的影响，就不能正确贯彻执行无产阶级的革命路线。

清除资产阶级反动路线的恶劣影响，需要做很多工作。资产阶级反动路线有它的社会基础。这个社会基础主要是资产阶级。这条错误路线在党内有一定的市场，因为党内有一小撮走资本主义道路的当权派，这一小撮人把错误路线当作他们的护身符；因为党内还有相当一批世界观没有改造和没有改造好的糊涂人，这些同志从错误路线回到正确路线上来是需要一个过程的。

对于犯路线错误的人，应当加以区分。应当把提出错误路线的（只不过是一两个或几个人）和执行错误路线的区别开来，把自觉执行的（这是少数的）和不自觉执行的（这是大量的）区别开来，把执行错误路线的轻重程度区别开来，把坚持错误的和愿意改正并且实行改正错误的区别开来。

一般说来，犯了路线错误的同志，他们同党同群众的矛盾，还是人民内部的矛盾。只要他们能够改正错误，回到正确立场上来，执行党的正确路线，那就不仅可能是二类干部、三类干部，也还可能发展成为一类干部。但是，必须向这些同志大喝一声：无论什么人，无论过去有多大功绩，如果坚持错误路线，他们同党同群众的矛盾的性质就会起变化，就会从非对抗性矛盾变成为对抗性矛盾，他们就会滑到反党反社会主义的道路上去。

区别改正错误或坚持错误的标志，是对群众的态度，是否公开向群众承认执行了错误路线，是否给被打成"反革命"、"反党分子"、"右派分子"、"假左派，真右派"的革命群众，认真平反，公开给他们恢复名誉，并且支持革命群众的革命行动。

一个共产主义者，犯了路线错误，应当有勇气承认错误，检讨错误，同群众站在一道批判自己的错误。毛主席教导我们："无数革命先烈为了人民的利益牺牲了他们的生命，使我们每个活着的人想起他们就心里难过，难道我们还有什么个人利益不能牺牲，还有什么错误不能抛弃吗？"

在批判错误路线当中，对于犯了路线错误的同志，要本着毛主席一贯主张的"惩前毖后，治病救人"的方针，"达到既要弄清思想又要团结同志这样两个目的"。起来积极进行批判错误路线的革命群众，革命的青少年，都要注意毛主席的这个教导。至于一时受错误路线蒙蔽的某些群众，则不应该责怪他们，也不要给他们扣"保皇派"之类的帽子，而应该耐心地帮助他们，团结他们。

犯了路线错误的同志，应当虚心地诚恳地全心全意听取群众的批评，像毛主席经常教导的那样，"放下臭架子、甘当小学生"。应当同革命群众站到一起，共同清除资产阶级反动路线造成的恶劣影响。对于群众批判中某些过头的语言和做法，不应当产生任何对抗的情绪，应当看到他们的大方向是正确的，应当理解他们的心情，应当相信群众的大多数，相信群众是通情达理的。

犯错误的同志，要去掉脑子里的许多"怕"字。这些"怕"字，归根到底，就是怕群众，怕革命。应当根据毛主席的指示，把"怕"字换成"敢"字，把"我"字换成"公"字，把"相信自己"换成"相信群众"。这样，才能纠正错误，变被动为主动，按照毛主席的路线，把无产阶级文化大革命领导起来。

一切愿意革命的同志，让我们在伟大的毛泽东思

再論提倡一个"公"字

《解放軍报》社論

我们伟大领袖毛主席亲自发动和领导的无产阶级文化大革命，是国际共产主义运动和人类历史上前所未有的创举。

这场主要在意识形态领域里进行的大革命，从根本上说，是破除几千年来的私有观念，建立社会主义公有观念的大革命。

林彪同志根据毛主席的教导，一再指示我们，必须大力提倡一个"公"字，提倡为革命、为人民的思想，树立一心为公的共产主义世界观。这个指示，具有极其重大和深远的意义。

思想，文化，风俗，习惯，政治观点，法律观点，艺术观点，等等，这些都是社会意识形态，概括起来叫文化。社会主义时期，为什么要搞文化革命？这是因为社会经济基础发生了根本变化。马克思列宁主义、毛泽东思想的一个根本原理，就是精神从物质来，社会意识从社会存在来，从社会经济基础、社会占有制度来。社会意识是第二性的，同时，又给予伟大影响和作用于社会存在。在我国，已经实现了生产资料所有制的社会主义改造，建立了社会主义公有制经济。经济基础既然发生了变化，意识形态这个上层建筑一定要跟着变化，要赶上去。否则，就会妨碍社会主义所有制的巩固，就会使新的社会生产力不能得到发展，就会丧失革命的既得成果，就会出现修正主义的统治，出现资本主义复辟，使我国退回到殖民地半殖民地、封建半封建的老路上去。

无产阶级起来革命，推翻的是什么？争取的是什么？在政治上，是推翻资产阶级的统治，建立无产阶级专政。在经济上，是废除地主、资本家的占有制，逐步改造个体所有制，建立社会主义公有制。在思想上，是破除私有观念，建立社会主义公有观念。无产阶级取得政权后，除了进行经济战线上的社会主义革命以外，还必须把思想文化战线上的社会主义革命进行到底。历史上任何统治阶级，都要建立代表本阶级利益的思想的统治。取得了政权的无产阶级，有权力、有必要建立代表无产阶级和广大劳动人民利益的思想，即马克思列宁主义思想的统治，把剥削阶级的旧思想、旧文化、旧风俗、旧习惯，把一切在私有制基础上形成的意识形态统统打掉。只有这样，才能进一步巩固无产阶级专政，发展社会主义经济，为逐步过渡到共产主义创造条件。

　　旧思想、旧文化、旧风俗、旧习惯的本质是什么？这些旧东西的本质，说来说去，归到私有观念上。概括到一个字，就是"私"。自有文化以来，几千年的人类社会，都是阶级社会，它的共同点，就是私有制。一切旧文化，都是为私有制辩护，为私有制服务的。我们建立公有制，巩固公有制，必须破除旧文化，破除形形色色的私有观念。私有观念是产生资本主义、修正主义的根子。私有观念破得愈彻底，无产阶级的政权才能愈巩固，社会主义经济才能愈发展。

　　无产阶级的新思想、新文化、新风俗、新习惯，可以概括到一个"公"字上。我们要巩固公有制，建设社会主义和共产主义，就必须提倡一心为公的观念，提倡一个"公"字。

　　新社会需要新人来创造。在某种意义上讲，共产主义就是无私，就是为公。我们要培养和塑造一心为公的共产主义新人。这样的人，就是毛主席号召我们学习的张思德、白求恩、刘胡兰、雷锋式的人。这样的人，就是一个高尚的人，一个纯粹的人，一个有道德的人，一个脱离了低级趣味的人，一个有益于人民的人。他们毫无自私自利之心，全心全意为人民，完全彻底为人民。有了大量的共产主义新人，才能胜利地进行社会主义革命和社会主义建设，才能逐步地到达共产主义。

　　不破不立。立公，必须破私。人的思想是存在的反映，是有矛盾和斗争的，是有阶级性的。在社会主义时期，无产阶级和资产阶级两个阶级、社会主义和资本主义两条道路的斗争，必然要反映到我们每个人的脑子里来。一事当前，是为人民还是为自己，为集体还是为个人，为公还是为私，这是每个人每时每刻都会遇到，都要回答的问题。为公、为私，这是无产阶级和资产阶级两个阶级的心理，两个阶级的思想，两个阶级的世界观。两军对战，总有胜负。不是这个克服那个，就是那个克服这个。不是为公，就是为私。为私，只顾个人争名，争利，争权，争位，争出风头等等，处处只想到自己，只想到自己一个小单位，就会忘记了整体，忘记了人民，忘记了七亿人口，忘记了世界上三十亿人口。这种人，心目中只有自己一口，他们的世界观，是"一口观"，站在一口上看世界，站在资产阶级立场上看待一切。不破除、不克服、不打倒这种资产阶级"一口观"，就不能确立为全中国人民和全世界人民服务的无产阶级世界观。

　　无产阶级要破除几千年来遗留下来的私有观念和一切剥削阶级的意识形态，确立自己思想的统治，就要大学毛主席著作，大立毛泽东思想。毛泽东思想是当代最高水平的马克思列宁主义，是当代的共产主义思想体系，是无产阶级思想的集中表现。真正代表新思想的，足以对抗旧思想的，就是伟大的毛泽东思想。毛泽东思想是同私有观念和一切剥削阶级意识形态根本对立的，是改造人们灵魂的最强大的思想武器。

在伟大的毛泽东思想的哺育下，一心为公的共产主义新人，正在大量地成长和涌现出来。雷锋，是这样的人。欧阳海、王杰、焦裕禄、麦贤得、刘英俊、蔡永祥等等，是这样的人。好八连、硬六连、红九连等先进单位的先进人物和32111钻井队的英雄们，是这样的人。在全军和全国各地，在各种不同的岗位上，有着许许多多不为名、不为利、不怕苦、不怕死、一心为革命、一心为人民的共产主义英雄。这是我们时代的骄傲。这是未来的新世界——共产主义世界的希望。

毛主席说："世间一切事物中，人是第一个可宝贵的。"我们建设社会主义，建设共产主义，都靠人。我们做一切工作，都突出人的因素，都以人为中心。我们抓上层建筑，抓意识形态，抓无产阶级文化大革命，就是做人的工作，做政治思想工作，做用毛泽东思想教育人、改造人、武装人的工作。我们建设军队，建设国家，不是像现代修正主义者那样，片面地搞物质，搞机械化、现代化。我们主要是搞人的思想革命化，以革命化统帅、引导和推动机械化、现代化。把毛泽东思想贯彻到全党全军全国人民中去，促进人的思想革命化，统一人们的思想和行动，这是政治工

作的根本方向，根本任务。

在无产阶级文化大革命更加深入发展，社会主义革命更加深入发展的情况下，为公还是为私的问题，越来越突出、越来越尖锐地摆在我们每个同志的面前。破私立公，是改造世界观的核心问题。要大破"私"字，大立"公"字，就要活学活用毛主席著作，特别是活学活用"老三篇"。"老三篇"是我们改造世界观的必修课。每个共产党员，每个干部战士，都要按照林彪同志的指示，把"老三篇"当作座右铭来学。林彪同志提出，我们每个同志既要把自己当作革命的动力，尽最大努力为人民作出贡献，同时又要把自己当作革命的对象，经常进行自我批评，不断革自己的命。我们一定要有高度的革命自觉性，把自己从"我"字中解放出来，从本位主义、山头主义的局限性里面解放出来，使自己真正成为一个完全的共产党员，一个识大体、顾大局、大公无私的无产阶级革命战士。青年同志应当这样，老同志更应当兢兢业业，克己奉公，忠心耿耿，保持晚节，为下一代作出榜样。

在我军活学活用毛主席著作运动的新阶段，让我们更高地举起毛泽东思想的伟大红旗，大破资产阶级的"私"字，大立无产阶级的"公"字，在我军革命化建设的道路上大踏步地向前迈进！

（一九六六年十一月二日）

以毛主席为代表的

无产阶級革命路綫的胜利

*

天津人民出版社編輯、出版

（天津市哈密道12号）

天津市书刊出版业营业許可証津出字第001号

天津人民出版社印刷厂印刷　河北省新华书店发行

*

开本 787×1092毫米 1/32　印張 1　字数 16,000

一九六六年十一月第一版

一九六六年十一月第一次印刷

印数 1—850,000

統一书号 3072·369

定 价 0.08 元

关于平反政策

中共北京市委关于平反的意见

材料处理要抓紧，中央已有指示，貫徹得越快越好。要按十月五日軍委文件和十一月十六日中央文件办理，要把文化革命和四清材料分开。

一、应燒的材料：

除本人检查的材料交本人的不燒以外，組織上給被打成的整理的个人材料，工作队的簡報，工作队党委以及队員的笔記（要动員交出来或者把有关材料撕下来），左、中、右排队的材料要避免在枝节問題上糾纏，凡应燒的材料不公佈，也不要看，否則就失掉燒的意义。

二、不应燒的材料：

1.双清对象的材料及历史档案。

2.当权派的材料（当权派按四清定，包括中层干部）。

3.运动中群众提供的检举材料，处理材料，来信来訪材料，如屬于整群众的材料要燒，屬于重大历史問題的材料和整当权派的材料不燒。

三、要平的：

1.已定性錯了的要平。

2.未定性的但是整理了材料进行了斗爭、大字报圍攻的要平。

3.虽未定性，組織上整理了材料，組織了大字报圍攻，实际上造成了反革命結果，錯了的也要平。

4.沒有批斗，沒有整材料，也沒有大字报圍攻，但是剝夺了政治权利的（如不叫参加会議，撤銷了职务）虽不是平反，也应該恢复名誉和政治待遇。

5.有一定錯誤，如反动言論，但不是敌我問題，錯了的后期处理。而把或反党反社会主义当做敌我矛盾，要平敌我矛盾的帽子。

四、不平的：

1.地、富、反、坏、右。

2.当权派的問題，不屬于两条道路的斗爭問題，錯了的后期处理。

？双清案件不平，专案处理。

从群众中间互相贴了大字报，帽子大了一点，是群众之间开展大民主不可避免的现象，不存在平反問題。

5．在路綫錯誤的压力下，自已写了材料，可以在适当情况下作解釋敎育，解除疙瘩。

首都联合革命造反野战纵队宣傳部

六六年十一月三十日翻印

天津市八二五紅色造反团

六六年十二月十日第二次翻印

天津市紅艺兵京剧团《勇闖兵》

六六年十二月十四日三次翻印

国营天津印染厂毛澤东思想一二、一八造反队

一九六六年十二月廿日翻印

平反問題：

1. 通过批判资产阶級反动路綫，加强职工之間的革命团結，一定要掌握这个原則。

2. 要把档案工作清点銷毀好（根据一个集中四个不准），要作得越快越好。

3. 銷毀錯誤的材料和平反，是糾正錯誤的重要內容和重要工作，当前要狠抓。

4. 过去的錯誤由領导承担，不要給群众为难。

5. 要求中层干部不要背包袱，要心胸开闊。

关于平反的具体內容

一、給誰平：

1. 凡是工作队、党委、文章，給群众定了反革命，定錯了的要主动平反。

2. 虽然領导沒給作結論，但作敌我問題斗爭了的或者用大字报当敌我矛盾处理了的，錯了的也要平。

3. 群众自发的斗爭，不是組織上斗錯了的，如果錯了也要平反，因为領导上沒有給群众講清楚。

4. 定性的，根据不足平了再說。

二、不平的：

1. 双清对象正常的审干材料不能平，燒了是党員責任。

2. 經过斗爭确实是牛鬼蛇神的不能平，作专案处理。

3. 外来的检举，检举跟外单位联系搞清楚的平，搞不清楚的不平。

4. 原来有錯誤言論批判过火了，但沒有当敌我矛盾問題，承認过火就行了。

5.当权派的问题，可放后一点处理（当权派按四清即中层干部）。

6.群众之间互相贴了大字报，帽子大了些不要平；档案材料要封好的清点，搞了目录，市委派人、群众代表监督销毁，要坚持不看，不要扩大看材料的范围。

首都联合革命造反野战纵队宣传部
六六年十一月三十日翻印
天津市八二五紅色造反团
六六年十二月一日第二次翻印
天津市紅艺兵京剧团《勇闯兵》
六六年十二月十四日第三次翻印
国营天津印染厂毛泽东思想一二、一八造反队
一九六六年十二月廿日翻印

夺取新的胜利

天 津 人 民 出 版 社

毛主席語录

你們要政治挂帅，到群众里面去，和群众在一起，把无产阶级文化大革命搞得更好。

目　录

什么叫无产阶级司令部？就是坚决拥护毛主席、坚决拥护毛泽东思想的，坚决执行以毛主席为代表的无产阶级文化大革命正确路线、坚决拥护无产阶级文化大革命十六条的，坚决反对反革命修正主义的，坚决反对资产阶级反动路线的。

斗争的矛头对准什么，这是个大是大非的问题，这是马克思列宁主义、毛泽东思想的原则问题。斗争的矛头不是指向党内一小撮走资本主义道路的当权派，而是指向革命左派，并且欺骗和蒙蔽一部分群众来保自己，挑动群众斗群众，这是资产阶级反动路线的典型表现。不管采取什么形式，派工作组也好，不派工作组也好，撤了工作组也好，只要是采取这样的反动方针和反动政策，就是犯了资产阶级反动路线的错误。问题不在工作组这个形式，而在于实行什么方针，什么政策。有些单位并没有派工作组，由原来的负责人领导，也同样犯了错误。有一部分工作组采取了实行了毛主席的正确方针和政策，并没有犯错误。

那种压迫群众的司令部，难道是无产阶级的司令部吗？难道不可以"炮轰"吗？

我们党，绝对不允许任何人假借"反对炮打无产阶级司令部"的名义，来整革命群众，来压制革命。

现在，党内一小撮走资本主义道路的当权派，极少数顽固坚持资产阶级反动路线的人，有一个特点，就是自己在幕后，操纵受他们蒙蔽的学生群众组织、工人群众组织，挑拨离间，制造宗派，挑起武斗，甚至使用各种非法手段，来对付革命群众。这些人自己则"坐山观虎斗"。他们妄图用这种手法破坏无产阶级文化大革命。

他们这样做，自以为得计，其实是最愚蠢的。他们一定会搬起石头砸自己的脚。暂时受他们蒙蔽的一些群众，在无产阶级文化大革命的过程中，一定会觉悟起来，揭发他们，反对他们。群众的绝大多数总是好的，总是拥护党、拥护毛主席的。暂时受蒙蔽的群众，一旦认清了那一小撮玩阴谋、耍诡计，反对无产阶级文化大革命的人的真面目，就立即会唾弃他们，站到以毛主席为首的党中央的正确路线一边来。

毛主席教导我们，要文斗，不要武斗。我们要听毛主席的话，坚决按照毛主席的这个指示办事。坚持文斗，不许武斗，是无产阶级文化大革命的一项极其重要的政策。这个政策对无产阶级有利，对革命群众有利。只有坚持文斗，坚决反对坏人挑动群众之间进行武斗，才能保证实现无产阶级专政下的大民主，才能保证大鸣、大放、大字报、大辩论的正常进行，才能保护人民群众的民主权利。

党内一小撮走资本主义道路的当权派，极少数顽固坚持资产阶级反动路线的人，故意制造事件，挑动武斗，就是为了破坏人民群众的民主权利，妄图破坏无产阶级专政，破坏无产阶级文化大革命。一切革命群众和革命组织，都要提高警惕，不要上当。有不同意见，要用摆事实、讲道理的方法进行讨论，在毛泽东思想伟大旗帜下，在文化革命十六条的基础上团结起来，同心协力，把无产阶级文化大革命进行到底。

在前一阶段犯过路线错误的同志，必须认真改正错误，彻底同错误路线划清界线，回到以毛主席为代表的无产阶级革命路线上来。

认真改正错误，就要：（一）诚恳地老老实实地向群众作检讨；（二）对在文化大革命运动中因为批评领导而被打成"反革命"、"反党分子"、"假左派、真右派"、"伸手派"等等的革命群众，实行真正平反，给他们恢复名誉；（三）对受错误路线蒙蔽的群众和干部，要做政治思想工作，要自己承担责任，而不是把错误推给群众、推给下级，要用自己犯错误的切身体会，帮助他们提高认识，同广大群众团结起来；（四）到群众中去，向群众学习，当群众的小学生，同群众一起批判资产阶级反动路线，清除资产阶级反动路线造成的恶劣影响；（五）在实际行动上而不是口头上执行以毛主席为代表的无产阶级革命路线，坚决地支持革命左派，依靠广大群众，坚决打击党内一小撮走资本主义道路的当权派。

我们相信广大革命群众，是通情达理的，实事求是的。在前一阶段犯过路线错误的同志，只要做到以上几点，就能够获得广大革命群众的谅解，重新获得群众的信任，就能够变被动为主动，就能够做好无产阶级文化大革命的工作和其他各项工作。

如果不是这样，而是继续沿着错误路线走下去，那就非垮台不可。

我国的无产阶级文化革命大规模地开展以来，已经半年了。在这半年当中，获得了极大的成绩，创造了丰富的经验，每个革命者都可以从中获得极大的教益。列宁说："在革命时期千百万人民一个星期內学到的东西，比他们平常在一年糊涂的生活中所学到的还要多。因为当全体人民的生活发生急剧转变时，可以特别清楚地看出什么阶级抱有什么目的，他们拥有多大的力量，他们采用什么手段进行活动。"我们要以毛主席的正确路线为指南，以阶级斗争为纲，用阶级分析的方法，去研究各种现象，分析当前文化大革命中各阶级的动向，研究他们采用什么手段进行活动。

无产阶级革命派，应该进一步活学活用毛主席著作，加强和提高领导核心，进一步提高斗争的艺术。要加强调查研究，掌握政策，注意工作方法，善于摆事实、讲道理，善于和持有不同意见的群众商量，讨论问题，善于团结广大群众，要欢迎犯过路线错误的同志改正错误。这样，才能最大限度地暴露和孤立一小撮走资本主义道路的当权派，才能组织起浩浩荡荡的无产阶级文化革命大军，夺取新的胜利，完成毛主席交给我们的伟大的历史任务。

（一九六六年第十五期）

无产阶级专政和无产阶级文化大革命

王　力　贾一学　李　鑫

　　我们当前正处在世界革命的一个新时代。这是帝国主义走向全面崩溃，社会主义走向全世界胜利的新时代。尖锐的阶级斗争，在国际范围内，在各国范围内，在资本主义世界，在社会主义世界，都以不同的形式炽烈地进行着。各个阶级、各种政治力量的斗争，是十分错综复杂的。斗争的中心问题，归根到底，就是国家政权问题。

　　列宁说过，一切革命的根本问题是政权问题。他还说过，谁仅仅承认阶级斗争，那还不是马克思主义者，只有承认阶级斗争同时也承认无产阶级专政的人，才是马克思主义者。

　　无产阶级专政，是马克思列宁主义的精髓，是无产阶级革命的根本问题，是保证无产阶级战胜资产阶级，取得社会主义事业胜利的法宝。对于无产阶级说来，有了政权，就有了一切，丧失政权，就丧失一切。从资本主义向共产主义过渡的整个历史时期，要不要无产阶级专政，从来都是识别马克思列宁主义者和形形色色的修正主义者的试金石。

无产阶级专政的新的历史经验告诉我们，国家政权问题，在无产阶级没有取得政权的资本主义国家，是革命的根本问题，在无产阶级已经取得政权的社会主义国家，仍然是革命的根本问题。在无产阶级和革命人民取得政权以前，要坚持暴力革命的原则，打碎旧的国家机器，武装夺取政权。在无产阶级取得政权以后，要把社会主义革命进行到底，防止修正主义者篡党篡国，防止资本主义复辟，保卫和巩固无产阶级专政。

过去，人们往往认为，无产阶级在取得政权以后，政权问题就已经解决了，革命的主要任务就是改造旧经济，组织新经济，搞建设，搞教育，没有认识到，国家政权还可以被资产阶级夺过去，无产阶级还可以丧失政权，无产阶级专政还可以变为资产阶级专政。

由于铁托集团的叛变，南斯拉夫早就由社会主义国家蜕变为资本主义国家。以后，在列宁主义的故乡，又发生了赫鲁晓夫修正主义集团篡党篡国的事件，使进行了几十年社会主义建设的苏联，走上资本主义复辟的道路。

这个严酷的事实，不能不引起马克思列宁主义者极大的注意，认真地加以思考。

　　毛泽东同志不断地研究和总结了中国的和国际的社会主义革命和无产阶级专政的经验和教训，提出了关于社会主义社会的矛盾、阶级和阶级斗争的学说，解决了一系列重大的新问题，把马克思列宁主义关于无产阶级专政的理论发展到一个新的高峰。

　　毛泽东同志天才地把马克思列宁主义的唯物辩证法，创造性地运用到社会主义社会，科学地分析了社会主义社会矛盾的性质和发展规律。

　　毛泽东同志指出，社会主义社会是存在着矛盾的，存在着敌我之间的和人民内部的两类性质不同的矛盾。这两类性质不同的矛盾在一定条件下是可以转化的。承认这两类矛盾，正确地认识和处理这两类矛盾，才能不断地巩固无产阶级专政，把社会主义革命和社会主义建设事业推向前进。

　　毛泽东同志指出，社会主义社会还是建立在阶级对立的基础上的，在整个社会主义这个很长很长的历史时期，贯穿着无产阶级同资产阶级两个阶级的斗争，贯穿着社会主义同资本主义两条道路的斗争。两个阶级和两条道路的斗争是社会主义社会的主要矛盾，是社会主义社会前进的动力。

　　社会主义国家存在着两个阶级、两条道路的斗争，如果不引起警惕，不采取必要的措施，也就存在着无产阶级专政蜕变为资产阶级专政的危险，存在着资本主义复辟的危险。

苏联修正主义领导集团故意抹煞社会主义社会存在着矛盾的事实，矢口否认苏联存在着阶级和阶级斗争。赫鲁晓夫是这样，赫鲁晓夫的门徒勃列日涅夫、柯西金、谢列平也是这样。

他们这种社会主义社会无矛盾的谬论，是为了维护苏联修正主义领导集团和特权阶层的利益，为了维护他们对苏联人民的反动统治。他们否认苏联存在着阶级和阶级斗争，这正是他们进行阶级斗争的一种武器。实际上，他们自己牢牢地站在资产阶级方面，镇压无产阶级，对苏联人民进行残酷的阶级斗争。他们用没有阶级、没有阶级斗争的说法，作为实行所谓"全民国家"、"全民党"的根据，来欺骗苏联人民和全世界人民，掩盖他们取消无产阶级专政的叛徒行为。他们完全背叛了伟大的列宁和斯大林。他们最害怕的是苏联人民起来造修正主义的反，造资本主义复辟的反，同他们展开阶级斗争，推翻他们的统治，重新建立无产阶级专政。

毛泽东同志经常引用"树欲静而风不止"这句话，告诉人们，阶级斗争是客观存在，不以人的主观意志为转移。你想避免也避免不了。你不斗他，他要斗你，你不消灭他，他要消灭你。马克思列宁主义者绝不能否认阶级斗争，逃避阶级斗争，而应当领导无产阶级，根据阶级斗争的规律，因势利导，在政治战线、经济战线、思想文化战线上，把社会主义革命进行到底，粉碎资产阶级复辟的阴谋，巩固无产阶级专政。

当前，我国正在进行的史无前例的无产阶级文化大革命，正是为了避免资本主义复辟，进一步巩固我国的无产阶级专政和社会主义制度。

这场无产阶级文化大革命，是毛泽东同志亲自发动和领导的。以毛泽东同志为代表的无产阶级革命路线，同资产阶级反动路线，进行了激烈的斗争，取得了伟大胜利。

在无产阶级文化大革命中，党内两条路线的斗争，是社会上阶级斗争在党内的反映。资产阶级反动路线的社会基础，主要是资产阶级。这条反动路线，实质上是维护资产阶级的。它在党内是有一定市场的，这就是那些资产阶级世界观没有改造或者没有改造好的人。而党内一小撮反党、反社会主义、反毛泽东思想的走资本主义道路的当权派，社会上的牛鬼蛇神，则把这条路线，当作他们的护身符，乘机兴风作浪。

这次无产阶级文化大革命，是历史上最深刻的阶级斗争。反映在党内的两条路线的斗争，也是在我党历史上最深刻的斗争。极少数顽固坚持资产阶级反动路线的人，通过各种渠道，把党内两条路线的斗争搬到社会上来，同社会上的阶级斗争交织在一起。

文化大革命每前进一步，都经过激烈的斗争，都经过克服社会上和党内的各种阻力。几个月来，广大革命群众对资产阶级反动路线进行了深刻的揭露和批判。这是一次最大规模的关于两条路线问题的大辩论。通过这場大辩论，使广大群众和革命干部，提高了阶级觉悟和思想水平，更加自觉地拥护和执行以毛主席为代表的无产阶级革命路线。尽管极少数顽固坚持资产阶级反动路线的人，不断变换手法，采取新的花样，来对抗毛主席的正确路线，但是，随着势不可挡的无产阶级文化大革命群众运动的向前发展，资产阶级反动路线不断遭到破产和失败。

在半年的时间里，革命的群众运动的洪流，冲刷着旧社会遗留下来的一切污垢，使我国发生了天翻地覆的大变化。这是无产阶级专政条件下的一場眞正的大革命，引起了阶级关系的大变动，触动了人们的灵魂。无数的新事物从地平线上冒出来，使得一些人眼花繚乱。但是，如果掌握社会主义社会两个阶级、两条道路的斗争这个纲，就可以清楚地看到我国无产阶级文化大革命的伟大意义和主要特点。

第一，我国的无产阶级文化大革命，是国內阶级斗争的必然发展，是社会主义革命的必然发展，是无产阶级革命的新的高級的阶段。

我国的无产阶级掌握了政权，在经济战线上进行了社会主义革命，基本上改变了资本主义的生产资料所有制。紧接着，粉碎了资产阶级右派向党向社会主义的猖狂进攻，进行了一场政治战线上的社会主义革命。随着社会主义革命的深入，随着全国城乡社会主义教育运动的开展，意识形态领域里的阶级斗争，日益突出起来了。

被推翻了的剥削阶级，利用他们还在思想文化领域里占有相当的优势，利用旧的意识形态和旧的习惯势力，来腐蚀群众，欺骗群众，蛊惑人心，扩大阵地，制造复辟的舆论。

毛泽东同志指出，凡是要推翻一个政权，总要先**造成舆论，总要先做意识形态方面的工作。**革命的阶级是这样，反革命的阶级也是这样。实践证明，毛泽东同志的这个论断是完全正确的。

无产阶级文化大革命，就是在意识形态领域里解决社会主义和资本主义之间谁胜谁负的问题。

这是两个阶级、两条道路斗争的继续和发展，是**社会主义革命**发展到了一个更深入、更广阔的新阶段。

第二，我国的无产阶级文化大革命，是历史上最广泛、最深刻、规模最大的革命的群众运动。

我国的无产阶级文化大革命，是一场极其尖锐复杂的阶级斗争，是一场改造人的灵魂，促使人的思想革命化的大革命，必然触及到整个社会的政治、经济和文化的各个领域。这样的大革命，只有依靠亿万群众自觉地行动起来，才能搞深，搞透，搞彻底。

我国的无产阶级文化大革命的特点，就是毛泽东思想深入人心，把亿万群众眞正发动起来了。

以毛泽东同志为代表的无产阶级革命路线，贯穿着信任群众，依靠群众，放手发动群众，尊重群众的首创精神。

而资产阶级反动路线却反对群众，反对革命，反对和压制革命的群众运动。

同资产阶级反动路线不懈地进行斗爭，群众运动的浪潮，就一浪高过一浪。

在无产阶级文化大革命中，涌现出许多具有伟大历史意义的新事物。无产阶级革命家的敏锐和勇敢，就在于当这些新事物刚刚萌芽的时候，给予有力的支持。

红卫兵，就是这样的新事物。在毛泽东同志高瞻远瞩的支持下，一小批红卫兵迅速地在全国各学校、许多工厂和农村发展起来，成为浩浩荡荡的群众革命队伍。他们敢想，敢说，敢干，敢斗爭，敢革命。他们干出了惊天动地的大事。

广大的革命群众，是无产阶级文化大革命的主人。坚定不移地让群众自己教育自己，自己解放自己，自己起来闹革命，就出现了声势浩大的、千军万马的、锐不可挡的革命的群众运动。

第三，我国的无产阶级文化大革命，是防止反革命修正主义篡夺领导的斗争，是无产阶级防止资本主义复辟的斗争。

在无产阶级文化大革命中，亿万群众自觉地行动起来，大破剥削阶级的旧思想、旧文化、旧风俗、旧习惯，大立无产阶级的新思想、新文化、新风俗、新习惯，正在改变整个社会的精神面貌，正在挖掉修正主义的根子。

我国这场无产阶级文化大革命打击的重点，就是一小撮党内走资本主义道路的当权派。这些钻入党里、政府里、军队里和文化领域各界里的资产阶级代表人物，是一批反革命修正主义分子，是赫鲁晓夫式的坏蛋，是埋在我们党内的定时炸弹。一旦时机成熟，就会爆炸，就会发动赫鲁晓夫式的政变。

在这场大革命中，党内一小撮走资本主义道路的当权派，陷入群众运动的汪洋大海。他们被揭露出来，被斗得威风扫地。这就有力地打击了反革命修正主义分子实行资本主义复辟的阴谋。

我国的无产阶级文化大革命，是社会主义道路同资本主义道路你死我活的斗争，是一方面要巩固无产阶级专政，另一方面要变无产阶级专政为资产阶级专政的斗争。这是一場极其激烈、极其尖锐、极其深刻的阶级斗争。

第四，我国的无产阶级文化大革命，創造了无产阶级专政制度下的大民主的新經驗，創造了实行民主集中制的新經驗。

毛泽东思想是无产阶级文化大革命的行动指南。我国无产阶级文化大革命，是在毛泽东思想统帅下的大民主运动。

在文化大革命中，我们党支持广大革命群众的创造，支持革命群众广泛采用大鸣，大放，大字报，大辯论，大串连这些大民主的形式。党和国家的各项政策，国家机器的各个环节，群众都有权提出批评和建议。各级领导干部，不管他功劳多大，地位多高，资格多老，群众都可以批评。领导文化革命的权力机构，一律按照巴黎公社的原则，实行全面选举制。群众对被选的人员，有随时改选和撤换的权力。在群众之间，在各个群众组织之间，也要实行大民主，用大鸣，大放，大字报，大辯论的方法来统一认识、统一思想，提高觉悟，掌握马克思列宁主义、毛泽东思想。这种大民主，是群众自己教育自己的最好方法。

我们所实行的大民主，是无产阶级专政下的大民主，是人类历史上从来沒有过的高度的真正的无产阶级民主，是毛主席的群众路线在社会主义革命中的新发展。

无产阶级专政的历史经验告诉我们，如果不充分实行无产阶级的民主制，就不可能有真正的无产阶级的集中制。没有无产阶级的大民主，就不可能实现人们灵魂深处的大革命，就不可能把无产阶级文化大革命搞深搞透，无产阶级专政就不能巩固。没有这种大民主，没有亿万群众关心国家大事，监督党和国家机关，监督各级领导干部，就不能防止反革命修正主义分子篡夺党和国家的领导，就不能防止无产阶级专政演变成资产阶级专政。

同时，无产阶级专政是大民主的保障。没有无产阶级专政，就不能有人民群众的大民主。正因为我们的无产阶级专政是巩固的，所以敢于和能够实行这样的大民主。

毛泽东同志倡导的又有集中，又有民主，又有纪律，又有自由，又有统一意志，又有个人心情舒畅、生动活泼的那样一种政治局面，正在我国形成。

第五，我国的无产阶级文化大革命，为培养和造就一支工人阶级的知识分子队伍打下了基础。

我国已经有了一批工人阶级的知识分子。但是，这一方面的工作做得很不够。一些学校，还没有打破或没有完全打破资本主义教育制度的框框。一些文化领域里的阵地，不在无产阶级手里，而在资产阶级手里。

在这场无产阶级文化大革命中，革命群众彻底批判学术界、教育界、新闻界、文艺界、出版界的资产阶级反动思想，彻底改变反动的资产阶级学术"权威"统治这些阵地的现象，夺取和巩固文化领域各界的领导权。

经过革命的大风大浪的考验，工人阶级知识分子的队伍正在发展和壮大。革命的青少年和红卫兵，正在同工农群众相结合，正在无产阶级革命化的道路上前进。

许多革命干部和革命青少年，正在按照毛泽东同志提出的无产阶级革命事业接班人的五个条件，努力把自己锻炼成为可靠的接班人。

在我们党的领导下，要把全国办成为一个毛泽东思想的大学校。工、农、兵、学、商和机关干部，都要以本行为主，兼学别样，逐步做到能文能武，亦工亦农，成为有共产主义觉悟的有文化的劳动者。

第六，我国的无产阶级文化大革命，是使我国社会生产力发展的一个强大的推动力。

毛泽东同志指出："人们的社会存在，决定人们的思想。而代表先进阶级的正确思想，一旦被群众掌握，就会变成改造社会、改造世界的物质力量。"

物质变精神，精神变物质。无产阶级文化大革命，正在有力地促进人的思想革命化，打破一切不合理的旧框框，废除一切陈规陋习，进一步解放社会生产力，进一步发挥工农群众和科学技术研究人员的积极性和创造性，为工农业和科学研究事业的大发展，创造了新的有利条件。

在"抓革命，促生产"的口号下，工厂和农村的无产阶级文化大革命，正在兴起。可以预见，广大工农群众和革命的科学技术人员，在文化大革命中发扬起来的冲天的革命干劲，一定会用到工农业生产和科学实验的斗争中去，引起我国国民经济的大飞跃。

无产阶级文化大革命，将保证我国的建设事业沿着社会主义和共产主义的方向大踏步地前进。

第七，我国的无产阶级文化大革命，也是一场反对以美国为首的帝国主义和反对以苏共领导为中心的现代修正主义的斗争。

坚持马克思列宁主义的社会主义国家，在国际上坚决反对帝国主义，坚决反对现代修正主义，就必须在国内坚决反对修正主义，坚决反对"和平演变"。

我们党内一小撮走资本主义道路的当权派，是一批反革命的修正主义分子。他们反党、反社会主义、反毛泽东思想的罪恶活动，是同国外阶级敌人互相呼应的。他们积极为帝国主义的"和平演变"政策效劳。

他们要做的事情，正是赫鲁晓夫在苏联已经做过的事情，也正是苏联修正主义领导集团希望他们做的事情。

我国的这場文化大革命，打破了帝国主义和现代修正主义在我国搞资本主义复辟的幻想，这是对帝国主义和现代修正主义的沉重打击。

我国这場文化大革命，突出无产阶级政治，促进人的思想革命化，是做好粉碎美帝国主义及其走狗侵略战争的最根本的准备。广大的革命的红卫兵和革命的青少年，是中国人民解放军的重要的后备力量。

经过无产阶级文化大革命，一个永不变色的社会主义中国，将更有效地进行反对以美国为首的帝国主义和反对以苏共领导为中心的现代修正主义的斗争，更有力地支援全世界的马克思列宁主义者和革命人民，更好地完成我们光荣的无产阶级国际主义义务。

第八，我国的无产阶级文化大革命，推动了馬克思列宁主义的大发展。

毛泽东同志亲自主持制定的《中国共产党中央委员会关于无产阶级文化大革命的决定》，毛泽东同志关于无产阶级文化大革命的一系列指示，是马克思列宁主义的重大发展。

马克思列宁主义、毛泽东思想，从来就是在反对国內外阶级敌人的斗爭中，在反对形形色色的机会主义、修正主义的斗争中，在破除资产阶级意识形态的斗争中发展起来的。我国亿万群众对资产阶级意识形态的彻底批判，必然带来马克思列宁主义的大发展。

在无产阶级文化大革命中，我国广大的工农兵群众大学大立毛泽东思想，开辟了劳动人民直接掌握和运用马克思列宁主义、毛泽东思想的新纪元。亿万劳动人民用马克思列宁主义、毛泽东思想作武器，来观察世界上的一切问题，来批判旧世界，来斗争，来革命，这是马克思主义发展史上一件划时代的大事。

对于我国的无产阶级文化大革命，全世界革命人民，同声赞扬。勃列日涅夫、柯西金、谢列平之流的叛徒，伙同约翰逊、腊斯克之流的帝国主义者，切齿咒骂。他们开动了全部的宣传机器，用最恶毒的语言，掀起了反华歇斯底里，大肆攻击中国的文化大革命。这些反动家伙为什么这样暴跳如雷呢？就是因为中国无产阶级文化革命的燎原大火，不能不传布到世界人民中去，不能不对各国人民的革命斗争发生巨大的影响，不能不冲击和震撼帝国主义和现代修正主义摇摇欲坠的统治。史无前例的中国无产阶级文化大革命，更加响亮地敲起了帝国主义和现代修正主义的丧钟。

苏联修正主义集团的新头目，现在都赤膊上阵，扯下了骗人的假面具。这就进一步暴露了他们同赫鲁晓夫是一路货，他们比赫鲁晓夫更坏。这就必然激起苏联人民进一步起来反对他们。这样，他们自己就加速地走向赫鲁晓夫那样的结局。

在马克思主义的发展史上，当马克思主义产生的时候，当马克思主义取得历史性的胜利，提高到一个新阶段的时候，全世界的牛鬼蛇神就要联合起来，进行疯狂的反扑。

马克思主义刚在欧洲诞生，并开始被工人阶级所掌握的时候，敌人就感到了巨大的威胁。当时，欧洲一切反动势力，都联合起来，结成反马克思主义的"神圣同盟"，妄图驱逐这个在欧洲出现的"幽灵"。当马克思主义发展到列宁主义阶段，并取得十月革命划时代胜利的时候，正在互相厮杀的一切帝国主义分子，为帝国主义效劳的第二国际修正主义"英雄"们，各国的工贼和叛徒们，又都联合起来，结成反列宁主义的"神圣同盟"，张牙舞爪地对列宁主义进行围攻。现在，毛泽东同志天才地、创造性地、全面地继承、捍卫和发展了马克思列宁主义，把马克思列宁主义提高到一个崭新的阶段。以美国为首的帝国主义者，以苏共领导为中心的现代修正主义者，世界各国的反动派，一切新老工贼和叛徒们，又都联合起来，拼凑反对毛泽东思想的"神圣同盟"，妄图抵制毛泽东思想在全世界的传播，妄图阻挠被压迫人民和被压迫民族掌握毛泽东思想这个战无不胜的思想武器。

历史上反对马克思主义的"英雄好汉"们，反对列宁主义的"英雄好汉"们，一个个的都被抛进了历史的垃圾堆。现在反对毛泽东思想的"英雄好汉"们，将失败得更惨。他们的叫嚣，只不过是垂死的疯狂挣扎罢了。

在无产阶级文化大革命中，我国人民积极响应林彪同志的号召，正在把活学活用毛主席著作的群众运动推向一个新的阶段。用毛泽东思想武装我国人民，是防止修正主义，防止资本主义复辟，巩固无产阶级专政的最可靠最根本的保证。用毛泽东思想武装中国人民，对于国际共产主义运动，对于全世界人民的革命事业，也具有伟大的意义和深远的影响。

（原载《紅旗》杂志一九六六年第十五期）

到群众里面去，和群众在一起，把活学活用毛主席著作群众运动推向新阶段

《解放軍报》社論

　　林彪同志关于把活学活用毛主席著作群众运动推向新阶段的指示，同广大干部战士直接见面以后，一个学习毛主席著作的新热潮，立即在全军蓬勃兴起。运动的发展是这样的迅速，以致使许多领导同志感到跟不上群众，跟不上形势。各级领导干部深入群众，同群众结合，向群众学习，加强具体指导，是当前形势发展的迫切要求，是把活学活用毛主席著作的群众运动推向新阶段的重要关键。

　　毛主席第七次检阅文化革命大军时，对参加接见的一些负责同志说："你们要政治挂帅，到群众里面去，和群众在一起，把无产阶级文化大革命搞得更好。"毛主席的这一教导，不仅是把无产阶级文化大革命进行到底的根本保证，也是一切革命群众运动胜利发展的根本保证。

广大工农兵活学活用毛主席著作，是一场破私立公、破旧立新的思想大革命，是史无前例的劳动人民直接掌握革命理论的伟大群众运动，是我国革命人民在全国范围内和全体规模上，用毛泽东思想教育自己改造自己的伟大群众运动。要领导好这个运动，要站在群众的前头引导这个运动生气勃勃地前进，就一定要遵照毛主席的教导，政治挂帅，到群众里面去，和群众在一起，老老实实地向群众学习。

毛主席说："人民，只有人民，才是创造世界历史的动力。"这是马克思主义的历史唯物论最概括最精华的语言。群众是真正的英雄。群众人多力量大，人多智慧多，办法多，创造多。我们无论做什么工作，最根本的是靠两条：靠毛泽东思想，靠群众的力量和智慧。

从群众中来，到群众中去，先当学生，再当先生，这是毛主席一贯的思想，对我们一贯的教导。在我军这个毛泽东思想的大学校里，我们的干部，既是群众的先生，又是群众的学生。为了把活学活用毛主席著作的群众运动迅速搞出新的局面，各级干部，特别是军师团的领导干部，要立即迈开双脚，到连队去，到基层去。要先向群众学习，集中他们的意见，然后再去推广，去教育群众。

对学习毛主席著作怎样认识，是一个很重要的问题。深入到群众里面去，抓好活的思想，进行深入细致的思想发动工作，组织群众性的自我教育，大搞回忆对比，摆形势，谈认识，找差距，就能够增强广大群众对毛主席著作的无产阶级感情，提高学习自觉性，提高在用字上狠下功夫的决心。

怎样才能学得好，才能真正理解、熟练运用毛泽东思想，群众中有很多新的创造，好的经验，先进的典型。深入到群众中去，同群众一起实践，一起研究，才能及时地把群众的创造和智慧集中起来，化为系统的领导意见，从而对活学活用毛主席著作的群众运动作出正确的而不是错误的、具体的而不是一般化的指导。

毛主席教导我们："学习马克思主义，不但要从书本上学，主要地还要通过阶级斗争、工作实践和接近工农群众，才能真正学到。"领导干部要带头学好用好毛主席著作，作出榜样，也一定要投身到广大群众轰轰烈烈的学习运动中去，经风雨，见世面。要虚心地向群众学习，同群众一起带着问题学习毛主席著作，一起开讲用会，一起亮思想，接受群众的批评帮助，从群众中吸取营养，来教育自己，改造自己。

不能认为只有在家里才能学习，下部队就不能学习。恰恰相反，下部队是更重要的学习，群众的斗争才是干部活学活用毛主席著作最好的课堂。群众的眼睛最亮，最能分清是非，看清我们身上的缺点和错误。

群众的力量最大，最能帮助我们从局限性和盲目性中解放出来，推动我们彻底进行破私立公的斗争。只有把个人的学习，中心组的学习，同到群众中去学习结合起来，把自我改造同指导群众的思想改造结合起来，把学习同工作结合起来，才能真正触动自己的灵魂，真正把毛泽东思想学到手。不深入到群众中去，离开了群众的斗争，无论是对部队学习的指导，或者改造自己的世界观，都只能是一句空话。

当前，首先是要下去同群众一起搞好四好总评。要使四好总评，成为教育领导，也教育群众自己的一个大课堂，成为活学活用毛主席著作的一次大检查、大总结，成为把活学活用毛主席著作的群众运动推向新阶段的一次大促进、大动员。

我们伟大领袖毛主席，总是同群众在一起，和群众同呼吸，共命运，总是诚心诚意地向群众学习，全心全意支持革命的群众运动。彻底的群众观点，彻底的群众路线，贯穿于毛主席的全部伟大革命实践之中。毛主席永远是我们最光辉的榜样。

全军各级领导干部，积极行动起来，坚持毛泽东思想挂帅，到群众里面去，同群众在一起，为把活学活用毛主席著作的群众运动推向新阶段，为我军的进一步无产阶级革命化而奋斗！

（一九六六年十二月十日）

本社已出版的有关无产阶级文化大革命图书目录

中国共产党第八届中央委員会第十一次全体会議公报　　（0.05元）

中国共产党中央委員会关于无产阶级文化大革命的决定　　（0.05元）

高举毛澤东思想偉大紅旗　积极参加社会主义文化大革命　　（0.19元）

評《前綫》《北京日报》的資产阶級立場　　（0.13元）

横扫一切牛鬼蛇神　　（0.10元）

高举毛澤东思想偉大紅旗　把无产阶級文化大革命

　　进行到底　　（0.08元）

无产阶級文化大革命万岁　　（0.08元）

彻底搞好文化革命　彻底改革教育制度　　（0.08元）

毛澤东思想万岁　　（0.08元）

駁周揚的修正主义文艺綱領　　（0.13元）

全国都应該成为毛澤东思想的大学校　　（0.08元）

大海航行靠舵手　　（0.08元）

我們永远忠于偉大統帅毛主席　　（0.08元）

在大風大浪里成长　　（0.08元）

毛主席接見五十万紅卫兵和革命师生　　（0.05元）

毛主席又一次接見百万革命小将　　（0.10元）

在毛澤东思想的大路上前进　　（0.08元）

坚决响应林彪同志号召把活学活用毛主席著作群众运动

　　推向新阶段　　（0.05元）

以毛主席为代表的无产阶級革命路綫的胜利　　（0.08元）

学习鲁迅的革命硬骨头精神　　（0.10元）

沿着毛主席指引的方向胜利前进　　（0.08元）

夺取新的胜利　　（0.08元）

夺取新的胜利

*

天津人民出版社編輯、出版
（天津市哈密道12号）

天津市书刊出版业营业許可证津出字第001号

天津人民出版社印刷厂印刷　河北省新华书店发行

*

开本 787×1092 毫米 1/32　印張 1　字数 15,000
一九六六年十二月第一版
一九六六年十二月第一次印刷
統一书号　3072·373
定　价：0.08 元

什么是资产阶级反动路线

一. 不是高举毛泽东思想伟大红旗, 而是高举某些个人的旗帜, 不是把学习放在一切工作的首位, 而是放在一切工作的后边。

二. 不是放手发动群众, 而是搞宗派, 千方百计地排斥异己, 压制少数, 这是反动的资产阶级路线执行者的通病。

三. 挑动群众斗群众以及学生斗学生, 不择手段地打击革命师生, 不择手段地打击革命群众, 搅乱革命阵线。

四. 蒙骗工农, 挑动不明真相的工农围攻革命学生。

五. 竭尽造谣污蔑之能事, 想方设法将革命群众打成反革命。

六. 在斗争党内走资本主义道路的当权派时, 找借口, 要花招, 草草过场, 甚至只打雷, 不下雨, 明斗争, 实包庇, 不是形左实右, 就是形实左。

七. 不是充分利用大鸣大放、大字报、大辩论, 对揭发自己或揭发自己的贴心人的大字报害怕得要命, 或组织反击, 或用卑鄙可耻的手段掩盖革命的大字报。

八. 不依靠群众, 而是包办代替, 不是发扬民主, 而是个人说了算, 不能深入群众, 而是高高在上, 领导运动不是畏手畏脚, 就是撒手不管。

你用过快速简易的阶级分析法吗

用法　先察明其观点，再向其出身，然后订出结论．

公式　①红五类出身＋和我观点一致＝英雄好汉．

②红五类出身＋和我观点不一致＝叛徒．

③黑七类出身＋和我观点一致＝和家庭划清界线。

④黑七类出身＋和我观点不一致＝狗崽子，王八蛋。

⑤其他家庭出身＋和我观点一致＝左派．

⑥其他家庭出身＋和我观点不一致＝混蛋。

优点　简单易行，最省力．

缺点　误差过大，十用九错。

后果：少数忙得要死，多数闲得要命，转移斗争方向，群众斗群众搞得冷冷清清。

来源：形左实右的资产阶级思潮．

卫东铁血造反队

66.12.23.

编号

毛泽東思想万岁

毛澤東說：『最元桦大字报是二十世記六十年代的中国巴黎公社宣言』。
（苐三十六頁）

天津市机床电器厂紅旗战斗队
天津市劳二半延安公社　翻印
天津市一中高三一班部分同学　　六七三、

　　东風针织厂工会委员会
天津市四清队员　毛泽东思想革命造反联合总部　联合翻印
　联络员
　抗大培红一中、长征中学

329

說　　明

　　我国正在开展的无产阶級文化大革命，是在我們伟大的領袖毛主席亲自发动和領导下进行的。这場革命，在伟大的毛泽东思想的指引下，已經取得了輝煌的胜利，目前，运动正在深入发展，夺取新的胜利。

　　經过半年多的革命实践。使我們更深刻地認識到在无产阶級文化大革命中，比任何时候更需要高举毛泽东思想伟大紅旗，把毛泽东思想作为文化革命的行动指南。为此，我們蒐集編印了这本文选，供大家学习参考。

　　在这本文选里，除一部分文章曾經在人民日报正式发表过外，另一部分则是传抄中的尚未正式发表的重要講話。因系传抄，所以无从核实，請勿引用和外传。

編　　者

一九六六年十二月二十六日

目　录

苏維埃区域的文化教育

（一九三四年一月）

为着革命战争的胜利，为着苏維埃政权的巩固与发展，为着动员民众一切革命力量加入伟大的革命事业，为着創造革命的新时代，苏維埃必須实行文化教育的改革，解除反动統治阶級所加在工农群众精神上的桎梏，而創造新的工农的苏維埃文化。

誰都知道，国民党統治下一切文化教育机关，是操在地主資产阶級手里的，他們的教育政策是一方面实行反动的武断宣传以消灭被压迫阶級的革命思想，一方面实行愚民政策，将工农群众排除于教育之外，反革命的国民党把教育經費拿了作为进攻革命的經費，学校大部分停办，学生大部分失学，因此在国民党統治之下，造成了人民的愚昧无知。全国文盲数目占全国人口百分之八十以上，对于革命文化思想则采取极端残酷的白色恐怖，任何进步的文学家、社会科学家，一切文化教育机关中的革命分子，都要受到国民党法西斯蒂的摧残，使一切文化教育机关变成黑暗的地獄，这就是国民党的教育政策。

誰要跑到我們苏区来看一看，那就立刻看見一个自由光明的新天地。

这里一切文化教育机关，是操在工农劳苦群众手里，工农及其子女享受教育的优先权。苏維埃政权用一切方法提高工农的文化水平。为了这个目的，給群众政治上与物質条件上的一切可能的帮助。

苏維埃文化教育的总方針在什么地方呢？在于以共产主义的精神来教育广大的劳苦民众，在于使文化教育为革命战爭和阶級斗爭服务，在于使教育和劳动結合起来，在于使广大中国民众成为享受文明幸福的人。

（摘自《中华苏維埃共和国中央执行委員会对第二次全国苏維埃大会上的講話》）

給 林 彪 同 志 的 信

（一九三六年）

林彪同志：

你的信我完全同意。还有一点，就是三科的文化教育（識字、作文、看書报等多能力的培养）整个教育计划中最重要最根本的部分之一，如果你們所說的实际与理論并重，文化工具就是"实际"的一部分，如你所說的实际与理論联系，文化工具乃是能够而且必須用了去把二者联系起来的。如果学生一切都学好了，但他不能去看書、作文，那他們出校門后的发展仍是很有限的。如果一切課学了許多，但不算很多，也不算很精，但会了看書作文，那他們出校后的发展就有了一种常常用的基础工具了。如果你同意此意见，那我想应在二、三科内，在以后四个月中，把文化課（識字、看書、作文几門）更增加些。我意把它增加到在学習时間（包括自修时間）的四分之一或三分之一，請你考虑这个問题。定期检查时，文化是重要的标准之一。

　　敬 礼

在抗大校舍落成大会上的訓詞

（一九三七年）

　　我要和同志們所說的，在这次伟大的事业中获得成功的原因，把它总起来說，就是能克服困难与联系群众。过去十年的斗爭經驗均証明着，你們这次挖洞也証明着，将来在抗战过程中还要証明着，如能如此，可以战胜一切！

　　克服自然困难战胜泥土与克服活的敌人战胜日寇，虽然有很多方面相同，然而有很多方面都不完全相同。它将更艰苦更困难些，所以抗战中，不独要有克服困难与联系群众的精神方針，还要善于运用战略与战术，还要善于組織动员領导群众与爭取同盟軍等工作补充起来才行。

　　你們现在已經有克服困难与联系群众的精神，只要在这个基础上經你們的天才把它継續发揮起来，战胜日本，驅逐日本，驅逐日本出中国是完全有可能的。

（見抗大校刊《我們的伟大事业》第十四期，一九三七年十月十二日）

論 魯 迅 精 神

——在陝北公学魯迅逝世週年大会上的講話

（一九三七年十月十九日）

同志們：

　　今天我們主要的任务，是先鋒队的任务，当着这伟大的民族的自卫战爭迅速地向前发展的时候，我們需要大批的积极分子来領导，需要大批的精炼的先鋒队来开闊道路。这种先鋒分子是胸怀坦白的，积极的与正直的，他們是不謀私利的，唯一地为着民族与社会的解放。他們不怕困难，在困难面前总是坚定的，永往直前。他們不是狂妄分子，不是风头主义者，而是脚踏实地，富于实际精神的人們。他們在革命的道路上起着响导的作用。目前的战局，如果只是单純政府与軍队的抗战，沒有广大的人民参加，这是絕对沒有最后胜利的保障的。我們现在需要造就一大批为民族解放而斗爭到底的先鋒队，靠他們去領导群众，組織群众，来完成这历史的任务。首先全国的广大的先鋒队要赶紧組織起来。我們共产党是无产阶級的先鋒队，同时又是最彻底的民族解放的先鋒队，我們要为完成这一任务而苦战到底。

我們今天紀念魯迅先生，首先要認識魯迅先生，要曉得他在革命史中所占的地位，我們紀念他，不仅是因为他是一位优秀的作家，而且因为他站在民族解放的最前列，他把全部力量都献給了革命斗爭。他并不是共产党的組織上的一个人，然而他的思想、行动、著作都是馬克思主义化的，尤其在他的晚年表现了更年青的力量。他一貫地不屈不撓地与封建势力和帝国主义作坚决的斗爭。在敌人压迫他、摧残他的恶劣环境里，他掙扎着、反抗着。正如陝北公学的同志們，能夠在这样坏的物質生活里勤恳地学习革命理論一样，充满了艰苦斗爭的精神。陝北公学的一切物質設备都不好，但这里有眞理、講自由，是創造革命先鋒的場所。

魯迅是从正在潰败的封建社会中出来的，但他会杀回馬枪，朝他所經历过来的窩败的社会进攻，朝着帝国主义的恶势力进攻。他用他那一支又潑辣、又幽默、又鋒利的笔，去画出了黑暗社会的嘴脸。他簡直是一个高等的画家。他近年来站在无产阶級与民族解放的立場上，为眞理与自由而斗爭。

魯迅先生的第一个特点，是他的政治远見。他用显微鏡和望远鏡观察社会，所以看得远，看得眞。他在一九三六年就大胆地指出托派匪徒的危险傾向。现在的事实完全証明，他的見解是那样的稳定那样的清楚托派成为汉奸組織而直接拿日本的特务机关的津贴，已是很明显的事情了。

魯迅在中国的价值，据我看要算中国的第一等圣人。孔子是封建社会的圣人，魯迅則是新中国的圣人，我們为了永远紀念他，在延安成立了"魯迅图書館"，在延安开办了"魯迅师范学校"，使后来的人也可以想見他的伟大。

魯迅的第二个特点，就是他的斗爭精神。刚才已經提到，他在与黑暗和暴力的进襲中是一枝独立支持的大树，不是向两边側倒的小草。他看清了政治方向就向着一个目标奋勇地斗爭下去，决不中途投降妥协。有些不彻底的革命者，起初是斗爭的，后来就开小差了。比如外国的考茨基和普列汉諾夫，就是很好的例子。在中国这等人也不少。正如魯迅先生所說，最初大家都是"左"的、革命的，及到压迫来了，馬上有人变节，并把同志拿去献給敌人作为見面礼（我記得大意是如此）。魯迅痛恨这种人，同这种人作斗爭。随时教育着、訓練着他所領导下的文学青年，叫他們坚决斗爭，打先鋒，开辟自己的"路"。

魯迅先生的第三个特点，是他的牺牲精神。他一点也不畏惧敌人对于他的威胁利誘和残害，他一点也不避鋒芒地把鋼刀一样的笔刺向他所憎恶的一切。他往往是站在战士的血痕中坚韌地反抗着，呼嘯着前进！魯迅是一个彻底的现实主义者，他絲毫不妥协，他具备了坚决心，他在一篇文章中主张打落水狗，他說如果不打落水狗，它一旦跳起来，不仅要咬你，而且最低限度要濺你一身汚泥。所以他主张打到底。他一点也沒有假仁慈的偽君子的色彩。

现在日本帝国主义这条疯狗，还沒有被我们打下水，我们要学习魯迅的这种精神，运用到全中国去。

綜合了上述这几个条件，形成一种伟大的"魯迅精神"。魯迅一生就完全貫穿了这种精神，所以他在艺术上成为了一个了不起的作家，在革命队伍中是一个优秀的很老練的先鋒分子。我們紀念魯迅，就要学习魯迅的精神，把它带到全国各地的抗战队伍中去使用，为中华民族的解放而奋斗。

（載《七月》半月刊，一九三八年三月）

在中共中央举行的祝賀吳玉章同志
六十寿辰大会上的祝詞（摘录）

（一九四〇年）

……人总是要老的，老人为什么可貴呢？如果老就可貴，那么可貴的人太多了。因此我們一生要有一个标准。就是說，可貴的是他一輩子总是做好事，不做坏事，做有利于人类的事，不做害人的事。如果开头做点好事，后来又做坏事，这就叫沒有坚持性。一个人做点好事并不难，难的是一輩子做好事，不做坏事，一貫的有益于广大群众，一貫有益于青年，一貫有益于革命，艰苦奋斗几十年如一日，这才是最难最难的啊！

戎們的吳玉章老同志，就是这样一个几十年如一日的人，他今年六十岁了。他从同盟会到今天，干了四十年的革命，中間顛沛流离，艰苦飽尝，始終不变，这是极不容易的啊！从同盟会中留下来到今天的人已經不多了，而始終为革命奋斗，无論如何不变其革命节操的更沒有几个人了，要这样做，不但需要坚定正确的政治方向，而且需要艰苦奋斗的精神，不然就不能抵抗各种恶势力恶风浪，例如死的威胁，餓飯的威胁，革命失败的威胁等，我們的吳玉章同志就是經过这样无数的风浪而来的。因此我們要学习他的各方面的好处，但特別要学习他对于革命的坚持性，这是最难能可貴的一件事，这是党的光荣，这是中国革命的光荣。我們今天大家欢欢喜喜的庆祝他的六十生日，我想，主要的意思是在这里。

（載《新中华报》，一九四〇年二月十四日）

写 給 延 安 評 剧 院 的 信

（一九四四年一月九日）

看了你們的戏，你們做了很好的工作，我向你們致謝，并請代向演員致謝！历史是人民創造的，但在旧戏舞台上（在一切离开人民的旧文学旧艺术上）人民却成了渣滓、由老爷太太少爷小姐們統治着舞台，这种历史的顛倒，现在由你們再顛倒过来，恢复了历史的面目，从此旧剧开始了新生面，所以值得庆贺。你們这个开端将是旧剧革命的划时代的开端，我想到这一点就非常高兴，希望你們多編多演，蔚然成风，推向全国去！

敬礼！

給 徐 老 同 志 的 信

（一九三七年二月三十日）

徐老同志：

你是我二十年前的先生，你现在仍然是我的先生，你将来必定还是我的先生。当革命失败的时候，許多共产党員离开了共产党，有些甚至跑到敌人那边去了，你却在一九二七年秋天加入共产党，而且取的态度是十分积极的。从那时至今长期的艰苦斗争中，你比許多青年壮年党員还要积极，还要不怕困难，还要虛心学习新的东西。什么"老"，什么"身体精神不行"，什么"困难障碍"，在你面前都降服了。而在有些人面前呢？却做了畏葸不前的借口。你是懂得很多而时刻以为不足，而在有些人本来只有"半桶水"，却偏要"淌得很"。你是心里想的，就是口里說的与手里做的，而在有些人他們心之某一个角落，却不免藏着一些腌臢的东西。你是任何时候都是同群众在一块的，而在有些人却似乎以脱离群众为快乐。你是处处表现自己就是服从党的与革命的紀律之模范，而在有些人却似乎認为紀律只是束縛人家的，自己并不包括在内。你是革命第一，工作第一，他人第一，而在有些人却是出风头第一，休息第一，与自己第一。你总老是揀难事做，从来也不躲避责任，而在有些人只願意揀輕松事做，遇到担任责任的关头就躲避了。所有这些方面我都是佩服你的，願意継續地学习你的，也愿意全党同志学习你。当你六十岁生日的时候写这封信祝贺你，愿你健康，愿你长寿，愿你成为一切革命党人与全体人民的模范。

此致

革命的敬礼

为陕北公学成立与开学紀念題詞

（一九三七年）

要造就一大批人，这些人是革命的先鋒队，这些人具有政治的远見，这些人充满着斗爭精神和牺牲精神。这些人是胸怀坦白的，忠誠的，积极的，与正直的，这些人不谋私利的，唯一的为着民族与社会的解放。这些人不怕困难，在困难面前总是坚定的，勇敢向前的。这些人不是狂妄分子，也不是风头主义者，而是脚踏实地富于实际精神的人們。中国要有一大群这样的先鋒分子，中国革命的任务就能夠順利的解决。

（《动員》第十期，一九三七年十月二十三日）

安 吳 青 殉 难 两 週 年 紀 念

带着新鮮血液与朝气加入革命队伍的青年們，无論他們是共产党員或非党員，都是可貴的。沒有他們，革命队伍就不能发展，革命就不能胜利。但青年同志的自然的缺点是缺乏經驗，而革命經驗是必須亲自参加革命斗爭，从最下层工作作起，切实地不带一点虛伪地經过若干年之后，經驗就属于沒有經驗的人們了！

在延安各界庆祝斯大林六十寿辰大会上的講話

（一九三九年十二月二十一日）

今天开大会，庆祝斯大林同志的六十大寿。"人生七十古来稀"，世間六十岁也是难得的。但是我們为什么单单庆祝斯大林呢？而且这样的庆祝，不仅在延安，而且在全国，而且在全世界，只要晓得他今天生日的人，只要懂得他为人的，只要是受压迫的，都会庆祝他。原因就在于斯大林同志是一切被压迫者的救星。哪些人是反对庆祝他、不喜欢庆祝他的呢？那就是自己不受压迫，单单压迫他人的人，首先是帝国主义者。同志們！一个外国人，相隔万余里，大家庆祝他的生日，这还是破天荒的第一回呢。

这就是因为他領导着伟大的苏联，因为他領导着伟大的共产国际，因为他領导着全人类的解放运动，帮助中国打日本。

現在世界上分为两条斗爭的陣綫，一方面是帝国主义，这是压迫人的陣綫；一方面是社会主义，这是反抗压迫的陣綫。殖民地半殖民地的民族革命陣綫，有些人觉得象是站在中間，但是它的对头，是帝国主义，它就不能不引社会主义为朋友，不能不屬于反抗压迫者的革命陣綫的一面。中国的頑固分子，又想做婊子，又想立碑坊，一只手反共，一只手抗日，自称是中間派，但他們終究不成功的，如果不悔过，最后必要走向反革命方面去。革命与反革命的两个陣綫，都要有一个做主的，都要有一个指揮官。反革命陣綫的指揮官是誰呢？就是帝国主义，就是张伯倫。革命陣綫中的指揮官是誰呢？就是社会主义，**就是斯大林**。斯大林同志是世界革命的領导者。这是一个非常重要的事情，在全人类中間，出了这位斯大林，这是一件大事；有了他，事情就好办了。你們知道，馬克思是死了，恩格斯也死了，列宁也死了，如果沒有一个斯大林，那一个来发号施令呢？这眞是幸事，現在世界上有了一个苏联，有了一个共产党，又有了一个斯大林，这世界的事情就好办了。革命指揮官干些什么事？使人人有飯吃，有衣穿，有屋住，有書讀。而要这样，就要領導十几万万人向压迫者作斗爭，而使之得到最后的胜利，这就是斯大林要办的事。既然这样，那么一切被压迫的人們，要不要庆祝斯大林呢？我想是要的，是应該的。我們要庆祝他，拥护他，还要学习他。

我們要学习他的两个方面，一个是道理方面，一个是事业方面。

馬克思主义的道理千条万緒，归根結底，就是一句話：“造反有理。”几千年来总是說：压迫有理，剝削有理，造反无理。自从馬克思主义出来，就把这个旧案翻过来了。这是一个大功劳。这个道理是无产階級从斗爭中得来的，而馬克思作了結論。根据这个道理，于是就反抗，就斗爭，就干社会主义。斯大林同志有什么功劳呢？它发揮了这个道理，发揮了馬克思列宁主义，为全世界被压迫的人民，弄出一篇很清楚很具体很生动的道理来，这就是建立革命陣綫，推翻帝国主义，推翻資本主义，建立社会主义社会的整个理論。

事业方面，是把道理見之实际。关于建設社会主义的事业，馬克思、恩格斯、列宁都沒有完成，而斯大林把它完成了，这是开天闢地的大事。在苏联的两个五年計划之前，各国資产階級的报纸，天天說苏联不得了，社会主义是靠不住的，但是在今天怎么样呢？把张伯伦的口都封住了，把中国那些頑固派的口也封住了，他们也都承認苏联是胜利了。

斯大林除在道理方面帮助了我們的抗日战爭外，他还給了我們事业上即物質上的帮助。由于斯大林事业的胜利，他帮助了我們很多的飞机、大炮、航空員，各战区里的軍事顾問，还有借款。世界上还有那一个国家这样地帮助我們？世界上还有那一个階級那一个党那一个人所領导的国家，这样帮助我們呢？除了苏联，除了无产階級，除了共产党，除了斯大林，还有誰呢？

现在有些人，他们自称是我們的朋友，但他们只能是屬于唐朝李林甫一类的人物。这位李林甫先生，是个“口蜜腹劍”的人。帝国主义者都是口蜜腹劍的，张伯伦就是现在的李林甫。各国在中国的一切特权，什么駐軍权、領事裁判权、治外法权等等，那一个帝国主义废除了呢？沒有一个。只有苏联是废除了。

在过去，馬克思列宁主义，在理論上指导世界革命。现在加了一点东西，可以在物質上帮助世界革命了，这就是斯大林的大功劳。

我們庆祝斯大林同志生日之后，还应該把这件事向全国宣传，向四万万五千万人講清楚，使中国人民都懂得：只有社会主义的苏联，只有斯大林，才是我們中国的好朋友。

一 九 四 五 年 的 任 务
——在陝甘宁边区参議会上的演說
（一九四四年十二月二十五日）

我們工作作风中的一项极大的毛病，就是有些人員习惯于独断专行，而不善于启发人們的批評討論，不善于运用民主作风。当然，这是拿我們解放区的这种作风和那种作风比较，而不是拿我們的解放区与国民党区域作比较，我們解放区是民主的地方，国民党那里是封建的地方，这两个地方是原則上区别的。但是，我們队伍中确有許多人尚未会运用民主作风，旧社会传染来的官僚主义作风依然存在。别人提不得不同的意见，提了就不高兴。只爱听恭維話，不爱听批評話。为怕碰釘子，受打击，遭报复，人們不敢大胆提意见。这是一种很不好的作风。这种作风阻塞着我們事业的进步，也阻塞着工作人員的进步。我提議各地对此点进行教育。在党內、在党外都大天地提倡民主作风。不論什么人，只要不是敌对分子，不是恶意攻击，允許大家說話，講錯了也不要紧。各級領导人員，有責任听别人的話。实行两条原則：（一）知无不言，言无不尽；（二）言者无罪，聞者足戒。如果沒有"言者无罪"一条，并且是真的，不是假的，就不可能收到"知无不言，言无不尽"的效果。自从整风以来，我們的工作作风有了很大的进步，这是受到一切善良的人們的称贊的，这是很光荣的。但是我們仍有严重缺点，我們很多人中間缺乏民主作风，我們一定要改正这种缺点。我們一切工作干部，不論职位高低，都是人民的勤务員，我們所做的一切，都是为人民服务的。我們有些什么不好的东西舍不得丢掉呢？如果我們改正了这个缺点，那我們就能团結更广大的人民，我們的事业就能获得更大的与更快的发展。

向 四 · 八 烈 士 致 哀

（一九四六年四月二十日）

亲爱的战友們、不朽的英雄們：

数十年間，你們为人民事业做了轰轰烈烈的工作。今天，你們为人民事业而死，虽死犹荣！

你們的死是一个号召，它将加深中国人民对于中国共产党的認識，它将加强中国人民坚持和平、民主、团結事业的决心！

你們的死是一个号召，它号召全党党員和全国人民团結起来，为和平、民主、团結的新中国而奋斗到底。

全党党員和全国人民将繼承你們的遺志，繼續奋斗，直到胜利，决不懈息，决不退縮。

在莫斯科庆祝斯大林寿辰大会上的祝詞

（一九四九年十二月二十一日）

亲爱的同志們，朋友們！

我这次有可能参加庆祝斯大林同志七十寿辰的盛会，衷心至为愉快。

斯大林同志是世界人民的导师和朋友，也是中国人民的导师和朋友。他发展了馬克思列宁主义的革命理论，并对于世界共产主义运动的事业作了极其杰出和极其宽广的貢献。中国人民在反抗压迫者的艰苦斗争中，深切地感觉到斯大林同志的友誼的重要性。

在这个盛会上，我謹以中国人民和中国共产党的名义庆祝斯大林同志的七十寿辰，祝福他的健康与长寿，祝福我們伟大友邦苏联在斯大林同志領导下的幸福与强盛，并欢呼世界工人階級在斯大林同志領导下的空前大团結。

世界工人階級和国际共产主义运动的領袖——伟大的斯大林万岁！

世界和平与民主的堡壘苏联万岁！

应当重視电影《武訓传》的討論

（一九五一年）

象武訓那样的人，处在滿淸末年中国人民反对外国侵略者和反对国内的反动封建統治者的伟大斗爭的时代，根本不去触动封建經济基础及其上层建筑的一根毫毛，反而狂热地宣传封建文化，并为了取得自己所沒有的宣传封建文化的地位，就对反动的封建統治者竭尽奴顏卑膝的能事，这种丑恶的行为，难道是我們所应当歌颂的嗎？向着人民群众歌颂这种丑恶的行为，甚至打出“为人民服务”的革命旗号来歌颂，甚至用革命的农民斗爭的失败作为反衬来歌颂，这难道是我們所能够容忍的嗎？承認或者容忍这种歌颂，就是承認或者容忍污蔑农民革命斗爭，污蔑中国历史，污蔑中国民族的反动宣传，就是把反动宣传認为正当的宣传。

…………

在許多作者看来，历史的发展不是以新事物代替旧事物，而是以种种努力去保持旧事物使它得免于死亡；不是以階級斗爭去推翻应当推翻的反动的封建統治者，而是象武訓那样否定被压迫人民的階級斗爭，向反动的封建統治者投降。我們的作者們不去研究过去历史中压迫中国人民的敌人是些什么人，向这些敌人投降并为他們服务的人是否有值得称贊的地方。我們的作者們也不去研究自从一八四〇年鸦片战争以来的一百多年中，中国发生了一些什么向着旧的社会經济形态及其上层建筑（政治、文化等等）作斗爭的新的社会經济形态，新的階級力量，新的人物和新的思想，而去决定什么东西是应当称贊或歌颂的，什么东西是不应当称贊或歌颂的，什么东西是应当反对的。

特別值得注意的，是一些号称学得了馬克思主义的共产党員。他們学得了社会发展史——历史唯物論，但是一遇到具体的历史事件，具体的历史人物（如象武訓），具体的反历史的思想（如象电影“武訓传”及其他关于武訓的著作），就丧失了批判的能力，有些人则竟至向这种反动思想投降。资产階級的反动思想侵入了战斗的共产党，这难道不是事实嗎？一些共产党員自称已經学得的馬克思主义，究竟跑到什么地方去了呢？

（《人民日报》一九五一年五月二十日）

中华人民共和国第一届全国人民代表大会第一次会議
开幕詞（摘录）

（一九五四年九月十五日）

我們这次会議具有伟大的历史意义。这次会議是标志着我国人民从一九四九年建国以来的新胜利和新发展的里程碑。这次会議所制定的宪法将大大地促进我国的社会主义事业。

我們的总任务是：团結全国人民，爭取一切国际朋友的支援，为了建設一个伟大的社会主义国家而奋斗，为了保卫国际和平和发展人类进步事业而奋斗。

我国人民应当努力工作，……老老实实，勤勤恳恳，互勉互助，力戒任何的虚夸和驕傲，准备在几个五年計划之内，将我們现在这样一个經济上文化上落后的国家，建設成为一个工业化的具有高度现代文化程度的伟大的国家。

我們的事业是正义的。正义的事业是任何敌人也攻不破的。

領导我們事业的核心力量是中国共产党。

指导我們思想的理論基础是馬克思列宁主义。

我們有充分的信心，克服一切艰难困苦，将我国建設成为一个伟大的社会主义共和国。

我們正在前进。

我們正在做我們的前人从来沒有做过的极其光荣伟大的事业。

我們的目的一定要达到。

我們的目的一定能夠达到。

全中国六万万人团結起来，为我們的共同事业而努力奋斗！

我們的伟大的祖国万岁！

在中国共产党全国代表会議上的講話

（一九五五年三月）

对待一切犯了錯誤，有所觉悟，顧意进步的同志，不但要看，而且要帮。这就是說，我們不但要看一看，等他們改正錯誤，而且要帮助他們改正錯誤。人是要有帮助的。荷花虽好，也要綠叶扶持。一个籬笆要打三个桩，一个好汉要有三个帮。尤其是犯了錯誤，更需要别人帮助。"看"，等待犯錯誤的同志改正錯誤是必要的。必須"帮"，帮助犯錯誤的同志早日改正錯誤，这才是对待同志的积极态度。……必須懂得，集体領导和个人負責这两个方面，不是互相对立的，而是互相結合的。而个人負責和违反集体領导原則的个人独裁，是完全不同的两件事。

关于胡风反革命集团的第二批材料的按语

（摘录）

（一九五五年）

胡风所謂‘輿論一律’，是指不許反革命分子发表反革命意見。这是确实的，我們的制度就是不許一切反革命分子有言論自由，而只許人民內部有这种自由。我們在人民內部，是允許輿論不一律的，这就是批評的自由，发表各种不同意見的自由，宣传有神論和宣传无神論（卽唯物論）的自由。一个社会，无論何时，总有先进和落后两种人們、两种意見矛盾着和斗爭着，总是先进的意見克服落后的意見，要想使‘輿論一律’，是不可能的，也是不应該的。只有充分地发揚先进的东西去克服落后的东西，才能使社会前进。但是在国际国内尚有阶級和阶級斗爭存在的时代，夺取了国家权力的工人阶級和人民大众，必須鎭压一切反革命阶級、集团和个人对于革命的反抗，制止他們的复辟活动。禁止一切反革命分子利用言論自由去达到他們的反革命目的。这就使胡风等类反革命分子感到‘輿論一律’，对于他們的不方便。他們感到不方便，正是我們的目的，正是我們的方便。我們的輿論，是一律，又是不一律。在人民內部，允許先进的人們和落后的人們自由利用我們的报紙、刊物、講坛等等去竞賽，以期由先进的人們以民主和說服的方法去教育落后的人們，克服落后的思想和制度。一种矛盾克服了，又会产生新矛盾，又是这样去竞賽。这样，社会就会不断地前进。有矛盾存在就是不一律。克服了矛盾，暫时归于一律了；但不久又会产生新矛盾，又不一律，又須要克服。在人民与反革命之間的矛盾，則是人民在工人阶級和共产党領导之下对于反革命的专政。在这里，不是用的民主的方法，而是用的专政卽独裁的方法，卽只許他們規規矩矩，不許他們乱說乱动。这里不但輿論一律，而且法律也一律。在这个問題上，胡风等类的反革命分子好象振振有詞；有些糊涂的人們在听了这些反革命論調之后，也好象觉得自己有些理亏了。你看，‘輿論一律’，或者說，‘沒有輿論’，或者說，‘压制自由’．豈不是很难听的嗎？他們分不清楚人民的內部和外部两个不同的范畴。在內部，压制自由，压制人民对党和政府的錯誤缺点的批評，压制学术界的自由討論，是犯罪的行为，这是我們的制度。而这些，在資本主义国家里則是合法的行为。在外部，放纵反革命乱說乱动是犯罪行为，而专政是合法的行为。这是我們的制度。資本主义国家正相反，那里是資产阶級专政，不許革命人民乱說乱动，只叫他們規規矩矩。剝削者和反革命者无論何时何地总是少数，被剝削者和革命者总是多数，因此，后者的专政就有充分的道理，而前者則总是理亏的。胡风又說：‘絕大多数讀者都在某种組織生活中，那里空气是强迫人的’。我們在人民內部，反对强迫命令方法，坚持民主說服方法，那里的空气应当是自由的，‘强迫人’是錯誤的。‘絕大多数讀者都在某种組織生活中’，这是极大的好事。这种好事，几千年沒有过，仅在共产党領导人民作了长期的艰苦的斗争之后，人民方才取得了将自己由利于反动派剥削压迫的散沙状态改变为团结状态的这种可能性，并且于革命胜利后几年之內实现了这种人民的大团结。胡风所說的'强迫人'，是指压迫反革命方面的人。他们确实胆战心惊，感到'小媳妇一样，經常的怕挨打'，'咳一声都有人录音'。我們認为这也是极大的好事。这种好事，也是几千年沒有过，仅在共产党領导人民作了长期艰苦斗争之后，才使得这些坏蛋感觉这么难受。一句話，人民大众开心之日，就是反革命分子难受之时。我們每年的国庆节，首先就是庆祝这件事。胡风又說：'文艺問題也实在以机械論最省力。'这里的'机械論'是辯証唯物論的反話，'最省力'是他的瞎說。世界上只有唯心論和形而上学最省力，因为他可以由人們瞎說一气，不要根据客观实际，也不受客观实际检查的。唯物論和辯証法則要用气力，它要根据客观实际，并受客观实际检查，不用气力就会滑到唯心論和形而上学方面去。胡风在这封信里提出了三个原則性的問題，我們認为有加以詳細駁斥的必要。胡风在这封信里还說到：'目前到处有反抗的情緒，到处有进一步的要求'。他是在一九五〇年說的。那时在大陆上刚刚消灭了蒋介石的主要軍事力量，还有許多化为土匪的反革命武装正待肃清，大規模的土地改革和鎮压反革命的运动还沒有开始，文化教育界也还沒有进行整頓工作。胡风的話确实反映了那时的情況，不过他沒有說完全。說完全应当是这样：目前到处有反革命反抗革命的情緒，到处有反革命对于革命的各种搗乱性的进一步要求。

（《人民日报》一九五五年五月二十四日）

关于胡风反革命集团的第三批材料的按語（摘录）

（一九五五年）

各种剥削阶級的代表人物，当着他們处在不利情況的时候，为了保护他們现在的生存，以利将来的发展，他們往往采取以攻为守的策略。或者无中生有，当面造謠；或者抓住若干表面现象，攻击事情的本質；或者吹捧一部分人，攻击一部分人；或者借题发揮，'冲破一些缺口'，使我們处于困难地位。总之，他們老是在研究对付我們的策略，'窺测方向'，以求一逞。有时他們会'装死躺下'，等待时机，'反攻过去'。他們有长期的阶級斗争經驗，他們会做各种形式的斗争——合法的斗争和非法的斗争。我們革命党人必須懂得他們这一套，必須研究他們的策略，以便战胜他們。切切不可書生气十足，把复杂的阶級斗争看得太簡单了。

（《人民日报》一九五五年六月十日）

在中央召开的关于知識分子問題会議上的講話

（一九五六年一月二十日）

各部門搞指标計划，要放在可行的基础之上。本来作得到的，本来应該办的，不去办，这就叫右傾保守；沒有充分根据的，行不通的也去办，那就叫盲目性，叫做"左"傾冒险。我想，全党在目前这个时候恐怕也还不是一个主要的傾向，但是已經可以看出这么一种傾向。有一些同志是头腦不那么清醒了，不敢于說实事求是。因为右傾保守、机会主义，这个帽子难听。如果經过考察、經过研究，确实办不到的事，那就硬要說办不到，就要敢于說办不到，敢于把它削下来，使我們的計划放在有充分根据，完全可靠的基础之上。

紀 念 孙 中 山 先 生

（一九五六年十一月）

紀念伟大的革命先行者孙中山先生！

紀念他在中国民主革命准备时期，以鲜明的中国革命民主派立場，同中国改良派作了尖銳的斗爭。他在这一場斗爭中是中国革命民主派的旗帜。

紀念他在辛亥革命时期，領导人民推翻帝制、建立共和国的丰功伟績。

紀念他在第一次国共合作时期，把旧三民主义发展为新三民主义的丰功伟績。

他在政治思想方面留給我們許多有益的东西。

现代中国人，除了一小撮反动分子以外，都是孙先生革命事业的継承者。

我們完成了孙先生沒有完成的民主革命，并且把这个革命发展为社会主义革命。我們正在完成这个革命。

事物总是发展的。一九一一年的革命，卽辛亥革命，到今年，不过四十五年，中国的面目完全变了。再过四十五年，就是二千零一年，也就是进到二十一世紀的时候，中国的面目更要大变。中国将变为一个强大的社会主义工业国。中国应当这样。因为中国是一个具有九百六十万平方公里土地和六万万人口的国家，中国应当对于人类有較大的貢献。而这种貢献，在过去一个长时期內，則是太少了。这使我們感到惭愧。

但是要謙虛。不但现在应当这样，四十五年之后也应当这样，永远应当这样。中国人在国際交往方面，应当坚决、彻底、干淨、全部地消灭大国主义。

孙先生是一个謙虛的人。我听过他多次講演，感到他有一种宏伟的气魄。从他注意研究中国历史情况和当前社会情况方面，又从他注意研究包括苏联在內的外国情况方面，知道他是很虛心的。

他全心全意地为了改造中国而耗費了毕生的精力，眞是鞠躬尽瘁，死而后已。

象很多站在正面指导时代潮流的伟大历史人物大都有他們的缺点一样，孙先生也有他的缺点方面。这是要从历史条件加以說明，使人理解，不可以苛求于前人的。

关 于 詩 的 一 封 信

（一九五七年一月十二日）

××同志和各位同志：

惠書早已收到，迟复为歉！遵囑将記得起来的旧体詩詞，連同你們寄来的八首，一共十八首，抄寄如另紙，請加审处。

这些东西，我历来不願意正式发表，因为是旧体，怕謬种流传，遺誤青年；再则詩味不多，沒有什么特色。既然你們以为可以刊載，又可为已經传抄的几首改正錯字，那末，就照你們的意見办吧。

詩刊出版，很好，祝它成长发展。詩当然应以新詩为主体，旧詩可以写一些，但是不宜在青年中提倡，因为这种体裁束縛思想，又不易学。这些話仅供你們参考。

同志的敬礼！

接見青年团第二次全国代表大会主席团时的指示

（摘录）

（一九五三年六月三十日）

我給青年們講几句話：

一、庆祝他們身体好；

二、庆祝他們学习好；

三、庆祝他們工作好；

"現在社会民主改革已經完成，新的建設时期开始了。青年团除了应継續配合党的中心工作以外，还要有适合青年特点的独立工作。"

"新中国要为青年着想，要关怀青年一代的成长。青年們要学习，要工作，但青年时期是长身体的时期。因此要充分彙顧青年的工作、学习和娱乐、体育、休息两个方面。"

"工农青年、知識青年和部队中的青年，他們英勇积极，很有紀律；沒有他們，革命事业和建設事业就不能胜利。"

接見青年团第三次全国代表大会代表时的指示

（一九五七年五月二十五日）

你們的会議开得很好。希望你們团結起来作为全国青年的領导核心。中国共产党是全中国人民的核心。沒有这样一个核心，社会主义事业就不能胜利。

你們这个会議是一个团結的会議，对全中国青年会有很大的影响。我对你們表示祝賀。同志們团結起来，坚决地勇敢地为社会主义的伟大事业而奋斗。一切离开社会主义的言論行动是完全錯誤的。

事 情 正 在 起 变 化

（一九五七年五月）

在共产党内部，有各种人。有馬克思主义者，这是大多数。他們也有缺点，但不严重。有一部分人有教条主义錯誤思想。这些人大都是忠心耿耿，为党为国的，就是看問題的方法有"左"的片面性。克服了这种片面性，他們就会大进一步。又有一部分人有修正主义或右傾机会主义錯誤思想。这些人比較危险，因为他們的思想是资产阶級思想在党內的反映，他們向往资产阶級自由主义，否定一切，他們与社会上资产阶級知識分子有千絲万縷的联系。几个月以来，人們都在批判教条主义，却放过了修正主义。教条主义应当受到批判，不批判教条主义，許多錯事不能改正。现在应当开始注意批判修正主义。教条主义走向反面，或者是馬克思主义，或者是修正主义。就我党經驗說来，前者为多，后者只是个别的，因为他們是无产阶級的一个思想派别，沾染了小资产阶級的狂热观点。有些被攻击的"教条主义"，实际上是一些工作上的缺点。有些被攻击的"教条主义"，实际上是馬克思主义，被一些人誤認作"教条主义"，而加以攻击。眞正的教条主义分子觉得"左"比右好是有原因的，因为他們要革命。但是对于革命事业的损失說来，"左"比右并沒有什么好，因此应当坚决改正。有些錯誤，是因为执行中央的方針而犯的，不应当过多地責备下級。我党有大批知識分子新党員（青年团員就更多），其中一部分确实具有相当严重的修正主义思想。他們否認报紙的党性和阶級性，他們混同无产阶級新聞事业和与资产阶級新聞事业的原则区别，他們混同反映社会主义国家集体經济的新聞事业与反映资本主义国家无政府状态和集团竞爭的經济的新聞事业，他們欣賞资产阶級自由主义，反对党的領导。他們贊成民主，反对集中。他們反对为了实行計划經济所必須的对文化教育事业（包括新聞事业在內的）必須的但不是过分集中的領导、計划和控制。他們跟社会上的右翼知識分子互相呼应，联成一起，亲如兄弟。

347

一 九 五 七 年 夏 季 的 形 势

（一九五七年七月）

我們的目标，是想造成一个又有集中，又有民主，又有紀律，又有自由，又有統一意志，又有个人心情舒暢、生动活泼，那样一种政治局面，以利于社会主义革命和社会主义建設，較易于克服困难，較快地建設我国的现代工业和现代农业，党和国家較为巩固，較为能够經受风险。……共产党員一定要有朝气，一定要有坚强的革命意志，一定要有不怕困难和百折不挠的意志去克服任何困难的精神，一定要克服个人主义，本位主义，絕对平均主义和自由主义，否则就不是一个名副其实的共产党員。……共产党員要善于同群众商量办事，任何时候也不要离开群众。党群关系好比魚水关系。如果党群关系搞不好，社会主义制度就不可能建成，社会主义制度建成了，也不可能巩固。

在莫斯科会見我国留学生和实习生时的談話（摘录）

（一九五七年十一月十七日）

世界是你們的，也是我們的，但是归根結底是你們的。你們青年人朝气蓬勃，正在兴旺时期，好象早晨八、九点鐘的太阳。希望寄托在你們身上。

世界的风向变了。社会主义陣营和資本主义陣营之間的斗争不是西风压倒东风，就是东风压倒西风。现在全世界共有二十七亿人口，社会主义各国的人口将近十亿，独立了的旧殖民地国家的人口有七亿多，正在争取独立或者争取完全独立以及不屬于帝国主义陣营的資本主义国家人口有六亿，帝国主义陣营的人口不过四亿左右，而且他們的內部是分裂的。那里会发生"地震"。现在不是西风压倒东风，而是东风压倒西风。

眞正的彻底的社会主义革命不是一朝一夕可以成功的。在我国眞正的社会主义革命的胜利，有人認为在一九五六年，我看实际上是在一九五七年。一九五六年改变了所有制，这是比較容易的，一九五七年才在政治上、思想上取得了社会主义革命的胜利。现在右派是打垮了，我們工作中的缺点还是有的。这次整风是件很大的事，我們要認眞地改。世界上怕就怕"認眞"二字，共产党就最講"認眞"。

世界是屬于你們的。中国的前途是屬于你們的。

第一，青年人既要勇敢又要謙虛；

第二，祝你們身体好、学习好、将来工作好；

第三，和苏联朋友要亲密团結。

关于"紅专"問題的指示

（一九五八年一月三十一日）

紅与专，政治与业务的关系，是两个对立的統一。一定要批判不問政治的傾向。一方面要反对空头政治家，另一方面要反对迷失方向的实际家。

政治和經济的統一，政治和技术的統一，这是毫无疑义的，年年如此，永远如此。这就是又紅又专。将来政治这个名詞还是有的，但是內容变了。不注意思想和政治，成天忙于事务，那会成迷失方向的經济家和技术家，很危险。思想工作和政治工作是完成經济工作和技术工作的保证，它們是为經济基础服务的。思想和政治又是統帅，是灵魂。只要我們的思想工作和政治工作稍为一放松，經济工作和技术工作就一定会走到邪路上去。

政治家要懂业务。懂得太多有困难，懂得太少也不行，一定要懂得一些。不懂得实际是假紅，是空头政治家。要把政治和技术結合起来，农业方面是搞实驗，工业方面抓先进典型，試用新技术，試制新产品。

关于半工半讀的指示

（一九五八年二月）

一切中等技术学校和技工学校，凡是可能的，一律試办工厂或者农場进行生产，做到自給或者半自給。学生实行半工半讀。在条件許可的情况下，这些学校可以多招些学生，但是不要国家增加經費。

一切农业学校除了在自己的农場进行生产，还可以和当地的农业合作社訂立参加劳动的合同，并且派教师住到合作社去，使理論和实际結合。农业学校应当由合作社保送一部分合乎条件的人入学。

农村里的中小学，都要和当地的农业社訂立合同，参加农付业生产劳动。农村学生还应当利用假日或者課余时間回到本村参加劳动。

大学校和城市里的中等学校，在可能的条件下，可以由几个学校联合建立附屬工厂或者作坊，也可以同工厂、工地或者服务行业訂立参加劳动的合同。

一切有土地的大、中、小学，应当設立附屬农場；沒有土地而临近郊区的学校，可以到农业社参加劳动。

关 于 民 族 問 题 的 指 示

（一九五八年三月）

蒙汉两族要亲密合作，要相信馬克思主义。各族要互相信任，不管什么民族，要看眞理在誰方面。馬克思是犹太人，斯大林是少数民族。蔣介石是汉人，但很坏，我們要坚决反对。不要一定是本省人执政，不管那里人——南方或北方，这民族或那民族，只問那个有没有共产主义？共产主义有多少？这一点要向少数民族講清楚。

汉族开始并非大族，而是由許多民族混合起来的。汉人在历史上征服过少数民族，把他們赶上山。应从历史上看中国民族問題，究竟是吃民族主义的飯，还是吃共产主义的飯？首先应当吃共产主义的飯。地方要，但不要地方主义。

視察天津大学时所作的指示（摘录）

（一九五八年八月十三日）

以后要学校办工厂，工厂办学校。

老师也要参加劳动，不能光动嘴，不动手。

高等学校应抓住三个东西：一是党委領导；二是群众路綫；三是把教育和生产劳动結合起来。

視察武汉大学时所作的指示（摘录）

（一九五八年九月十二日）

学生自觉地要求实行半工半讀，这是好事情，是学校大办工厂的必然趋势，对这种要求可以批准，并应給他們以积极的支持和鼓励。在教学改革中应注意发揮广大师生的积极性，多方面地集中群众的智慧。

視察湖北鋼鉄生产时所作的指示（摘录）

（一九五八年九月）

象武鋼这样的大型企业，可以逐步地办成为綜合性的联合企业。除生产多种鋼鉄产品外，还要办点机械工业、化学工业和建筑工业等。……这样的大型企业，除工业外，农、商、学、兵都要有一点。

就办报問題給广西区党委的一封信

（一九五八年一月十二日）

刘建勋、韋国清二同志：

送上几份地方报紙，各有特点，是編得比較好的，較为引人看，內容也不錯，供你們参考。

省报問題是一极重要的問題，值得認眞研究，同《广西日报》的編輯們一道，包括版面、新聞、社論、理論、文艺等項，鑽进去，想了又想，分析又分析，同各省报紙比較又比較，几个月时間就可以找出一条道路的。精心写作社論是一項极重要任务，你們自己，宣传部长，秘書长，报社总編輯，要共同研究。第一書記挂帥，动手修改一些最重要的社論，是必要的。一张报紙，对于全省工作，全体人民，有极大的組織、鼓舞、激励、批判、推动的作用，請你們想想这个問題，如何？

給 福 斯 特 同 志 的 信

（一九五九年一月十七日）

十分感謝您一九五八年十二月十九日的来信。从您的充滿热情的来信中，使我看到了伟大的美国共产党的灵魂，看到了伟大的美国工人阶级和美国人民的灵魂。

中国人民懂得，美帝国主义对中国做了許多坏事，对全世界做了許多坏事，只当美国的統治集团不好，美国人民是很好的。在美国人中間，虽然有許多人现在还沒有觉醒，但是坏人只是一小部分，絕大多数是好人。中国人民同美国人民之間的友好关系，終究会冲破杜勒斯之流的障碍，日益广泛地发展起来。

美国共产党虽然暂时还处在不大順利的地位，但是你們的斗争是很有意义的，将来一定会結出丰碩的果实。黑夜是有尽头的。美国反动势力现已到处碰壁，显示着他們的寿命不会很长了，你們那里目前敌强我弱这种形势，完全是暂时的现象，它一定会向相反的方向起变化。

請允許我代表中国共产党和中国人民向您——美国工人阶级光荣的战士和領袖，致以衷心的問候，并祝您早日恢复健康。如果您有可能的話，我热忱地欢迎您到中国来医疗和休养。

給 生 产 队 长 的 一 封 信

（一九五九年十一月二十九日）

省級、地級、县級、社級、队級、小队級的同志們：

我想和同志們商量几个問題，都是关于农业的。

第一个問題，包产問題。南万正在插秧，北万也在春耕。包产一定要落築，根本不要管上級的規定的那一套指示，不管这些，只管现实可能性。例如去年苗产实际只有三百斤的，今年能增产一百斤、二百斤也就很好了。吹上八百斤，一千斤，一千二百斤，甚至更多，吹牛而已，实在办不到，有何益处呢？又例如，去年亩产五百斤的，今年增产二百斤、三百斤，也就算成績很大了，再增上去，就一般说，不可能的。

第二个問題，密植問題。不可太稀，不可太密。許多青年干部和某些上級机关缺少經驗，一个劲儿要密植。有些人竟说越密越好。不好，老农怀疑，中年人也怀疑，这三种人开一个会，得出一个适当密度，那就好了。既然要包产，密植問題就由生产队、生产小队商量决定。上面死硬的密植命令，不但无用，而且害人不浅。因此根本不要下这种死硬的命令。省委可以提一个密植幅度，不当做命令下达，只給下面参考。此外，上面要有心研究到底密植程度如何为好。根据因气候不同，地点不同，因土、水、种不同，因各种作物的情况不同，因田間管理水平高低不同，作出一个比較科学的、密植程度的規定。几年以內达到一个实际可行的标准，那就好了。

第三个問題，节約粮食問題。要十分抓紧，按人定量。忙时多吃，閑时少吃，忙时吃干，閑时半干半稀，杂以蕃薯，青菜，蘿卜，瓜豆，芋头之类。此事一定要十分抓紧，每年一定要把收割、保管、吃用三件事（收、管、吃）抓得很紧很紧。而且要抓得及时，机不可失，时不再来。一定要有储备粮，年年储一点，逐年增多。經过十年八年奋斗，粮食問題可以解决。在十年內，一切大話高調切不可講，講就是十分危险的。須知我們是一个有六亿五千万人口的大国，吃飯是第一件大事。

第四个問題，播种面积要多的問題。少种、高产、多收的計划，是一个远景規划，是可能的，但在十年內不能全部实行，也不可能大部实行。三年之內大部不可行。三年以內要力爭多种。同前几年的方針，广种薄收与少种多收的高額丰产田同时实行。

第五个問題，机械化問題。农业的根本出路在于机械化，要有十年时間，四年以內小解决，七年以內中解决，十年以內大解决。今年、明年、后年、大后年，这四年主要依靠改良农具、半机械化农具。每省、每地、每县都要设一个农具研究所，集中一批科学技术人员和农村有經驗的鉄匠木匠，搜集全省、全地、全县各种比較进步的农具，加以比較，加以试驗，加以改进，然后才能成批制造，加以推广。提到机械化，同机械化制造化学肥料这件事，必须包括在內。逐年增加化学肥料，是一件十分重要的事。

第六个問題，講眞話問題。包产能包多少，就講能包多少。不講經过努力实在做不到而又兔強講做得多的假話。各种增产措施，实行八字宪法，每項都不可講假話。老实人，敢講眞話的人，归根結底于人民事业有利，于自己也不吃亏，爱講假話的人，一害人民，二害自己，总是吃亏。应当說有許多假話是上面压出来的。上面"一吹、二压、三許願"，使下面很难办。因此，干劲一定要有，假話一定不可講。

以上六件事情請同志們研究，可以提出不同意見，以求得眞理为目的。我們办农业工作的經驗还很不足。一年一年积累經驗，再过十年，客观必然性可能逐步被我們認識。在某种程度上，我們就有自由了。什么叫自由，自由是必然的認識。

同現在流行的一种高調比較起来，我在这里唱的是低調，目的在眞正調动积极性，达到增产的目的。如果事实不是我講的那样低，而达到較高的目的，我变为保守主义者，那就謝天謝地，不胜光荣之至。

关于发展养猪事业的一封信

（一九五九年十月十一日）

×××同志：

此件很好，請在新华社内部参考发表。看来养猪事业必须有一个大发展。除少数禁猪的少数民族以外，全国都应当仿照河北省吳桥县王謙寺人民公社的办法办理。在吳桥县，集資容易，政策正确，干劲甚高，发展很快。关鍵在于一个很大的干劲。拖拖沓沓，困难重重，这也不可能，那也办不到，这些都是懦夫和懶汉的世界观，半点馬克思列宁主义者的雄心壮志都沒有。这些人离一个眞正共产主义者的风格大約还有十万八千里。我劝这些同志好好地想一想，将不正确的世界观改过来。我建議，共产党的省委（市委、自治区党委）、地委、县委、公社党委，以及管理区，生产队，生产小队的党組織，将养猪业，养牛养羊养驴騾养馬养鷄养鴨养鵝养兔等項事业，認眞地考虑研究，计划和采取具体措施，并且組織一个畜牧业家禽业的委員会或小組，以三人，五人至九人組成，以一位对于此事有干劲有脑筋，而又善于办事的同志充当委員会或小組的領导責任。就是說派一个强有力的人去領导。大搞飼料生产，有各种精粗飼料，看来包谷是飼料之王。美国就是这样办的。苏联現在也开始大办了。中国的河北省吳桥县現在也已經开始办了。使人看了极为高兴。各地养猪不亚于吳桥的，一定还有很多。全国都应大办而特办，要把此事看得同粮食同等重要，把包谷升到主粮的地位。有人建議，把养猪升到六畜之首，不是"馬牛羊鷄犬猪"，我举双手贊成。猪占首要地位，实在天公地道。苏联伟大土壤学家和农学家威康氏强調說，农林畜三者互相依賴，缺一不可，要把三者放在同等地位，这是完全正确的。我們認为农林业是发展畜牧业的祖宗，畜牧业是农林业的儿子了。然后，畜牧业又是农、林业（主要是农业）的祖宗，农、林业又变为儿子了。这就是三者平衡地位互相依賴的道理。美国的种植业与畜牧业并重。我国也一定要走这条路綫，因为这是証实了确有成效的經驗。我国的肥料来源第一是养猪及大牧畜，一人一猪，一亩一猪，如果办到了，肥料的主要来源就解决了。这是化学肥料，比无机化学肥料优胜十倍。一头猪就是一个小型有机化肥工厂。而且猪又有肉，又有鬃，又有皮，又有骨，又有內臟（**可以作制葯原料**），**我們何乐而不为呢？肥料是植物的粮食，植物是动物的粮食，动物是人类的粮食。由此观之，大养而特养其猪，以及其它牲畜，肯定是有道理的。**以一个至两个五年計划完成这个光荣伟大的任务，看来是有可能的。用机械装备农业，是农、林、牧三結合大发展的决定性条件。今年已成立了农业机械部，农业机械化的实现，看来，为期不远了。

給江西共产主义劳动大学的一封信

（一九六一年）

同志們：

你們的事业我是完全贊成的。半工半讀、勤工俭学，不要国家一文錢，小学、中学、大学都有，分散在各省各个山头，少数在平地，这样的学校，确是很好的。在校的青年居多，也有一部分中年干部，我希望不但在江西省有这样的学校，各省也应有这样的学校。各省应派有能力有見識的负責同志到江西来考察，吸取經驗回去試办。初期学生宜少，逐漸增加，至江西这样有五万人之多。再則党、政、民（工、青、妇机关）也要办学校，半工半学，不过同江西这样的半工半学不同，江西的工，是农业、林业、牧业这一类的工，学是农、林、牧这一类的学。而党、政、民机关的工，則是党、政、民机关的工，学是文化科学、时事、馬列主义理論这样一些的学，所以两者是不同的。中央机关已办的两个学校，一个是中央警卫团办的，办了六、七年了，战士、干部从初識文字进小学，然后进中学，然后进大学。一九六〇年，他們已进大学部門了，他們很高兴，写了一封信給我，这封信可以印給你們看一看。另一个，是去年（一九六〇年）办起的，是中南海的党的各种机关办的，同样是半工半讀，工是机关的工，无論是机要人員，生活服务人員，招待人員，医务人員，保卫人員，及其他人員。警卫团是軍队，他們也是警卫职务，卽是站崗守卫，这是他們的工，他們还有严格的軍事訓練。这些与文职机关的学校是不同的。一九六一年八月一日，江西共产主义劳动大学三周年紀念，主持者要我写几个字，这是一件大事，因此为他們写了如上的一些話。

关 于 民 主 集 中 制 問 題 的 講 話

（一九六二年一月三十日）

看起来，我們有些同志，对于馬克思、列宁的民主集中制，还不理解。有些同志已經是老革命了，"三八式"的，或者什么式的，总之已經作了几十年共产党員，但他們还不懂得这个問題。他們怕群众，怕群众講話，怕群众批評。哪有馬克思列宁主义者怕群众的 道 理呢？有了錯誤，自己不講，又怕群众講。愈怕就愈有鬼。我看不应当怕，有什么可怕的呢？我們的态度是：坚持眞理，随时准备修正錯誤。我們工作中的是和非的問題，正确与錯誤的問題。这是属于人民內部矛盾的問題。解决人民內部矛盾，不能用咒罵，也不能用拳头，更不能用刀枪，只能用民主的方法，讓群众講話的方法。

不論党內党外，都要有充分的民主生活。就是說，都要認眞实行民主集中制。要眞正把問題敞开，要群众講話，那怕是罵自己的話，也要讓人家講。罵的结果，无非是自己倒台，不能做这項工作了，降到下級机关去工作，或調到别的地方去工作，那有什么不可以的呢？一个人为什么只能上升不能下降呢？为什么只能做这个地方的工作而不能調到别的地方去呢？我認为这种下降与調动，无論正确与否，都是有益处的，可以鍛炼革命意志，可以調查和研究許多新鮮情况，增加有益的知識。……

現在有些同志很怕群众开展討論，怕他們提出同領导机关、領导者不同的意见。討論問題就压抑群众的积极性，不許人家講話，这种态度及非常恶劣。民主集中制是上了我們党章的，上了我們宪法的，他們就是不实行。同志們，我們是干革命的，如果眞正犯了"錯誤"，这种錯誤是不利于党的事业，不利于人民利益的，就应当征求人民群众和同志們的意见，幷且自己作检討。这种检討，有的时候要有若干次，一次不行，大家不滿意，再来第二次，还不滿意，再来第三次，一直到大家沒有意见了，才不再作检討……不管是主动的，被动的，早作检討，自己作检討，只有正視錯誤，肯承認錯誤，肯改正錯誤，肯听群众批評，只要采取了这种态度，都应当欢迎。

批評与自我批評是一种方法，是解决人民內部矛盾的方法，而且是唯一的方法，除此以外，沒有别的方法。但是如果沒有充分的民主生活，沒有眞正的民主集中制，就不可能实行批評和自我批評这种方法。

我們現在不是有許多困难嗎？不依靠群众，不发动群众干部的积极性，就不可能克服困难。但是如果不向干部和群众說明情况，不向群众和干部交心，不讓他們說出自己的意见，他們还会对你感到害怕，不敢講話，就不可能发动他們的积极性。我在1957年这样說过：要造成既有集中又有民主，又有紀律又有自由，又有统一意志，又有个人心情舒暢，生动活泼，那样一种政治局面。党內党外都应有这样的政治局面。沒有这种政治局面，群众的积极性是不能发动起来的。克服困难，沒有民主不行。当然沒有集中又不行，但是沒有民主就沒有集中。

沒有民主，不可能有正确的集中，因为大家意见分岐，沒有统一的認識。集中制就建立不起来，什么叫集中，首先是要集中正确的意见。在集中正确意见的基础上，做到统一認識、统一政策，统一計划，统一指揮，统一行动，叫做集中统一。如果大家对問題还不了解，有意见沒有发表，有气沒有出，你这个集中统一怎么建立得起来呢？沒有民主，就不可能正确地总結經驗。沒有民主，意见不是从群众中来，就不可能制定出好的路綫、政策、方針和方法，这一方面来說，只是一个加工厂，大家知道，工厂沒有原料，就不能进行加工。沒有数量上充分和質量上适当的原料，就不可能制造出好的成品来。如果沒有民主，不了解下情，情況不明，不充分收集各方面的意见，不能上下通气，只由上級領导机关，凭着片面的或不眞实的材料，决定問題，那就难免不是主观主义的，也就不可能达到統一的認識，統一的行动，不可能实现眞正的集中。我們这次会議上的主要議題，不是要反分散主义，加强統一嗎？如果离开充分发揚民主，这种集中，这种統一是眞的还是假的？是实的，还是虚的？是正确的，还是錯誤的？当然只能是假的，虚的，錯誤的。

我們的集中制是建立在民主基础上的集中，无产階級的集中，是广泛民主基础上的集中，各級党委是执行集中領导的机关。但是，党委的領导是集体的領导，不是第一書記个人独断。在党委会內部，只应当实行民主集中制，……只要是大事，就得集中討論，認眞地听取不同意見，不断地对于复杂的情況和不同的意見加以分析。要想到事情的几种可能性，估計情況的几面，好的，积极的，顺利的，困难的，可能遇到的和不可能碰到的，尽可能地愼重些，周到一些。……从前有个項羽叫西楚霸王，他就是不爱听别人的意见，他那里有个范增，給他出过主意，可是項羽不听范增的話。另外一个人叫刘邦，就是汉高祖，他比較能夠采納不同的意見。有个知識分子叫酈食其，去见刘邦，初一见，說是讀書人，孔夫子这一派的，回答說："現在軍事时期不见儒生。"这个酈食其就发火了，他向管門房的說："你給我滾进去报告是高阳酒徒，不是儒生。"管門房的进去照样报告一遍。好，請。請了进去。刘邦正在洗脚，赶忙起来劝酒。酈食其因为刘邦不見儒生事，心中还有火，批評了刘邦一頓。他說："你究竟要不要爭取天下，你为什么輕視长者？！"这时候，酈食其已經六十多岁了，刘邦比他年輕所以他自称长者，此事见"史紀"酈食其和朱紹伎。刘邦是封建时代历史学家称之为"豁达大度，从容項强"的英雄人物。刘邦同項羽打了几年仗结果刘邦胜利了，項羽失败了，不是偶然的。

我們有些同志听不得相反意见，批評不得，这是很不对的……有了錯誤，一定要搞自我批評。要讓人家講話，讓人批評。……**我們的省委書記，地委書記，县委書記，直到区委書記，公社党委書記，旣然做了第一書記，对工作中的缺点、錯誤就要担起責任，怕負責任，不許人講話，老虎屁股摸不得，凡是采取这种态度的人，十个有十个要失败的，人家总是要講的，你老虎屁股眞的摸不得嗎？偏要摸。**

在我們国家，如果不充分发揚人民民主和党內民主，不充分实行无产階級的民主制，就不可能有眞正的无产階級集中制。沒有高度的民主，就不可能有高度的集中，就不可能建立社会主义經济。我們的国家，如果不建立社会主义經济，那会是一种什么状況呢？就会变成南斯拉夫那样的国家，变成资产階級的国家，无产階級专政就会轉化为资产階級专政而且是反动的法西斯专政。这是一个十分值得警惕的問題，希望同志們好好想一想。

沒有民主集中制，无产階級专政就不可能巩固。在人民内部实行民主，对人民的敌人实行专政。这两个方面是分不开的，把这两个方面綜合起来，就是无产階級专政，或叫人民民主专政。我們的口号是无产阶级領导的，工农联盟为基础的人民民主专政，无产阶级怎么实行領导呢？經过共产党来領导。共产党是无产阶级的先进部队，无产阶级团結一切贊成、拥护和参加社会主义革命和社会主义建設的阶级和阶层。对反动阶级或者說对反动阶级残余，实行专政。在我們国内，人剝削人的制度已經消灭。现在反动阶级已没有那么厉害了，已沒有1957年資产阶级右派猖狂进攻时那么厉害，比如說，已經沒有1949年人民共和国建立的时候那么厉害，所以我們說是反动阶级残余。但是对于这个残余，千万不可輕視，必須继續同他們作斗爭。已被推翻的阶级企图复辟，在社会主义社会，还会产生新的資产阶级分子。整个社会主义社会阶段，存在着阶级和阶级斗爭，这种阶级斗爭是长期的，复杂的，有时甚至是激烈的。我們的专政工具不能削弱，反应当加强。……对于反动阶级实行专政，这并不是說，把一切反动分子統統消灭掉，而是改造他們，用适当的方法改造他們，使他們成为新人。沒有广泛的人民民主，无产阶级专政不能巩固，政权就不稳。沒有民主，沒有把群众发动起来，沒有群众的监督，就不可能对反动分子实行有效的专政。也不可能对他們实行有效的改造，他們就会继續搗乱，还有复辟的可能。这个問題应当警惕，也希望同志們好好想一想……。

要发揚民主，要启发人家批評，要听人家的批評，自己要經得起批評，应当采取行动，首先作自我批評，有什么就检討什么，一个鐘头，頂多两个鐘头。倾箱倒篋而出，无非那么多。如果人家認为不够，請他提出来，如果認为对，我就接受。讓人家講話，是采取主动好，还是被动好？当然是主动的好。已經处在被动地位怎么办？过去不民主，还在陷于被动。那也不要紧，就請大家批評吧。白天出去，晚上不看戏，白天晚上都請你們批評。这时候，我坐下来，冷靜地想一想，两三天晚上睡不着觉，想好想通了，然后做篇检討，这不就好了嗎？总之，讓人家講話，天不会塌下来，自己也不会垮台。不讓人家講呢？那就难免有一天要垮台。……

对柯庆施同志报告的批示

（一九六三年十二月十二日）

此件可以一看。各种艺术形式——戏剧、曲艺、音乐、美术、舞蹈、电影、詩和文学等等，問題不少，人数很多，社会主义改造在許多部門中，至今收效甚微。許多部門至今还是"死人"統治着。不能低估电影、話剧、民歌、美术、小說的成績，但其中問題也不少。至今，戏剧等部門的問題就更大了。社会主义經济基础已經改变了，为这基础服务的上层建筑之一的艺术部門至今还是一个問題。这需要从调查研究着手，認真抓起来。許多共产党人热心提倡封建主义和资本主义的艺术，却不热心提倡社会主义的艺术，岂非咄咄怪事。

关 于 文 艺 工 作 的 批 示

（一九六三──一九六四年）

一九六三年九月，毛主席在中央工作会議上指示：戏剧要推陈出新，不应推陈出陈，光唱帝王将相，才子佳人和他們的了头保镖之类。

一九六三年十二月，毛主席批示：各种文艺形式──戏剧、曲艺、音乐、美术、舞蹈、电影、詩和文学等等，問題不少，人数很多，社会主义改造在許多部門中，至今收效甚微，許多部門甚今还是"死人"統治着。毛主席說：許多共产党人热心提倡封建主义和資本主义的艺术，却不热心提倡社会主义的艺术，豈非咄咄怪事。

一九六四年六月毛主席在全国文联和所屬各协会整风时指出：这些协会和他們所掌握的刊物的大多数（据說有少数几个好的），十五年来，基本上（不是一切人）不执行党的政策，做官当老爷，不去接近工农兵；不去反映社会主义的革命和建设。最近几年，竟然跌到了修正主义的边緣，如不認真改造，势必在将来的某一天，要变成象匈牙利裴多菲俱乐部那样的团体。

一九六四年八月，毛主席在《中央宣传部关于公开放映和批判＜北国江南＞、＜早春二月＞的請示报告》上批示：可能不只这两部影片，还有别的都需要批判。使修正主义材料公佈于众。

关于教育工作的春节指示（摘录）

（一九六四年二月十三日）

毛主席說：今天想和大家談談教育問題，现在工业有了进步，我看教育也要改一改，现在还不行。

毛主席說：（学制）可以縮短。

毛主席說：也可以办女民兵、娘子軍，十六、七岁的女孩子可以过半年到一年的軍事生活。十七岁也可以当兵。

毛主席說：现在課程就是多，害死人，使中小学生、大学生天天处于紧张状态，近視眼天天增加；设备不好，光綫不好。

毛主席說：課程可以砍掉一半，孔夫子只有六艺：礼、乐、射、御、詩、書，但教出了顏、曾、子、孟四大賢人。学生沒有文化娱乐、游泳、运动，那是不行的。

毛主席說：历来状元都是沒有很出色的，李白、杜甫不是进士也不是翰林。韓愈、柳宗元只是二等进士。王实甫、关汉卿、罗貫中、蒲松齡、曹雪芹也都不是进士、翰林。凡是当了进士、翰林的都是不成功的。

明朝搞得好的只有明太祖、明成祖两个皇帝，一个不識字，一个識字不多。以后到了嘉靖，知識分子当权，反而不行，国家就管不好了，書讀多了就做不好皇帝，是害人的事。刘秀是个大学（士）生　而刘邦是个大草包。

毛主席說：现在的考試方法是对付敌人的办法，而不是对人民的办法，是突然袭击，出偏题，古怪题，还是考八股文章的办法，我不贊成，要完全改变，我主张先出一些題公布，由学生研究，看書去做，例如，对《紅楼夢》出二十个題目，如学生能答出十題，答得好，其中有的很好，有創見，可以打一百分，可二十題都答，也对，但是平平淡淡，沒有創見的，給五十分，六十分，考試可以交头接耳，冒名頂替。你答对了，我抄你的，抄下来也算是好的，交头接耳，冒名頂替，过去不公开，现在讓他公开，我不会，你写了，我抄一遍，可以，可以試試点。

先生講課要允許学生打瞌睡，你講得不好，还一定讓人家听，与其睜着眼听着沒味道，不如睡觉还可以养养神，可以不听，稀稀拉拉。

毛主席說：现在这个办法，是摧残人材，摧残青年，我很不贊成，讀那么多書，考試办法是对付敌人的办法，害死人，要終止。

（当有人談到："学生負担太重，門門都有課外作业，现在学了三套办法：孔夫子一套，杜威一套，苏联一套。"时）

毛主席說：孔夫子不是这个办法，孔夫子只有六門課，李东阳不是进士出身，后来做了宰相。

（当有人談到："河北去年大水，教育厅很紧张，房子塌了，就办簡易学校，結果中小学学生反而增加"时）

毛主席說：大水冲垮了教条主义，洋教条、土教条都要搞掉。

毛主席說：要把唱戏的、写詩的、戏剧家、文学家赶出城，統統都下去，分期分批下放到农村、工厂，不要总住机关，这样写不出东西来，你不下去就不开飯，下去就开飯。

毛主席說：明朝李时珍长期自己下乡采葯，祖冲之也沒上过中学、大学，孔夫子出身贫穷，放过羊，也沒上过大学，是个吹鼓手，人家死了人，他去吹吹打打，做过会计，会弹琴、射箭、駕車子，从小从群众中来，了解一些群众疾苦，后来他在鲁国当了官，大知識分子了，群众的事儿听不到，大概是有个子路，是他的保鏢，使群众不敢接近。孔夫子只有六門課，書恐怕是指的历史。孔夫子的传统不要丢了，我們的方针正确，方法不对。现在的学制、課程、教学方法，考試方法都要改；这是很摧残人的。

毛主席說：高尔基只讀了两年書，学問完全是自学的，美国的弗兰克林出身于卖报的。

瓦特是工人，发明了蒸汽机。

（当有人談到："入大学前拿一段时間到工厂、农村"时）

毛主席說：还有軍队。

毛主席說：现在一是課多，一是書多，压得太重，有些科不一定都要考，如中学学一点邏輯，語法，不要考，眞正理解要到工作中慢慢体会，知道什么是語法，什么是邏輯就行了。

（当有人談到："现在教育思想有两派，一派主张講透，一派主张講总略，学懂，学会，学少一点，现在很多学校想一下子講透"时）

毛主席說：这是烦瑣哲学，烦瑣哲学总是要灭亡的。如經学，搞那么多注释，现在統統消灭了。我看用这种办法教出来的学生，无論是中国也好，美国也好，苏联也好，都要消灭，都得走向自己的反面，如佛經那么多，唐玄奘考証的比較簡化，只有一千多字。现在还有一个是觉莫罗士考証的，字太多，灭亡了，五經、十三經不是也行不通了。

書不能讀得太多，馬克思主义的書要讀，也不能讀得太多，讀几十本就行了，讀多了就会走向反面，成为書呆子，成为教条主义，修正主义。

孔子学問中沒有工业、农业，因此，四体不勤，五谷不分，这方面我們要想办法。

关 于 課 程 及 考 試 方 法 的 批 示

（一九六四年三月十日）

现在学校課程太多，对学生压力太大，講授又不甚得法，考試方法視学生为敌人，举行突然袭击，这不利于培养青年們在德、智、体諸方面生动活泼地主动地得到发展的。

接見尼泊尔教育代表团时关于教育問題的談話

（一九六四年）

我們的教育正存在着很多問題，其中主要的問題是教条主义。以教育制度来說，我們现在正在改革，现行的学制，年限太长，課程太多，教学方法有很多是不好的。学生讀了課本还是課本，学了概念还是概念，别的什么也不知道。四体不勤，五谷不分，許多学生不知道什么是牛、馬、羊、鷄、犬、猪，也分不出什么是稻、粱、粟、糜、麦、黍、稷，学生要讀到二十几岁才能讀完大学，学习年限太长，課程太多，采取的方法是注入式，也不是启发式，考試的方法是把学生当敌人看待，举行突然袭击（笑）。所以我劝你們千万不要迷信中国的教育制度，不要認为它是好的。现在过多改革还有好多困难，有很多人就不贊成，目前贊成新方法的少，不贊成的多。这就可能泼了你們的冷水。你們希望看好的，我就专講坏的（笑）。

但是也不是一点好的也沒有，比如拿工业方面的地質来説，旧社会給我們留下的地質学家和技术工人只有二百人，现在就有二十多万人。

大体上可以説，搞工业的知識分子比較好些，因为他們接触实际，搞理科的，也就是搞純科学的差一些，但是比文科还好一些，最脱离实际的是文科，无論学历史的也好，学哲学的也好，学經济的也好，都太脱离实际，他們最不懂得世界上的事情。

我已經說过，我們沒有什么伟大，就是从老百姓那里学来一点东西而已。当然我們也学了一点馬列主义，但是光学馬列主义还不行。要从中国的特点和事实出发来研究中国的問題。我們中国人，比如象我这样的人，开始是对中国的情况并不太了解，知道了反对帝国主义，反对帝国主义的走狗，但是就不知道如何反法。这就要求我們研究中国的情况，同你們研究你們国家的情况一样。我們花了很长一段时间，由中国共产党的成立，到全国的解放，整整花了二十八年，才逐步形成了一整套适合中国的政策。

力量的来源就是人民群众。不反映人民群众的要求，那一个也不行。要在人民群众那里学到知識，制定政策，然后再去教育人民群众。所以要想当先生，就得先当学生。沒有一个教师先当教师的。而且当教师之后，也还要向人民群众学习，了解自己的学习情况。所以在教育学中有心理学、教育学两門科学，不懂得实际，学了也不会用。

清华大学有工厂，那是一座理工科工厂。学生如果只有書本知識而不做工是不行的。但是大学文科不好設工厂，不好設什么文学工厂，什么历史学工厂，經济学工厂或小説工厂。文科要把整个社会作为自己的工厂，师生应该接触农民和城市工人，接触工业和农业，不然学生毕业，用处不大。如学法律的，如果不到社会中去了解犯罪情，法律是学不好的，不可能有什么法律工厂，要以社会为工厂。

所以比較起来，我国文科最落后，就是因为接触实际太少。无論学生也好，教师也好，都是一样，就是在課堂里講課。講哲学就是書本上的哲学。如果不到社会上、人民群众中間去学哲学，不到自然界去学哲学，那种哲学学来学去也沒有用处，仅仅懂得概念而已。邏輯学也是如此，可以讀一遍課文，但不会懂得太多，只有在运用中才能逐步理解。我讀邏輯学的时候就不太懂，在用的时候才逐步懂得。

这里我講的是邏輯，还有，比如文学要学語法，讀的时候也不太懂，要在写作中才能逐步理解語法的用处。我們是按照习慣写文章，按照习慣講话，不学語法也可以的。我国几千年来，就是沒有語法这門科学，但古人的文章有时写得相当好。当然我并不反对学語法。关于修辞学，学也可以，不学亦可以，伟大的文学家并不是什么修辞专家。我也学过修辞学，但不理解它。你也是先学了修辞学才作文章的嗎？

对《关于学习解放军加强政治工作的指示》的批示

（一九六四年）

现在全国学解放军、学大庆，学校也要学解放军。解放军好是政治思想好，也要向全国城市、农业、工业、商业、教育的先进单位学习。

国家工业各部門現在有人提議自上至下（卽从部到厂矿）都学解放军，設政治部、政治处和政治指导員，实行四个第一和三八作风——看来不这样做是不行的，是不能振起整个工业部門（还有商业部門，还有农业部門）成百万成千万干部和工人的革命精神的。

对北京师范学院調查材料报告的批示

（一九六五年七月三日）

学生負担过重，影响健康，学了也无用。建議从一切活动总量中砍掉三分之一。請邀师生代表討論几次，决定执行，如何，請酌。

今后的几十年对祖国的前途和人类的命运是多么宝贵而重要的时期啊！现在二十岁的青年，再过二、三十年是四、五十岁的人，我们这一代青年人，将亲手参加把我们一穷二白的祖国建设成为伟大的社会主义强国，将亲手参加埋葬帝国主义的战斗，任重而道远。有志气有抱負的中国青年，一定要为完成我們伟大的历史使命而奋斗终身！为完成我們伟大的历史使命，我們这一代要下决心一輩子艰苦奋斗！

政治工作要走群众路綫，单靠首长不行，你能管这么多嗎？許多好事坏事你是看不到的，你只能看到一部分。所以要发动人人負責，人人开口，人人鼓励，人人批評。每个人都长着眼睛和嘴，就应該讓他們去看，讓他們去說。群众的事情由群众来办理就是民主，这里有两条路綫，一条是单靠个人来办，一条是发动群众来办。我們的政治是群众的政治，民主的政治要靠大家来治，而不是少数人来治，一定要发动人人开口。每个人旣然长了嘴巴，就要担負两个責任，一个是吃飯，一个是說話。在坏事情、坏作风面前，就要說話，就要負起斗爭的責任来。

沒有党的领导，单靠首长个人来领导，事情一定办不好，一定要靠党和同志們来办事，而不是靠一个人在那里办事，不是首长一个人办，群众不动，要形成群众动手动口的风气。上面要靠党的领导，下面要靠广大群众，这样才能把事情办好。

对陈正人同志蹲点报告的批示

（一九六五年一月二十九日）

管理也是社教，如果管理人員不到車間小組搞三同，拜老师，学一門至几門手艺，那就一輩子会同工人阶級处于尖銳的阶級斗爭状态中，最后必然被工人阶級把他們当做資产阶級打倒。不学会技术，长期当外行，管理也搞不好。以其昏昏，使人昭昭，是不行的。

官僚主义者阶級与工人阶級和貧下中农是两个尖銳对立的阶級。

这些人是已經变成或者正在变成吸工人血的資产阶級分子，他們怎么会認識足呢？这些人是斗爭对象，革命对象，社教运动不能依靠他們。我們能依靠的，只有那些同工人沒有仇恨的又有革命精神的干部。

对徐寅生同志的《关于如何打乒乓球》一文的批示

（一九六五年一月）

徐寅生同志講話和賀龙同志的批語，印发中央同志們一閱，并希你們回去后，再加印发，以广宣传。同志們，这是小将們向我們这一大批老将挑战了。难道我們不应該向他們学习一点什么东西嗎？講話全文充滿了辯証唯物論，处处反对唯心主义和任何一种形而上学。多年以来沒有看到这样好的作品，他講的是打球，我們要从他那里学习的是理論、政治、經济、文化、軍事。如果我們不向小将学习，我們就要完蛋了。

在 杭 州 的 講 話

（一九六五年十二月二十一日）

这一期《哲学研究》（指一九六五年第六期工农兵哲学論文特輯）我看了三篇文章。你們搞哲学的要写实际的哲学，才有人看。書本式的哲学难懂，写給誰看？一些知識分子，什么吴晗啦，翦伯贊啦，越来越不行了。现在有个孙达人，写文章针对翦伯贊所謂封建地主阶級对农民的"讓步政策"，在农民战争之后，地主阶級只有反攻倒算，哪有什么讓步？地主阶級对太平天国就是沒有什么讓步，义和团先"反清灭洋"后来就"扶清灭洋"，得到了慈禧的支持。清朝被帝国主义打敗了，慈禧和皇帝逃跑了，慈禧就搞起"扶洋灭团"。《清宫秘史》有人說是爱国主义的，我看是卖国主义的，彻底的卖国主义。为什么有人說他是爱国主义的？无非認为光緒皇帝是个可怜的人，和康有为一起开学校、立新軍，搞了一些开明措施。

　　清朝末年，一些人主张"中学为体、西学为用"，"体"好比我們的总路綫。那是不能变的。西学的"体"不能用，民主共和国的"体"也不能用。"天賦人权""天演論"也不能用，只能用西方的技术。当然"天賦人权"也是一种錯誤的思想，什么"天賦人权"？还不是"人"賦"人权"。我們这些人的权是天賦的嗎？我們的权是老百姓賦予的，首先是工人阶級和貧下中农賦予的。

　　研究一下近代史，就可以看出，那有什么"讓步政策"。只有革命势力对于反动派的讓步，反动派总是反攻倒算的。历史上每当出現一个新的王朝，因为人民艰苦，沒有什么东西可拿，就采取"輕徭薄賦"的政策。"輕徭薄賦"政策对地主阶級有利。

　　希望搞哲学的人到工厂、农村去跑几年，哲学体系改造一下，不要照过去那样写，不要写那样多。

　　南京大学一个学生，农民出身，学历史的。参加了四清，以后写了一些文章，講历史工作者一定要下乡去，登在南京大学学报上。他做了一个自白，說：我讀了几年书，脑子里連一点劳动的影子都沒有了，在这一期南京大学学报上，还登了一篇文章，說道：本質是主要矛盾，特別是主要矛盾的主要方面。这个話，我也还沒說过。現象是看得見的，刺激人們的感官。本質是看不見的，摸不着的，隐藏在現象背后。只有經过調查研究，才能发現本質。本質如果能摸得着，看得見，就不需要科学了。

　　要逐漸地接触实际，在农村搞上几年，学点农业科学、植物学、土壤学、肥料学、細菌学、森林学、水利学等等。不一定翻大本子，翻小本子，有点常識也好。

　　現在这个大学教育，我們怀疑从小学到大学，一共十六、七年，二十多年看不見稻、菽、麦、穀、稷，看不見工人怎样做工，看不見农民怎样种田，看不見怎样做买卖，身体也搞坏了，眞是害死人。我曾給我的孩子說："你下乡去跟貧下中农說，就說我爸爸說讀了几年书，越讀越蠢。請叔叔伯伯、兄弟姐妹作老师，向你們来学习。"其实入学前的小孩子，一直到七岁，接触社会很多，两岁学說話，三岁哇喇哇喇跟人吵架，再大一点，就拿小鋤头土，摸仿大人劳动，这就是客观世界。小孩子已經学会了概念，狗是大概念，黑狗黄狗是些小的概念。他家里的那条黄狗就是具体的。人，这个概念，已經舍掉了許多东西，男人女人不見了，大人小人不見了，中国人外国人不見了，革命的人和反革命的人都不見了，只剩下了区別于其他动物的特性，誰見过"人"？只能見到张三李四。"房子"的概念，誰也看不見，只能看到具体的"房子"，天津的洋楼，北京的四合院。

　　大学教育应当改造，上学的时間不要那么多。文科不改造不得了。不改造能出哲学家嗎？能出文学家嗎？能出历史学家嗎？現在的哲学家搞不了哲学，文学家写不了小說，历史系搞不了历史。要搞就是帝王将相。戚本禹的文章（如《为革命而研究历史》）写得好，缺点是沒有点名。姚文元的文章（《評新編历史剧〈海瑞罢官〉》）好处是点了名，但是沒有打中要害。

　　要改造文科大学，要学生下去，搞工业、农业、商业。至于工科理科不同，他們有实习

工 ，有实验室，在实習工厂做工，在实驗室作实验。高中毕业后就要先做点实际工作，单下农村还不行，还要下工厂、下商店、下連队。这样搞它几年，然后讀两年書就行了。大学如果是五年的話，去下面搞三年，教員也要下去，一面工作，一面教。哲学、文学、历史，不可以在下面教嗎？一定要在大洋楼里面教嗎？

大发明家瓦特、爱迪生等都是工人出身，第一个发明电的富兰克林是个卖报的，报童出身的。从来的大学問家，大科学家，很多都不是大学出来的；我們党中央里面的同志，也沒有几个大学毕业的。

写書不能象现在这样写法。比如講分析綜合。过去的書都沒有講清楚。說"分析中就有綜合"，"分析和綜合是不可分的"，这种說法恐怕是对的，但有缺点。应当說分析和綜合旣是不可分的，又是可分的。什么事情都是可分的，都是一分为二。

分析也有不同的情况，比如对国民党和共产党的分析。我們过去是怎样分析国民党的？我們說，它统治的土地大，人口多，有大中城市，有帝国主义的支持，他們軍队多，武器强。但是最根本的是他們脱离群众，脱离农民，脱离士兵，他們內部有矛盾。我們的軍队少，武器差（小米加步枪），土地少，沒有大城市，沒有外援。但是我們联系群众，有三大民主，有三八作风，代表群众的要求。这是最根本的。

国民党的軍官，陆軍大学毕业的，都不能打仗。黃埔軍校只学几个月，出来的人就能打仗。我們的元帅、将軍，沒有几个大学的。我本来也沒有讀过軍事書。讀过"左传"、"資治通鑑"，还有"三国演义"。这些書都講过打仗，但是打起仗来，一点印象也沒有了。我們打仗一本書也不带，只是分析敌我斗争形势，分析具体情况。

綜合就是吃掉敌人。我們是怎样綜合国民党的？还不是把敌人的东西拿来改造。俘虏的士兵不杀掉，一部分放走，大部分补充我軍，武器、粮秣各种器材，統統拿来。不要的，用哲学的話說，就是揚弃，就是杜聿明这些人。吃飯也是分析綜合。比如吃螃蟹，只吃肉不吃壳。胃腸吸收营养，把糟粕排泄出来。你們都是洋哲学，我是土哲学。对国民党綜合就是把它吃掉，大部分吸收，小部分揚弃，这是从馬克思那里学来的。馬克思把黑格尔哲学的外壳去掉，吸收他們有价值的內核，改造成唯物辯证法。对費尔巴哈，吸收他的唯物主义，批判他的形而上学。継承还是要継承。馬克思对法国的空想社会主义，英国的政治經济学，好的吸收，坏的抛掉。

馬克思的《資本論》，从分析商品的二重性开始。我們的商品也有二重性，一百年后的商品还有二重性，就是不是商品，也有二重性。我們的同志也有二重性，就是正确和錯誤。你們沒有二重性？我这个人就有二重性。青年人容易犯形而上学，講不得缺点。有了一些閱历就好了。这些年，青年有进步，就是一些老教授沒有办法。吳晗当市长，不如下去当个县长好。楊献珍、张聞天也是下去好。这样才是眞正帮助他們。

最近有人写关于充足理由律的文章。什么充足理由律？我看沒有什么充足理由律。不同的階級有不同的理由，哪一个阶级没有充足理由？罗素没有充足理由？罗素送我一本小册子，可以翻譯出来看看，罗素现在政治上好了些，反修、反美、支持越南，这个唯心主义者有点唯物了。这是說的行动。

一个人要作多方面的工作，要同各方面的人接触。左派不能光同左派接触，还要同右派接触，不要怕这怕那。我这个人就是各种人都见过，大官小官都見过。

写哲学能不能改变个方式，要写通俗的文章，要用劳动人民的語言来写。我們这些人都是学生腔（陈伯达同志插話：主席除外），我做过农民运动、工人运动、学生运动、国民党运动，做过二十九年的軍事工作，所以稍微好一些。

哲学研究工作，要研究中国历史和中国哲学史的历史过程。先搞近百年史。历史过程不是矛盾的統一嗎？近代史就是不断地一分为二，不断地斗。斗爭中一些人妥协了。但是人民不滿意，还是要斗。辛亥革命以前，有孙中山和康有为的斗爭。辛亥革命打倒了皇帝，又有孙中山和袁世凱的斗爭。后来国民党內部又不断发生分化和斗爭。

馬列主义經典著作，不但要写序言，还要做注释。写序言，政治的比較好办，哲学的麻煩，不太好搞。辯証法过去說是三大規律，斯大林說是四大規律，我的意思是只有一个基本規律，就是矛盾的規律。質和量，肯定和否定，現象和本質，內容和形式，必然和自由，可能和現实等等，都是对立的統一。

說形式邏輯和辯証法的关系，好比是初等数学和高等数学的关系，这种說法还可以研究。形式邏輯是講思維形式的，講前后不相矛盾的。它是一門专門科学，任何著作都要用形式邏輯。

形式邏輯对大前提是不管的，要管也管不了。国民党罵我們是"匪徒"，"共产党是匪徒"，"张三是共产党"，所以"张三是匪徒"。我們說"国民党是匪徒，蔣介石是国民党，所以說蔣介石是匪徒"。这两者都是合乎形式邏輯的。

用形式邏輯是得不出多少新知識的。当然可以推論，但是結論实际上包括在大前提里面。现在有些人把形式邏輯和辯証法混淆在一起，这是不对的。

給 林 彪 同 志 的 信

——对軍委总后勤部《关于进一步搞好部队农业的报告》的批示

（一九六六年五月七日）

林彪同志:

你在五月六日寄来总后勤部的报告收到了，我看这个计划是很好的。是否可以将这个报告发到各軍区，請他們召集軍、师两級干部在一起討論一下，以其意见上报軍委，然后报告中央取得同意，再向全軍作出适当的指示，請你酌定。只要在沒有发生世界大战的条件下，軍隊應該是一个大学校，卽使在第三次世界大战的条件下，很可能也成为一个这样的大学校，除打仗以外，还可以做各种工作。第二次世界大战的八年中，各个抗日根据地，我們不是这样做了嗎？这个大学校，要学政治，学軍事，学文化，又能从事农付业生产，又能办一些中小工厂，生产自己需要的若干产品和与国家等价交换的产品。这个大学校，又能从事群众工作，参加工厂、农村的社教运动，社会主义教育运动完了，随时都有群众工作可做，使軍民永远打成一片；又要随时参加批判資产阶级的文化革命斗爭。这样，軍学、軍农、軍工、軍民这几项都可以兼起来。当然要調配适当，要有主有从，农、工、民三項、一个部队只能兼一項或两項，不能同时都兼起来。这样，几百万軍队所起的作用就是很大的了。

同样，工人也是这样，以工为主，也要兼学軍事、政治、文化，也要搞社会主义教育运动，也要批判資产阶级。在有条件的地方，也要从事农付业生产，例如大庆油田那样。

公社农民以农为主（包括林、牧、付、漁），也要兼学軍事、政治、文化，在有条件的时候，也要由集体办些小工厂，也要批資产阶级。

学生也是这样，以学为主，兼学别样，卽不但学文，也要学工、学农、学軍，也要批判資产阶级。学制要縮短，教育要革命，資产阶级知識分子統治我們学校的现象，再也不能継續下去了。

商业、服务行业、党政机关工作人员，凡有条件的，也要这样做。

以上所說，已經不是什么新鮮意見，創造发明，多年以来，很多人已經是这样做了，不过还沒有普及。至于軍队，已經这样做了几十年，不过现在更要有所发展罢了。

給清华附中紅卫兵的一封信

（一九六六年八月一日）

清华大学附屬中学紅卫兵同志們：

你們在七月二十八日寄給我的两张大字报以及轉給我要我回答的信都收到了。你們在六月二十四日和七月四日的两张大字报說明对一切剝削压迫工人、农民、革命知識分子和革命党派的地主阶级、資产阶级、帝国主义、修正主义和他們的走狗表示憤怒和声討。說对反动派造反有理。我向你們表示热烈的支持。同时，我对北京大学附屬中学"紅旗"战斗組說对反动派造反有理的大字报和彭小蒙同志七月二十五日在北京大学全体师生员工大会上，代表他們"紅旗"战斗小組所作的很好的革命演說，表示热烈地支持。在这里，我要說，我和我的革命战友都是采取同样态度的。不論在北京、在全国、在文化革命运动中，凡是同你們采取同样态度的人們，我們一律給予热烈地支持。还有，我們支持你們，我們又要求你們注意团結一切可以团結的人們。对犯有严重錯誤的人們，在指出他們的錯誤以后，也要給以工作和改正錯誤重新做人的出路。馬克思說：无产阶級不但要解放自己，而且要解放全人类。如果不能解放全人类，无产阶級自己就不能最后地得到解放。这个道理也請同志們予以注意。

炮打司令部——我的第一张大字报

（一九六六年八月五日）

全国的第一张馬列主义的大字报，《人民日报》評論員的評論，写得何等好啊！請同志們重讀一遍这张大字报和这个評論。可是五十多天里，从中央到地方的某些領导同志却反其道而行之。站在反动的资产阶級立場上，执行资产阶級专政，将无产阶級轟轟烈烈的文化大革命运动打下去。顛倒是非，混淆黑白，围剿革命派，压制革命，实行白色恐怖。自以为得意，长资产阶級威风，灭无产阶級志气，又何其毒也！联系到一九六二年的右傾和一九六四年形"左"而实右的錯誤傾向，岂不是可以令人深省的嗎？

对 中 央 首 长 的 講 話

（一九六六年）

毛主席說："五月二十五日"聶元梓大字报是二十世紀六十年代的中国巴黎公社的宣言書，意义超过巴黎公社，这种大字报我們写不出来的。

（几个少先队員給他爸爸貼大字报，說爸爸忘記了过去，沒有給我們講毛泽东思想，而是問我們在学校的分数，好的給奖賞。）

毛主席叫陈伯达同志轉告这些小朋友：大字报写得很好。

我向大家講，青年是文化大革命的大軍！要把他們充分发动起来。

回到北京后，感到很难过，冷冷清清，有的学校大門都关起来了。甚至有些学校鎮压学生运动。誰去鎮压学生运动？只有北洋軍閥。共产党怕学生运动，是反馬克思主义，有人天天說群众路綫，为人民服务，而是走资产阶級路綫，为资产阶級服务。

团中央应該站在学生运动这边，可是它在鎮压学生运动那边。

誰反对文化大革命？美帝、苏修、日修、反动派。

借"內外有別"是怕革命，貼出去又盖起来，这样的情况不能允許，这是方向性錯誤，赶快扭轉，把一切框框打个稀巴烂。

我們相信群众，做群众的学生，才能当群众的先生。现在这次文化大革命是惊天动地的大事情，能不能、敢不敢过社会主义这一关？这一关是最后消灭阶级，缩短三大差别。

反对，特别是资产阶级"权威"思想，这就是破，如果沒有这个破，社会主义的立就立不起来。要做到一斗二批三改。

坐办公室听汇报不行，只有依靠群众，相信群众，鬧到底。准备革命革到自己头上来。党政领导，党員負責同志，应该有这个准备。现在要么把革命鬧到底，从这方面鍛炼自己，改造自己，这样才能赶上，不然只能靠在外面。

有的同志斗别人很凶，斗自己不行，这样自己永远过不了关。

靠你們自己引火烧身，煽风点火，放不放？因为是烧到自己头上。

同志們这样回答：准备好，不行就自己罢自己的官，生为共产党員，死为共产党員，坐沙发，电风扇生活不行。

給群众定框框不行。北京大学看到学生起来，定框框，美其名曰："納入正軌"，其实是納入邪軌。

有些学校給学生戴反革命帽子。（外办张彦跑到外面給人扣了二十九个反革命帽子）毛主席說：这样就把群众放到对立面去了。不怕坏人，究竟坏人有多少？广大学生大多数是好人。

（有人提出乱的时候，打乱档案怎么办？）毛主席說：怕什么人，坏人来了証明是坏人，好人你怕什么？要将怕字換来一个敢字，要最后証明社会主义关是不是过。

凡是鎮压学生运动的人都沒有好下場。

在八屆十一中全会閉幕式上的講話

（一九六六年）

关于第九次大会的問題，恐怕要准备一下。第九次大会什么时候召集的問題 要 准 备 一下，已經多年了。八大二次会議到后年就十年了。现在需要开九次大会，大槪是明年一个适当的时候开。现在要准备，建議委托中央政治局同它的常委来筹备这件事，好不好。

至于这次大会所决定的問題，究竟是正确的还是不正确的，要看以后的实践。我們所决定的东西看来群众是欢迎的，比如中央的一个重要决定，就是关于文化大革命的，广大的学生和革命的教师是支持我們的，而过去那些方针广大的革命师生和革命的教师是抵抗的。我們是根据这个抵抗来制定这个决定的，但是究竟这个决定能不能执行，还要靠我們在座的和不在座的各级领导去做。比如依靠群众吧，錯誤路綫的一种是不实行群众路綫。决不要以为决定上写了所有的党委所有的同志都会实行，总有一部分人不願意实行。可能比 过 去 好 一些，因为过去沒有这样的公开的决定，并且这样的决定有組織上的保証。

这回組織有些改变，政治局委員、政治局后补委員、書記处書記、常委的調整就保証了中央这个决定以及公报的实行。

对犯錯誤的同志总是要給他出路，要准許改正錯誤的。不要認为别人犯了錯誤就不許他改正錯誤。我們的政策是"惩前毖后，治病救人"，"一看二帮"，"团結——批評——团結"。我們这个党是不是党外有党？我看是党外有党，党內有派。我們过去批評国民党，国民党說：党外无党，党內无派。有人就說："党外无党，帝王思想；党內无派，千奇百怪。"我們也正是这样。你說党內无派，它就是有，比如說对群众运动就有两派，不过是占多占少的問題。如果不开这次会，再搞几个月，我看事情就要糟得多，所以这次会是开得好的，是有效果的。

在扩大的中央工作会議上的講話

（一九六六年）

自由是对必然的認識和对客观世界的改造。只有在認識必然的基础上，人們才能自由的活动，这是自由和必然的辯証規律。所謂必然就是客观存在的規律性。在没有認識它以前，我們的行动总是不自觉的带着盲目性的，这时候，我們是一些蠢人，最近几年，我們不是干了許多蠢事嗎？

事情正是这样，在民主革命时期，經过胜利，失败、再胜利、再失败、再次胜利，我們才認識了中国这个客观世界。

要准备着由于盲目性而遇到許多失败和挫折，从而取得教訓、經驗，取得最后胜利，由这点出发，把时間設想得长一点，是有許多好处的，設想（太）短了反而有害……

看来，問題很多，眞要实现民主集中制，是要經过認眞的教育、試点和推广，并且經过反复进行，才能实现的，否则在大多数同志当中，始終不过是一句空話。

同志們：我現在講几点意見，一共講六点，中心是講一个民主集中制的問題，同时也講到一些其他問題……

第二点：民主集中制的問題上……一些同志他們怕群众，怕群众講話，怕群众批評。那有馬克思列宁主义者害怕群众的道理呢？有了錯誤自己不講，又怕群众講，越怕越有鬼。我看，不应当怕，有什么可怕的呢？我們的态度是：坚持眞理，修正錯誤，我們工作中是和非的問題，正确和錯誤的問題，这是属于人民內部矛盾的問題。解决人民內部矛盾，只能用討論的方法，說理的方法，批評和自我批評的方法，一句話，只能用民主的方法，讓群众講話的方法。

我是說：人类历史的各个历史阶段，总是有这样处理和解决的事实，在阶级社会中，这样的事实多得很，在社会主义社会也在所难免……罵的结果，无非是自己倒台，不能做这項工作了，降到下級机关去做工作，或者調到别的地方去做工作，那有什么不可以呢？……我認为这种下降和調动无論正确与否，都是有益处，可以鍛炼革命意志，可以調查和研究許多新鮮情況，增加有益的知識。我自己就有这一方面的經驗，得到很大的益处。

沒有民主，不可能有正确的集中，因为大家意見分歧，沒有統一認識，集中制度建立不起来。什么叫集中，首先集中正确的意見。在集中正确的意見的基础上做到統一認識，統一政策、統一計划，統一指揮，統一行动，叫做集中統一。如果对問題不了解，意見还沒有发表，有气还沒出，这集中怎么建立起来呢？沒有民主，不了解下情，情況不明，不充分收集各方面的意見，使上下通气，只有上級机关凭着片面的或不眞实的材料决定問題，那就难免不是主观主义，也就不能实现真正的集中。

我們有些同志听不得相反的意見，批評不得，这是很不对的……（一个省委开会，書記一到鴉雀无声，人家不講話了）不負責任，怕負責任，不許人講話，老虎屁股摸不得。凡是采取这样态度的人，十个就有十个要失败。人家总是要講的，你老虎屁股眞摸不得嗎？偏要摸！

沒有民主集中制，无产阶級专政不可能巩固……

第三点：我們应当联合哪些阶級反对哪些阶級？这是一个根本立場問題……首先要联合的农民阶級……对于知識分子，是不是只有革命的我們才去团結呢？不是的，只要他們爱国，我們就要团結他們，并且讓他們好好工作……

第四点：关于認識客观世界問題，人对客观的認識由必然王国到自由王国的飞跃，要有一个过程。我説我們中国共产党在民主革命时期是艰难的。但是成功地認識了中国革命的规律，这一种（？）历史情況的目的，是想引导同志（去）理解这样一件事：对于建设社会主义的認識必然有一个过程，必然从实践出发，从沒有經驗到有經驗，从認識社会主义这个未被認識的必然王国，到逐步地克服盲从性，从認識客观规律，从而获得自由，在認識上出现一个飞跃，到达自由王国。

乾隆时代，中国已經有了一些資本主义生产关系萌芽，但是还是封建社会……

第五点：关于国际共产主义运动……不論什么时候，我們这一輩子，我們的子孙，都要向苏联学习，学习苏联的經驗，不学习苏联要犯錯誤。人們要問：苏联被修正主义者統治了，还要学嗎？我們学习苏联的好人好事，苏联党的好經驗。苏联工人、农民和苏联劳动人民、知識分子的好經驗。至于苏联的坏人坏事，苏联的修正主义者，我們都应该看作反面教員，从他們那里吸取教訓。

第六点：要团結全党和全国人民，
……

4.不要給人乱戴帽子，我們有些同志貫拿帽子压人，一张口就是帽子滿天飞，使得人不敢講話。……

5.对于犯錯誤的人，对于那些不讓人講話的人，要采取善意帮助的态度，不要有这样的空气，似乎犯不得錯誤，一犯錯誤就不得了，一犯錯誤从此不得翻身。

6.要发揚民主，要启发人家批評，要听人家的批評，自己要經得起批評，应当采取主动，首先作自我批評，有什么就检查什么，一个鐘头，頂多两个鐘头，傾箱倒筐而出，无非是那么多，如果認为不够，請他提，如果說的对我就接受……

总之讓人家講話，天不会塌下来，自己也不会垮台。不讓人家講話呢？那就难免有一天垮台。

在 中 央 工 作 会 議 上 的 講 話
（一九六六年八月二十三日）

主要問題是各地所謂乱的問題采取什么方針，我的意見，乱它几个月，坚决相信大多数是好的，坏的是少数。沒有省委也不要紧，还有地委、县委呢！《人民日报》发表了一个社論，工农兵不要干涉学生的行动，提倡文斗不要武斗。

我看北京乱的不厉害，学生开了十万人大会，把凶手捉回来，惊慌失措。北京太文明了。发呼吁書，流氓也是少数。现在不要干涉，团中央改組，现在看不准，再过四个月再說。急急忙忙做出了决定吃了很多亏。急急忙忙派工作队，急急忙忙斗左派，急急忙忙开十万人大会，急急忙忙发呼吁書，急急忙忙宣佈反对新市委就是反对党中央，为什么反不得？我出一张大字报炮打司令部，有些問題要快些决定，如工农兵不要干涉学生的文化大革命，他上街就上街，写大字报上街有什么要紧？外国人照相就照相，无非是照我們的落后面，讓帝国主义講我們的坏話，有什么要紧。

在 中 央 工 作 会 議 上 的 講 話
（一九六六年十月二十五日）

講几句話，**两件事。**十七年来，有一件事，我看做得不好，原来考虑到国家安全，鉴于苏联斯大林的**教訓，**搞了一綫、二綫，我处在二綫，别的同志在一綫。现在看来不那么好，結果很分散，一进城就不能集中了，相当好多的独立王国，所以十一中全会作了改变。这是一件事。我处在二綫，日常工作不主持，許多事讓别人去主持，培养别人的威信，以便我見上帝的时候，国家不会出现那么大的震动，大家贊成我这个意見。看来处在一綫的同志，有些事情处理得不那么好。有些应当我抓的事情我沒有抓，所以我也有責任，不能完全怪他們。为什么說我有責任呢？

第一，常委分一、二綫，搞書記处是我提的，再嘛要过于信任别人了。引起警惕，还是二十三条那个时候，北京就是沒有办法，中央也沒有办法。去年九、十月提出，中央如果出了修正主义，地方怎么办？我就感到在北京我的意见不能实行。为什么批判吴晗不在北京发起，而在上海发起呢？因为北京沒有人力，现在北京問題解决了。

第二件事，文化大革命闖了一个大禍，就是批了北大聶元梓一张大字报，給清华附中写了一封信，还有我写了一张大字报，時間很短，六、七、八、九、十，五个月不到，难怪同志們还不那么理解，时间很短，来势很猛。我也沒料到，北大大字报一广播，全国都鬧起来了。給紅卫兵的信还沒有发出，全国紅卫兵都动起来了，一冲就把你們冲了个不亦乐乎。我这个人闖了这么个大禍，叫你們有怨言，也是难怪的。上次开会我是沒有信心的，說过不一定执行，果然很多同志还是不那么理解，經过两个月，有了經驗，好一点了。这次会議两个阶段，头一个阶段发言不那么正常，后一阶段就比較順利了。只有五个月，运动可能搞两个五个月，也許还要多一点。

民主革命搞了二十八年，一九二一年到一九二四年，开始誰也不知道怎么个革法，路也是从实践中走出来的，总結經驗搞了二十八年嘛，所以不能要求同志們那么理解。去年批判吴晗的文章許多同志不去看，不那么管。以前批判武訓传、紅楼夢是个別抓，抓不起来，不全面抓不行，这个責任在我。个別抓，头痛医头，脚痛医脚，是不能解决問題的。这次文化大革命，前几个月，一、二、三、四、五月用那么多文章，中央又发了通知，可是幷沒有引起多么大注意。还是大字报，紅卫兵这么一冲，引起注意，不注意不行了，革命革到自己头上来了，赶快总結經驗，作政治思想工作，为什么两个月之后，又开这个会，就是总結經驗，作政治思想工作。你們回去也有大量的政治思想工作要做，中央局、省委、地委、县委要开会，把問題講清楚，也不要以为所有都能講清楚，有人說："原則通了，碰到具体問題处理不好"。原来我想不通，原則問題搞通了，具体問題还不好处理？现在看来还有点道理，恐怕还是政治思想工作沒有做好。上次开会回去，有些地方沒有来得及很好开会，十个書記就有七、八个搞接待，紅卫兵一冲就冲乱了，学生們生了气，自己还不知道，也沒有准备回答問題。几十分鐘話一講表示欢迎就可以了。人家一肚子气，几个問題一問不能回答就被动了。这个被动是可以改变的，可以变被动为主动的。所以我对这次会議信心增强了，不知你們怎么样？如果回去还是老章程，維持现状，讓一派紅卫兵对立，讓另一派紅卫兵保駕，我看不会改变，情况不会好轉。当然不能过多的要求，中央局、省、地、县广大干部都那么豁然貫通，不一定。总有那么一些人不通，有少数人是要对立的，但是我相信多数講得通。

講两件事。

第一件事講历史，十七年来，一綫二綫，不統一，別人有責任，我也有責任。

第二件事，五个月文化大革命，火是我点起来的，時間很仓促，与二十八年民主革命和十七年社会主义革命比較起来，只有五个月，不到半年，不那么通，有抵触，是可以理解的。你們过去搞工业、农业、交通，就是沒有搞无产阶级文化大革命，你們外交部也一样，軍委也一样，你們沒有想到的事情来了。来了就来了！我看冲一下有好处，多少年沒有想一冲就想了，无非是犯了錯誤，什么路綫錯誤改了就算了！誰要打倒你們，我也是不想打倒你們，我看紅卫兵也不要打倒你們。两个紅卫兵对李雪峰講："沒想到我們的老前輩为什么怕紅卫兵？"还有伍修权四个孩子分成四派，有的同学到他家里来，一来好几十个，有好几起，我看小接触有好处，大接触一百五十万，几个鐘头就接触了，也是一种方法，各有各的作用。

这次会議簡报很少，我几乎全部看了，你們过不了关，我也不好过，你們着急我也着急，不能怪同志，时間太短。有的同志說：不是有心犯錯誤，是糊里糊涂地犯了錯誤，可以原諒。也不能完全怪少奇同志和小平同志，他們有責任，中央也有責任，中央也沒有管好。时間太短，新的問題，沒有精神准备，政治思想工作沒作好，我看十七天会議后可以好一些。

还有哪个講講？今天就完了，散会。

对青島、长沙、西安問題的指示

（一九六六年九月七日）

林彪、周恩来、陶鑄、伯达、任重、江青：

此件已讀，青島、长沙、西安等地发生的情况都是一样的，都是組織的工农反学生，都是錯誤的，这样下去不行的。試以中央发指示，不这样做，再发社論告工农不要干与学生运动。北京就沒有发生这样的情况。除人大調六百名农民进城保郭影秋之外，其他沒有，以北京的經驗告外地。

我看譚启龙和这位付市长的意見是正确的。

对陳伯达同志《两个月来运动的总結》的批示

（一九六六年十月二十四日）

直送伯达同志，改稿看过，很好。抓革命、促生产这两句話在什么地方加进去，請考慮。要大量印成小册子，每个支部、每个紅卫兵小队起碼有一份。

在会見大区書記和中央文革小組成員时的講話

（传达記录稿）

（一九六六年七月二十二日）

今天各大区的書記和文革小組的成員都到了，会議的任务是搞好文件。主要是改变派工作組的方法，由学校革命师生及中間状态的一些人組成学校文化革命小組来領导文化大革命。学校的事只有他們懂得，工作組不懂。有些工作組搞了些乱事。学校文化大革命无非是斗和批，工作組起了阻碍运动的作用，我們能斗能改嗎？象翦伯贊写了那么多书，你还沒有讀，怎么斗怎么改？学校的事"庙小神灵大，池浅王八多"，所以要依靠学校内部的力量，工作組是不行的。我也不行，你也不行，省委也不行。要斗要改都得靠本校本单位，不能靠工作組，工作組能否改成为联絡員，改成顧問权力太大，或者叫观察員。工作組阻碍革命，也有不阻碍革命的。工作組阻碍革命势必变成反革命，西安交大不讓人家打电話，不讓人家派人到中央，为什么怕人到中央，讓他們来包围国务院，文件要写上，可以打电話，也可以派人。那样怕能行嗎？所以西安、南京报館被围三天，吓得魂不附体，就那么怕？你們这些人呀，你們不革命就輪到自己头上来了。有的地方不准围报館，不准到省委，不准到国务院，为什么这么怕？到了国务院接待的又是无名小将说不清，为什么这样？你們不出面我就出面，说来说去，怕字当头，怕反革命，怕动刀枪。哪有那么多反革命？这几天康生、陈伯达、江青都下去了，到学校看大字报，沒有感性知識怎么行？都不下去，天天忙于日常事务，停了日常事务也要下去，取得感性知識，南京做的比較好，沒有阻挡学生到中央来。（康生插話：南京搞了三次大辯論：第一次辯論新华日报是不是革命的，第二次辯論江苏省委是不是革命的，辯論的結果江苏省委还是革命的，第三次辯論匡亚明是否戴高帽子游街。）在学校革命的是多数，不革命的是少数。匡亚明是不是要戴高帽子游街，辯論的結果自然就清楚了。

开会期間，到会的同志要去北大、广播学院去看大字报，要到出問題最多的地方去看一看，今天要搞文件就不去了。你們看大字报时，就说是来学习的，来支持你們鬧革命的，去那里点火支持革命师生，不是听反革命右傾的話，搞了两个月一点感性知識也没有，官僚主义，去了会被学生包围，要他們包围，你和他們几个人談話就会被包围起来，广播学院被打一百多人，我們这个时代就有这个好处，左派挨右派打，鍛炼左派，派去工作組六个月不行，一年也不行，还是那里人行。一是斗，二是改，斗就是改，改就是立。教材半年改过来不行，要首先删弃精簡，錯誤的，重复的砍掉三分之一到一半。（王任重插話：砍掉三分之二，学毛主席語录。）政治教材，中央指示，报紙社論是群众的指南，不能当做教条。打人的問題，通知上沒写也不行，这是方向，是指南，赶快把方針定下来，改过来，要依靠学校的革命师生和左派，学校的文化革命委員会就是有右派参加也不要紧，有用的，可以当反面教員，右派也不要集中起来，北京市委不要那么多人，人多了就要打电話，发号施令，秘書統統砍掉。我在前委的时候有个秘書叫項北，以后撤退的时候就沒有秘書了。有个收发文件就夠了。（康生插話：主席談了四件事：一是改组北京市委，照办了。二是改组中宣部，也照办了。三是取消文化革命五人小组，也照办了。四是有一些部改成科，沒有办。）是啊！部长，部长管事的可以不改。称部长、司长、局长、处长，不管事的就改，改成冶金科，煤炭科（有人插話：北大进行四次大辯論。"六·一八"事件是否是反革命事件？有人说是，因为里边有流氓，有的说不是，工作组有錯誤。附中有四十多人要提出撤消工作組組长張承先的职务。）有許多工作組阻碍运动，包括張承先在內。不要随便捕人。写反动标語的暫时不捕，树立个对立面，斗了再説。

在 汇 报 会 議 上 的 講 話

（一九六六年十月二十四日）

主席説："有什么可怕呢？你們看了李雪峰的簡报沒有，他的两个孩子跑出来，回来教育李雪峰：'我們这里的老首长，为什么那样害怕紅卫兵呢？我們又沒打你們。'大家就是不检討。伍修权家有四个孩子，分四派，有很多同学到他家里去，有时十几个人。接触多了就沒有什么可怕的了，反觉得他們很可爱，自己要教育人，教育者要先受教育。他們不通，不敢见紅卫兵，不向学生说真話，作官当老爷。先不敢见面，后不敢講話。革了几十年的命，越革越蠢了，少奇給江渭淸的信，批評了江渭淸，説他蠢，他自己就聪明了嗎？"

主席問刘瀾涛："你回去怎么办？"刘答："回去看看再説。"毛主席说："你説話总是吞吞吐吐。"

主席問总理会議情况，总理説："会議开的差不多了，明天再开半天，具体問題，回去按大原則解决。"主席問李井泉："廖志高怎么样？"李答："开始不太通，会后一段較好。"主席説："什么一貫正确，你自己就溜了，吓的魂不附体，跑到軍区住去，回去要振作精神，好好搞一搞。把刘邓的大字报贴到大街上去不好。要允許人家犯錯誤，要允許人家革命。允許改嗎，讓紅卫兵看看《阿Q正传》。"

主席説："这次会开得比較好一些，上次会是貫而不进，沒有經驗，这次会有了两个月的經驗，一共不到五个月的經驗，民主革命搞了二十八年，犯了多少錯誤，死了多少人。社会主义革命搞了十七年，文化革命只搞了五个月，最少得五年才得出經驗。一张大字报，紅卫兵，大串联，誰也沒料到，連我也沒料到，弄得各省市嗚呼哀哉，学生也犯了些錯誤，主要是我們这些老爷們，犯了錯誤。"

主席問李先念："你們今天开得怎么样？"李答："財經学院説他們明天要开声討会，我要检討，他們不讓我説話。"主席説："你明天还去检討，不等人家説，你溜了。"李説："明天我要出国。"主席説："你也告訴他們一下，过去是三娘教子，現在是子教三娘，我看你有点精神不足。"主席説："他們不听你們检討，你們就偏检討，他們声討，你們就承認錯誤，乱子是中央鬧起来的，責任在中央，地方也有責任。我的責任是分一二綫。为什么分一二綫呢？一是……，二是苏联的教訓，馬林科夫不成熟，斯大林死前沒当权，每次会議都敬酒，吹吹捧捧。我想在沒死之前树立他們的威信，沒有想到反面。"（陶鑄同志説：大权旁落。）主席説："这是我故意大权旁落，現在倒鬧独立王国，許多事不与我商量，如土地会議，天津講話，山西合作社，否定調查研究，大捧王光美，本来应經中央討論作个决定就好了。邓小平从来不找我，从一九五九年到现在，什么事情不找我，六二年忽然四个付总理，李富春、譚震林、李先念、薄一波到南京来找我，后来到天津，我馬上答应，后来四个又回去了，可邓小平就不来。武昌会議我不滿，高指标弄得毫无办法，到北京开会，你們开六天，我要开一天还不行。完不成任务不要紧，不要如丧考妣。遵义会議后中央比較集中，三八年六中全会后，項英、彭德怀（新四軍皖南事变，彭真的百团大战）搞独立王国。那些事情都不打招呼。七大后中央沒个人，胡宗南进延安，中央分两路，我同恩来、任弼时在陝北，刘少奇、朱德在东北，还比較集中，进城后就分散了，各搞一摊，特别分一二綫就更分散了。1953年，財經会議后，我打过招呼，要大家相互通气，向中央通气，向地方通气。刘邓二人是搞公开的，不是秘密的，与彭真不同。过去陈独秀、张国燾、王明、罗龙章、李立三都是搞公开，这不要紧。高崗、饒漱石、彭德怀是搞两面手法，彭德怀与他們勾結起来，我不知道。彭真、罗瑞卿、陆定一、楊尚昆是搞秘密的，搞秘密的沒有好下場。犯錯誤路綫的改，陈、王、李沒改（周恩来插話：李立三思想上沒改，不管什么小集团，什么門头都要关紧关严，只要改过来，意見一致团結就好，要准許刘邓革命，允許改。你們説我是和稀泥，我就是和稀泥的人。）七大时陈×説：不能把王明路綫的人选入中央委员会。王明和其他几个都选上中央委員了，現在只走了一个王明，其他人还在嗎！洛浦不好，王稼祥我有好感，东崗一战他是贊成的，宁都会議洛浦要开除我，周、朱他們不同意，遵义会議他起了好作用，那个时候沒有他們不行。洛浦是頑固的，少奇同志是反对他們的，聂荣臻也是反对他們的，对刘少奇不該一笔抹煞。他們有錯誤就改嘛！改了就行。回去振作精神大胆放手工作。这次会議是我建議开的，时间这样短不知是否通，可能比上次好，我还沒料到一张大字报，一个红卫兵一个大串联就鬧起来了这么大的事。学生有些出身不太好的，难道我們出身好嗎？不要招降納叛，我的右派朋友很多，周谷城，张×忠，一个人不接近几个右派那怎么行呢？哪有那么干净？接近他們就是調查研究，了解他們的动态，那天在天安門上我故意把李宗仁拉在一起，这个人不安置比安置好，无职无权好。民主党派要不要？一个党行不行？学校党組織不能恢复太早，1949年以后发展的党员很多，翦伯贊、吳晗、李达都是共产党員，都那么好嗎？民主党派都那么坏？我看民主党派比彭罗陆楊好。民主党派还要，政协也还要，同紅卫兵讲清楚。中国民主革命是孙中山搞起来的，那时沒有共产党，是孙中山領导搞起来的，反康梁，反帝制。今年是孙中山誕生一百周年，怎么紀念呢？和紅卫兵商量一下，还要开紀念会，我的分一綫二綫向反面。（康生同志插：八大的政治报告是有阶級消灭論。）报告我們看了，是大会通过的，不能单叫他們两个负責。"

"工厂、农村，还是分期分批。回去打通省市同学的思想，把会議开好，上海找个安靜的地方开会，学生就讓他鬧去，我們开了十七天会有好处、象林彪同志讲的，要向他們做好思想工作，斯大林在一九三六年讲了阶級斗爭熄灭論，一九三九年又搞肃反还不是阶級斗爭？你們回去要振作精神，搞好工作，誰会打倒你們？"

毛 主 席 的 回 忆

（1893—1936）

爱德迦·史諾　著

内 部 讀 物

1967. 2.

代　序

这儿是一个声明。

毛泽东自传，用的是第一人称，和这儿发表的完全一样，可是毛氏原先是要求我改用第三人称发表的。如果这样一改，就会失掉了許多正确性和趣味性的价值。

美国一家杂誌，願意分期連載这个自传，但提出一个条件，就是要以自传的形式而不是要用传記的形式发表。其时，我无法晤見毛氏，也就无法得到他的許可。然而这稿子，如果为了毛氏个人这一点謙虛态度，而不能在美国发表，这实在觉得牺牲性太大，所以就由我个人負責，保持了原来自传的形式。后来此稿在《亚細亚》杂誌上分期連載，曾引起了各方面广大的注意与討論。

末了，譯者尙須向讀者略告一二：

本传系由毛氏在陝北窑洞內口迷，史諾依据他所說的用英文記录下来，以后，又把这笔記托吳平先生重迷为中文，請毛氏加以修正。因此，史諾很自信这个稿子"幷无失眞之处"，国內外許多人想知道毛氏个人历史，而不可得。史諾此書，实在可补文学界、出版界的这一缺点。毛氏对史諾說过，"只把关于我的生活的一个大略告訴你，你以为怎样？"史諾回答道："我正需要你这样！"于是乎，本書在双方同意之中誕生。

——爱德迦·史諾

一九四六年一月

协商会議揭幕后于陪都

　　毛泽东同志在几十年革命斗爭中的伟大实踐，处处可以作为我們的榜样，作我們行动的典范。学习毛泽东思想，首先要学习毛泽东同志最坚定、最彻底的无产阶級革命精神和最灵活、最巧妙的斗爭艺术，学习毛泽东同志的世界观和方法論，学习他如何从无产阶級的立坊出发，运用辯証唯物主义和历史唯物主义的观点和方法来观察問題解决問題；学习毛泽东同志永远紧紧地同人民站在一起，全心全意为人民服务的精神；学习毛泽东同志深入实际、联系群众的作风和刻苦的学习精神。每个同志都必须以毛主席为榜样，彻底改造自己。

《中共中央軍委扩大会議关于加强軍队政治思想工作的决議》

（人民出版社，单行本，第十頁）

第一章 少 年 时 代

我于一八九三年生于湖南省湘潭的韶山，父亲的名字是毛仁生，母亲未出嫁时的名字是文其美。

我父亲是一个貧农，在年輕的时候，为了負債过多而被迫当兵。他当了很多年的兵，后来回到了就是我生下来的乡村，做小买卖和一些别的事业，克勤克俭，稍稍积蓄了一笔小小的款子，他便买回了他自己的土地。

那时我家有十五亩田地，成了中农，从这几亩田上，我們年年可以收六十担谷，一家五口，每年共食用三十五担——以每人七担計，这样一年有廿五担的积余，用这一点剩余，我父亲又积蓄一笔小資本，后来又买了七亩田，这样一来，我家就成了"富翁"了，那时，我家每年有八十四担谷的收入。

当我只有十岁，家中只有十五亩田地的时候，家中的五个人是：我父亲、母亲、祖父、一个弟弟和我。我們种了七亩地时候祖父去世了，却添了一个小弟弟，可是我們依旧每年有四十九担谷的积余，这样，我的父亲慢慢地得发起来。

当我父亲还是一个中农的时候，他开始作販运谷米的买卖，用这种办法，他又賺了一些錢，当他成了富农之后，他又繼續这桩买卖，用这种办法，他又賺了一些錢，而且作为主要事业，用去了大部分的时间，至于田地的管理，则雇了一个长工，此外，再加孩子妻子都到田上劳动，当我六岁的时候，我就开始作田地上的工作。我父亲幷不开商店，他只是从貧农們那里，把谷米收买下来，轉售給城里的商人，如此，他賺到了錢。在冬天做米正忙的时候，他便添雇一个短工，所以在这个时候，吃饭的人便增加到七个，我們吃得很省，但終是吃得很飽。

当我八岁的时候，我开始在本地一个小学校里讀書，在那里我一直讀到十三岁，早上和晚間我在田間工作，白天我讀孔子《論語》和《四書》，我的国文教員是頑固派，粗暴而严厉，常常痛打学生，为了这个緣故，我十岁的时候，曾經逃过学，我不敢回家，因为怕挨打。我莫明其妙地走向县城去，以为县城是在某一个山谷里，瞎跑了三天之后，終于被我家里找到了，我这才知道我这次旅行只是兜了几个圈子，走了这許多时候，还没有离开我家八里之外。

可是在我回家以后，出乎我意料之外，情形有点改善了，我父亲的暴厉态度，比以前稍微好一些，而教师也温和多了，我的反抗行动得到如此结果，使我深受了影响，这是一个胜利的"罢工"啊！

等我学会了几个字之后，我父亲叫我記家里的帐，幷且叫我学习打算盘。因为我父亲固执着要我学这些事，所以，在晚上，我就开始学习这些东西了。他是一个很严厉的教师，对于我的懶惰，常常表示厭恨。假如沒有帐記的时候，他仍叫我到田間去工作，他因为性情暴戾，所以常常打我和我的弟弟們。关于錢这样的东西，他不給我們，而且給我們吃最不好的东西，每月十五日，他对于他的工人們，特别开恩，給他們鷄蛋和飯吃，可是永远沒有肉，对于我则既无肉，又无蛋。我的母亲是个和善的女人，寬厚而富有感情。永远願意把家里的所有分給别人。在飢荒的时候，他可怜那些穷人們，常送米給他們。但当我父亲在面前的时候，她不能那样做，因为他是不贊成慈善的。关于这一件事，我家里常常发生口角。

我們家里分为两个党：一党是我父亲——是在朝的执政党。我，我的母亲，我的兄弟，有时候甚而工人們所組成的，是在野的反对党。可是在反对派的"联合战綫"上，意见不能一致，我母亲主张"間接打击政策"，她反对任何情感表現，她不贊成对統治力量的公开反叛，她說"这不是中国人的办法。"

但当我十三岁的时候，我发現了一个方法，便是引用經書或是父亲自己的話，作为我自己有力的辯护。我父亲貫用不孝和懶惰两种罪名来責怪我們。我却引用經書上的話来說服他，說父慈子才孝。說我懶惰，则我用长者应该比后輩多做些事的話来反駁。我說他年紀比我大三倍以上，所以应该多做工作，而且我宣言，等我到他那样大年紀的时候，我的力气要比他大的多。

这个老年人——我的父亲，繼續"积聚财产"，后来大家竟称他为这个小乡村里的小财主。他再用購买的方式来增加土地，却接受了許多别人田地的抵押，他的資本增加了两三千元，我对于他的不滿繼續增高。在我們家庭里，辯証法的斗爭是始終不断地发展着（注：毛氏追述到这些事，老是爱用这些幽默的政治术語，来做說明，一边大笑着。——史諾）我特别記起一件事，当我十三岁的时候，我父亲請了許多客人到家里来。正当他們还在的时候，我們两人发生了爭論。我父亲当着大家的面，責备我，說我貪吃懶做。这个触怒了我，我責駡他，而且要脱离家庭，我母亲跑着追我，竭力劝我回去。我父亲也劝，可是同时駡我，命令我回去，我跑到一个池子旁边，用自杀来要挟，說若是再迈一步，我就投水，在这种僵局之下，为了停止內战起见，双方提出了要求和反要求，我父亲坚持要我磕头賠罪，做为求饒的表示。我同意如果他允許不打我，则可以跪一只脚磕头，于是，战爭便在这样的条件下停止了。从此，我知道了，当我用公开反叛的方法来保护权力的时候，我的父亲就寬和些了，反之，当我馴善服从的时候，他只是駡我，打得我更厉害。

回想到这一点，我以为父亲用严厉态度作为教子的政策失败了，我学会了去仇恨他，我們反对派眞正建立了一个联合战綫去对付他。因为这样总是对我有利。如此之后，我的工作也勤快些，我很仔细地記帐。他也沒有批評責备我的口实了。

我父亲讀过了两年書，認識一些字，記帐一些事是足以胜任的，我母亲目不識丁。他們两人都是从农家出身，所以我成了家庭里的"学者"。我讀会了經書可是不喜欢經書，我最喜欢讀本国的传記，小說。而对于那些反叛的故事，则尤其喜欢。我讀过《精忠传》《水滸》《隋唐》《三国志》和《西游記》。那时候，我还年幼，是在我的教师謹慎之下偷讀的。我的教师恨这些閒書，認为都是坏書。我常常把这些書带到学校里去讀，当老师走过的时候，就用一本經書把它們掩住。我的許多同学也都这样做。有許多这样的故事。我們几乎都能背誦了，而且常常地再三討論。象这样故事，我們所知道的比乡村里的老人还要多。他們也爱听这些故事，而且常常和我們互相交換講述。我相信这些書对于我后来的影响很大，因为这都是在記忆力强盛的年紀里讀的。

最后，我离开了小学，其实我足十三岁。我开始整天在田間帮助雇工工作。白天做一个成人所做的全部工作，晚間就替我父亲記帐。可是我还能够繼續讀書，除了經書之外，我一有机会，就吞嚥一切我所能够找到的东西，这时使我父亲很懊恼，他希望我能够熟讀經史，特别是在他有一件訴訟案失敗以后。事情如此：他的对手在法庭上引用一句很适当的經典，結果，他敗訴。我常常在半夜里，把我房里的窗戶遮掩起来，使我父亲看不見灯光，就用这种办法，我讀了一本"盛世危言"，这書我非常喜欢。这書的作者們是一些老式的改良主义者，他們以为中国所以软弱不振，是因为缺乏西洋工具：铁路、電話、電报、汽船等等。他們想介绍这些东西到中国来，而我父亲却以为看这些書籍，是徒然废事旷业。他想讓我学些經書一样的实用东西，可以使他在訴訟中得到胜利。

我繼續閱讀本国的旧小說和故事。有一天我忽然发現到一件事，就是：不知为什么在这些小說里，没有关于种田的农民們的事跡，所叙述的人物，不外是些战士、官吏，或者文人；永远看不見一个农民。对于这件事，整整有两年，我得不到解答。后来，我把小說的內容加以分析。我发現了：小說里面的人物都是著名的武人，很明显的是有着农民們在代他們工作的。

我的父亲毛仁生，早年中年还不是一个信神的人。可是我的母亲却是一个虔誠的佛教徒，她把佛教的教訓給予她的孩子，而我們也曾对于父亲不相信神表示焦虑过。当我还只九岁的时候，我曾和母亲郑重其事的把我父亲不信神的問題加以討論。那时和那时以后，我們用了許多方法想劝醒他，可是結果失敗。他只罵我們，我們受了他攻击的威胁，只好讓步，另想別法。但是，他总是不顧意和神們有所往来。

可是我所閱讀的書籍开始慢慢地在我的思想上发生影响，我自己也慢慢地对神的信仰开始怀疑了。于是我母亲为我忧虑，責备我对宗教仪式的不虔誠。可是我父亲毫无表示。后来，有一天他出去收帐，在路上遇到了一只老虎。这只老虎瞧瞧他，忽然慌张地逃跑了。可是我父亲更觉得惊慌了，事后，他对于这次神秘的脱险，总是不能忘怀。从此以后，他开始虔信佛教了，并且常常烧香点烛。但是对我与日俱增的无神論，仍然置之不問，只是他遭遇困难的时候，自己向神祈祷。

《盛世危言》使我产生恢复学业的願望。对于田地上的工作漸漸感覺厭倦，我父亲当然反对它。我們常常为了这件事而爭論。最后我脫离了家庭。我走到一个失了业的律师家里，在那里讀了半年書，此后又追隨着一位中国老学者，讀了些經史古籍，也讀了很多时务文章和其它新書。

这时湖南发生一件事情：那事情影响了我的整个生活，在我讀書的那个小学校外面，我們学生看見許多豆商，从长沙回来，我們問他們为什么都离开了长沙，他們告诉我們城里一件大事变的始末：那年有一次严重的飢荒，长沙有成千成万的人流为餓莩，灾民們派了一个代表向撫台衙門請求救济，撫台粗暴地回答他們說："为什么你們没有飯吃？城里多得很呢！我常常吃的很飽的"。当人們听到了撫台这样的回答，他們怒吼了。随即举行了一个群众大会，并且发动了一个游行示威。他們攻打滿州衙門，砍断了作为官的标誌的旗杆，逐走了撫台。事后，戶部派了一个姓张的大員，騎馬出来，曉喻人民，說政府正在想办法帮助他們。很明显的，这个姓张的約言，的确是很誠意的。可是皇帝不喜欢他，責备他和"乱党"勾結，于是撤了职，接着来了一个新撫台。立即下令逮捕事变的領袖，許多人被梟首，掛在旗杆上示众，作为对将来"造反者"的一种警告。

对于这件事变，我們在学校里展开了几天的討論，給了我一个深刻的印象，大多数同学們对"造反者"表示同情，但他們都只是以一个旁观者观点来看。他們不明白对于他們切身的生活有密切关系的，他們感觉兴趣的原因，只是因为这是一次惊人的事变。我却觉得謀反者們都是象我一样的普遍人民，所以我对他們所受到的不公平的待遇非常痛恨。

不久后，韶山的哥老会和一个地主之間发生了一种冲突，这个地主去法院里控告他們，因为他有势力，所以很容易地得到了一个对他有利的判决。哥老会败诉了，但是他們不但不屈服，反而反叛了地主和政府。逃到本地一个叫浏山的山里，建筑了一个强固的根据地。政府派官兵去攻打他們，那个地主并且散布謠言，說哥老会举起反叛之旗的时候，曾經杀死了一个小孩去祭旗。反叛者們的領袖，是一个姓宠的鉄匠，最后他們被鎮压下去了，宠鉄匠被迫逃跑，后来他终于被捕，杀了头。可是在我們学生看来，他确实是一个英雄，因此都同情这一次叛变。

第二年，青黃不接的时候，我們乡里异常恐慌，穷人們向富求帮助。他們开始了一种"吃大戶"的运动，我父亲是一个米商，粮食虽然恐慌可是他仍然从我們乡里把大批米谷运到城里去。他运出的一批一批米谷被穷苦的乡民扣留了，于是他忿不可挡。我对他不表同情。可是，我对于乡民的方法也不滿意。

这时在我們本地的小学堂里出現了一个"維新派敎員"对我思想上产生了另一种影响，他是"維新派"，因为他反对佛教，要想逐驅神和上帝，他劝人民把庙产兴学。他是一个遭受指謫的人物。我贊佩他！同意他的意见。

这些連接发生的事情，在我年輕的心灵上，留着永远不能磨灭的印象。我們心灵早已在反叛的了。在这个时期中，我开始有了一些政治意識。特别是在我讀过了一本关于瓜分中国的小册子后。到现在我还清楚地記得，这本小册子开头就是这么一句："嗚乎！这国履云有日矣！"它叙述日本如何占領高丽、台湾和中国在安南緬甸等地方主权的丧失。在我讀到这些話的时候，我对于祖国的前途，觉得非常可忧。我开始認識到努力救国是每一个人民的天职。

我父亲已经决定把我送到湘潭一家米店里当学徒，这家米店，他很熟識。在起初，我并不反对，觉得这或者会是很有兴味的事。可是后来，我知道一个有意思的新学校，我便不管我父亲的反对，决意要到那里去。这学校是在湘乡县我外婆家所住的地方，我的一个表弟是那里的学生。他告訴我这里新学校和新敎育改革的情况。那里不注意經書，而注意西方的新学，教的方法也是很維新的。

我和表弟一同到那里去报了名。我說我是湘乡人，因为我誤以为这个学校是专为湘乡人开的。后来，当我发现这个学校是不限籍貫的，我又改用了湘潭人的眞籍貫。在这个学校里，我繳了一千四百銅元，作为五个月的膳宿費及書籍用品費。最后我父亲对于我进这个学校的事同意了，因为許多朋友，竭力主張这个学校可以增加我的賺錢能力。这是第一次我走到离家五十里路远的地方，那时候我是十六岁。在这个学校里，我开始讀到了自然科学和一些西方学問的新科目。另一个可注目的事情，是其中有一位教員是日本留学生他戴着假辮子。可是很容易看出那辮子是假的，人們都笑他，叫他"假洋鬼子"。

我以前从未見过这許多儿童在一块，他們大都是地主們的子弟，穿着很值錢的衣服。农民們能够供給子弟們到这样的一个学校来是很少的。我穿戴比别人寒酸，我只有独套的較为体面的衣服，学生們不穿大褂，只有教員才穿，而洋服只有"洋鬼子"穿。許多闊气学生都看不起我。因为我平常穿的衣服总是破烂不堪，可是我也有闊气学生作朋友。有两个同伴特別知己，有一个是现在已成为作家，住在苏联。

我不受人喜欢的另一个原因，是因为我不是湘乡人。在这个学校里，湘乡人是很关重要的。而屬于湘乡的某乡則更重要。湘乡有上、中、下三乡，而上下两乡，为了地域关系，总是不断地斗爭，这一乡的人不肯与另一乡的人并存。我在这一斗爭的局面里严守中立，因为我并不是湘乡人。結果三方面的人都瞧不起我。我觉得精神上非常痛苦。

在这个学校里，我进步很快。教員們都喜欢我，特別是那些教古書的教員們，因为我写得一手好古文。但是我却无心于經書。我正讀着我表兄送給我的两种書报，叙述着康有为的維新运动。一种叫做"新民丛报"是梁启超主編的。我讀了又讀，直到差不多背得出来，我崇拜着康有为和梁启超。对我的表兄非常感激——那时我以为他是很进步的，但是他后来变成一个反革命者，土豪劣紳阶級的一分子。在一九三五年到一九三七年的大革命中参加了反动营壘。

許多学生不喜欢那个"假洋鬼子"，为了他那假辮子。可是喜欢叫他講述关于日本的事情。他教音乐和英文。他教一个日本歌，叫做《黃海之战》我还記得几句美丽的句子"小雀唱，夜鶯舞，春天的原野是可爱的啊！石榴紅、楊柳綠，仿佛是一张新的图画"。（注：这首詩歌显然是日俄战爭終了之后，春天庆賀胜利宴会中唱的——史諾）在那个时候，我只感觉到日本的美，在这个歌里，感觉到日本的一些驕傲和能力。我沒有想到竟会有一个野蛮的日本——象我們今天知道的一样。

这便是我在"假洋鬼子那里所学到的一切。

这时候，我才知道光緒皇帝和慈禧太后两人都死了——虽然新皇帝宣統（现在的溥仪）已經統治了两年，那时我还不是一个反君主制度的人，实在，我还以为皇帝以及官吏們都是很誠实、善良和聰明的人，他們需要康有为維新的帮助，我那时埋头讀古史，对于尧舜、秦皇、汉武等的政績大为向往。那时候，我又讀了一些外国史地，在一篇講美国革命的論文里，我第一次听到美国这一名詞。里面有这样的句子："在八年的艰苦战爭之后，华盛頓获得了胜利，建立了他的国家。"在一本叫做"世界英杰传"的書里，我也讀到了拿破伦，喀德琳女皇、彼得大帝、威灵頓、格兰斯頓、卢梭、孟得斯鳩和林肯。

第二章 长 沙 时 代

　　我开始想要到长沙去，这是一个大城，湖南省的省会，离我家有一百多里之遥。听說这个城是很大的，里面有許多的人，許多的学校以及撫台衙門，总之它是一个很繁华的地方。那时候，我很想到那里去进个专为湘乡人設立的中学。在那一年冬天，我請求我一个高等小学校里的教員介紹我到那里去，他允許了，我步行到长沙，非常的兴奋，又怕也許不准我进城，根本不敢希望我眞会变成这个大的学校里的学生。可是，出乎我意料之外，我居然毫无困难地进去了。但在政治急变的形势下，我在那里只讀了半年。

　　在长沙我第一次看到报毄——民立报。这是一种民族革命的日报，登載着广州反对满清的起义和七十二烈士的殉难。这件事情是由一个名叫黄兴的湖南人領导发动的，我被这个故事深深的感动了。觉得"民立报"充满了富于刺激性的材料，这报是由于有任主編的。在这个时候，我也知道了孙中山先生和同盟会的綱領。国家这时正是在第一次革命的前夜。我竟兴奋得如此，写了一篇文章，貼在学校里的墙上。这是我第一次发表我的政治意見，思想是很杂乱的，我还没有放弃我对康有为梁启超的崇仰。并且我也十分明了他们中間的不同。所以我的論文里，我主张应该把孙中山先生从日本召回来，就任新政府的总統，康有为做国务总理，梁启超做外交部长。

　　反对外国投資运动，因为川汉路建筑而开始发动了。同时人民对于立宪的要求普遍地传播着。皇帝对于这个回答，只是下旨設立一个諮政院，在我的学堂里的学生越来越趋激烈了。他们用反对猪尾巴（辮发）的手段表示他们排满的情緒。我和一个朋友把我們的猪尾巴先行剪去。但别的一些起先答应也剪去的人，到后来都迟疑地反悔了。所以我和我的朋友在暗中攻击他们，而且后来用强迫手段把他们的辮子剪去，做我們的剪子的牺牲者有十余人之多。这样子，在一个短短时期中，我从譏笑"假洋鬼子"的假辮子，一跃而为主张取消一切辮子的人。政治思想之改变人的观点的力量眞大啊！

　　我和一个在法律課堂的朋友发动了对"猪尾巴"故事的大辯論。双方都有相反而对立的論据，这个法律学生以經書为辯論的根据，坚持着"身体发肤，受之父母，不可毀伤"但是我自己和其他反对蓄辮者，站在排满的政治立場，提出了一种反对的理論，駁得他们体无完肤。

　　在黎元洪領导下的武昌起义发生之后，湖南宣布了戒严令。政治局面变得很剧烈。有一天一个革命党，得到了校长的允許，到中学堂里来，作了一次惊人的演講。在大会上，七八个学生站了起来，对满清加以猛烈的攻击，擁护他的主张。并且号召建立民主国家。人們都全神灌注諦听着，当那个革命的演說家——黎元洪的一个官吏——在被激动起来的学生前演說的时候，会場里面，差不多連呼吸的声音都停止了。

　　听了这一次演講之后四五天，我决定加入黎元洪的革命军。我和几个朋友从同学那里集了一些錢，决定到汉口去。听說汉口的街道是很潮湿的，非穿雨鞋不能行走。我就到一个在軍队里的朋友那里去借皮鞋，这个军队駐扎在城外，我被駐防的军队阻拦住了，因为这个地方已經很紧张。士兵們已經发給了子彈，他们正向这边冲过来。叛军已經沿着粤汉铁路綫前进，长沙城外，发生了一次大战。同时城里面起了一个叛变，城門被中国工人攻占。我得了其中一个工人的援助，得已进了城，接着我便爬到一个高地上去观战。直等到我看見了"汉旂"在衙門上飄揚——所謂汉旂也者，是一个白布中間有一个"汉"字的布旂——我才回到学校里，其时它已經在軍队守卫之下了。

第二天，一个都督府組織了起来，哥老会里两名有名的会員被举为都督和付都督。新政府設在以前省諮議局的房屋里，議长是譚延闓。原来的省諮議局被取消了。在革命者所搜查出来的滿清文件里，有几份請求召开国会的呈文。原稿是徐特立用血写成的。徐氏現在已經六十岁了，現在是苏維埃政府的教育委員。那时候他把他的手指斬断以表示他的誠恳的决心。他的呈文的开头是下列两句話"請求召开国会，。余敬向諸君（派到北京去的省代表）断指告别"。

新都督和付都督存在的时期很短，他们俩幷非坏人，的确頗有些革命意志的。但他们很穷，代表被压迫阶级的利益。于是地主和商人对他俩表示不滿。沒有几天之后，当我去拜訪一个朋友的时候，我看見他们俩的尸身倒在街上，譚延闓对他們发动了一个有組織的叛变。原来譚氏是湖南地主和軍閥的代表。

这时候有許多学生投軍，一个学生軍已經組織成功。在这些学生軍里有唐生智。我不喜欢学生軍，它的基础太复杂了，我决定改变方針，参加正式軍队，眞实地帮助革命。那时候清帝还沒有退位，所以这个战斗时間，經过相当长久。

我在軍队里的餉銀是每月七元——可是这已經超过了我現在在紅軍里得到的餉銀了。这七元錢，我按月用去二元伙食費，我还要买水，因为兵士必須到城外去挑水进来，但是我是学生出身不願意去挑，只好向挑水夫去买水用，我每月把余下来的錢都費在报紙上。我对于讀报一件事，簡直有些疯狂，鼓吹革命的报紙有《湘江日报》，里面常討論社会主义，我就在这栏中第一次学习了这个名詞。学也和别的学生們和士兵們討論社会主义，但实际上只是社会改良主义而已。我讀了一些江亢虎的关于社会主义和社会主义原理的小册子，我很热心地写信給好几个同级的同学，討論这一問題，可是他們中間，只有一个写回信給我，幷且表示同意。

在我那一队里，我最喜欢一个湖南矿工和一个鉄匠，其余的都是鄙俗不堪，甚至于有一个是流氓，我曾經劝說过两个学生参加軍队，我和营长以及士兵之間建立得很好的友誼，我能写，讀过不少書，他們对于我的"大学問"都表示尊敬，我可以帮助他們写信或者諸如此类的事情。

革命党这时还未定局，清朝还未完全放弃政权，而在国民党中，却发生争夺领导权的問題，人們都說，湖南免不了要爆发第二次的战争。有許多的軍队組織起来，反对滿清，反对袁世凱，湖南軍队也是其中之一。可是湖南人准备开始行动的时候，孙中山和袁世凱成立了协和，预定的战争取消了，南北统一了，南京政府被解散了。我觉得革命已經过去了，就决定退出軍队，回到書本子上去。我只当了牛年兵。

我开始注意报紙上的广告，那时候正有許多学校在开办起来而以报紙为媒介，吸引新的学生。我对于学校的好坏沒有一定标准来評判，对于进什么学校也毫无主見。可是当我报考以前，我看到一个"肥皂制造学校"的广告，不需要什么学費，供給膳宿幷且还稍有津贴。这是很引人注意而且足以鼓舞人的广告。他說了許多关于制造肥皂如何与社会有利的話，說他如何会能富国利民，于是我便改变了我的报考警察学校的方針，而決定去做一个肥皂制造家，我在那里也交了一块錢的报名費。

在这时候，我有一个朋友，成了一个法政学生，他催促我进他的学校。这个法政学校，我也讀到它的一个誘人的广告。这广告預約着許多毕业后美妙的事情，它允許在三年中交完关于法律的知識的学程，并保証三年毕业之后，学生会立即变成京官，我的朋友不断地在我面前贊美这个学校，直到最后我写信給家里，把广告上預約的一切复述一遍，請求他們寄学費給我，我把将来做法官和京官的前途，对家里描繪成一幅光明的图画，我就在法政学校交了一元錢的报名費，一方面等候着我父亲的回信。

命运又由一个商业学校广告形式来阻拦我了。另外一个朋友向我建議，說国家现在是經济战争之中，最需要的人材是能够建立国家經济的經济学家，他的建議打动了我，我也在这个商业学校里付了一元的报名費，结果我投考而且被录取了。可是同时我还繼續看广告，有一天我讀了一则广告，述說一个公立高級商业学校的好处，这是由政府主办的，課程很丰富，听說教員們也都很能干，我决定了最好能在那里学成一个商业专家。就又付了一元錢的报名費，以后写信給我的父亲，告訴我的决定，他很高興，我父亲素来是贊美經商的，我进了这个学校只住了一个月。我发现了我和这个学校之间有困难存在，因为那里的許多功課的講授是英文的，我和許多别的同学不同，英文程度很低，簡直只知道字母，感到这种局面是很討厭，便在一个月的末尾退了学，我又繼續翻閱广告。

我第二次的学业冒險，是省立第一中学，我用一块錢报名，經过了入学考試，发榜了，以第一名录取。这个学校很大，学生很多，毕业生也是很多的。那里有一个国文教員，对我很有帮助。因为我爱好文学，所以很喜欢和这位教員接近，这位教員借一部《御批通鑑》給我，这部書里有乾隆皇帝的圣旨和御批。正在这个时候，长沙的官办火葯厂爆炸，起了很大的火，可是我們学生都觉得这件事新鮮有趣，好几吨的子弹和炸弹都爆炸了。火葯燃燒起来，变成一片很强烈的火焰，比爆竹还要好看的多了，一月以后，譚延闓被袁世凱驅逐，那时袁贼正操縱着民国的政治机构，湯卿銘代替譚延闓，而他开始給袁贼筹备登基。

我对于第一中学不大喜欢，它的課程限制的很严，規则也是毫无足取，在讀了《御批通鑑》以后，我得到了一个结論，如果我自己閱讀自己研究也許对我更为有益。六个月以后，我便离开了学校，自己排了一个自我教育課程，每天到湖南省立图書館里去讀書。我对于这件事很規矩認真，在这样方法之下，所耗去的半年，我認为对我是极有价值的。每天早上当图書館开門的时候我就进去，在正午的时候，我仅仅休息片刻，去买两个糕餅吃，这是我每天的午餐。我每天停留在图書館里，直到它关門才出来。

在这个自我教育期间，我讀了世界地理和世界历史。在这里我第一次看到了世界地图，并且很有兴趣地加以研究，我讀了亚斯密的《原富》，达尔文的《物种原理》和一本《穆勒名学》我讀了卢梭的著作，斯密莎的《群学肄言》和一本孟德斯鳩写的《法意》、詩、小說，古希腊的故事和关于俄、英、美、法以及别的国家的历史和地理的研究，我把他們胡乱混在一起了。

389

这时，我冒充了湘乡县人，住在同乡会馆里。有許多兵也住在那里，都是从县里退伍的或被解散的兵士，他們毫无事做，而且都很穷。在会館里，学生和兵士常常吵架。一天晚上，这种怨怒爆发，繼之用武，兵士攻击，并且想打杀学生們，我躲避到厕所里，直等战爭結束以后，才出来。

这时候，我沒有錢，我的家里不肯供給我，除非我进学校。因为我不能再在会館里住下去了，便开始找寻新的住所，同时，我在認眞的思索我的前程，認为我最适宜于教书，我又开始留意广告。这时候湖南师范学校，一则很动人的广告，吸引了我的注意，我兴致勃勃地研究它的好处，不需要学費，膳宿費也很低廉等等。我有两个朋友也鼓励我去投考，他們需要我帮助他們准备入学試驗的論文，我把我的計划写信告訴我的家庭，并且得到了他們的允許，我替我两位朋友写了論文，自己也写了一篇。結果三个都被录取了，──所以，实际上，我录取了三次，那时候我以为我为朋友拔刀的行为并不是不道德的，只是一件友誼而已。

我在师范学校做了五年的学生，对于后来一切广告的引誘，不再注意，最后，我确实得到了毕业文凭。我在这里──湖南省立第一师范──的生活中，遇到了不少重要的事情，而在这个时期中，我的政治观念也开始形成了，在这里，我把社会行动中的最后經驗学会了。

在这个新学校里，有許多的规矩，而我对这些规矩贊成很少，我反对自然科学规定必修课。我想专修社会科学，对于自然科学我特别不感性趣，我不愿讀，所以，在这些課程里，我得到分数很少，我所恨的是静物写生的必修課程，以为这是极端愚蠢的事，我往往只想些能够画的最簡便的东西，很快的画完就出教室。我記得有一次我划了一条直綫上面加上一个半园，說是代表李白詩"半壁見海日"一句。又有一次，在图画考試中，我画了一个橢园形，說这是蛋，自己認为滿意了，图画这門課我得了四十分不及格，所幸我的社会科学都很好，所以，一平均我的别种低级分数都給扯过了。

这里的一位中文教員，学生們替他起个綽号叫"袁大胡子"，他嘲笑我的文章，說是新聞記者的毛笔，他瞧不起梁启超，認为他是一个半通不通的文人，可是梁氏曾經是我崇拜的人，我只好改变我的文章作風，我就閱讀韓愈的文章，学习了旧的古文辞藻，所以敬謝袁大胡子，假使是需要的话，我今天还能够写出一篇可观的古文。

对我印象最深的教員是英国留学生楊昌济，他的生活，后来和我发生了极密切的关系，他教的伦理学，是一个唯心主义者，有高尚道德性格的人。他很坚决的信仰他的伦理学，努力把一种公正的、道德的、正义的而有益于社会的志愿，灌輸給他的学生們，受了他的影响。我讀了一本关于伦理的书，是蔡元培翻譯的。我讀完这本书之后，写了一篇論文，題目叫做《心智的能力》。那时我是一个唯心主义者，我的論文很受楊昌济老师的称贊，他給了我一百分，自然，他是从他的唯心观点来批評的。

一个姓唐的教員常給我一些旧的《民报》看，我讀报时候，兴趣极为浓厚，在这上面，我知道了同盟会的綱領。有一天我看到了《民报》上登着两个中国学生徒步旅行中国，一直到了西藏边境的打箭炉的事。这件事非常地鼓动着我，我想要模仿他們，但是我沒有錢，所以，**我想我应该先办到湖南全省的旅行。**

于是第二年夏天，我步行游历湖南省，走遍了五县，和我在一起的有一个叫肖瑜的学生。我們走遍了五县不費一文錢，农民們供給我們吃食，供給我們睡覚的地方，我們足跡所至，都受到好的招待与欢迎。这个同我旅行的肖瑜，后来成为在易培基手下的一位国民党官吏。易氏那时就是湖南师范的校长，后来成了南京的高級官吏，他替肖瑜謀得了北京故宫博物館监守的职位，肖瑜盜卖了博物院里一些最宝貴的宝物，在一九三四年拐款潜逃了。現在他在大連藏身。

为了感覚到要向外发展非有一些志同道合的旅伴不可，有一天，我就在长沙报帋上登了一个广告，邀請对有志于爱国工作的青年和我联系，我特别提出能耐艰苦，有决心而能为祖国牺牲的条件。后来我收到三封响应的信，一封是罗章龙的回信，他后来参加了共产党，以后又叛变了。兩封是从兩个后来变成极端反动的青年寄来的。但是慢慢地在我的周围擺集了一群学生。这群学生后来就是新民学会的核心。这个学会对于中国的国事和命运，有着很大的努力，他是一小群态度极端認眞的人，絕对不討論身边的瑣事。他們所說所做，必定要有一个目的，他們沒有时間来談情說爱，而且認为时局是太危险了，学問的需要是太迫切了，要討論女人和私人的事情根本沒有时間，我对女人不感兴趣。我在十四岁时，我父母替我娶了一个二十岁的女子，可是我从来沒有和她同居过——后来也一直沒有，我不承認她是我的妻子，而在这个时候，我一点儿也不想念她。关于女人的"媚"的討論，在那时的青年生活中通常是占有重要的一頁的。可是我的伴侶們不仅不討論这个，即使是日常生活普遍的事情，也拒絕討論。我回忆起有一次在一位青年家里，这些青年談起要买些肉，他在我的面前把他的仆人叫来，同仆人討論了半天买肉的事，才叫他买了一小片肉。心里非常不安，以后就不再和这位青年見面了，我和我的朋友們只高兴談論大事情——中国人类的本性和人类社会、世界、宇宙。

我們成了热烈的体育鍛練者，在冬季假期里，我們在田里走著，上山，下山，繞行城墙，渡河过江，假如遇見下雨，我們就把衣服脫下，說这叫做"淋浴"。当太阳很热的时候，我們也把衣服脫下，說这就是"日光浴"。在春風里，我們大声叫着，說这是一种叫"風浴"的新游戏。已經下了了霜的日子，我們还要露宿，甚而至于十一月里，我們还在冷水里游泳，这一切都是在"鍛練身体"这一名詞下进行的。也許这种事对于我的身体的确有不少帮助。因为后来我在华南多次地进退行軍之中，以及从江西到西北的长征里，受賜非浅的。

那时候，**我和許多的在别的乡鎮城市里的学生和朋友們組成了一个很大的通信关系，慢慢地我开始覚得需要一种更严密地組織。一九一七年我和几个别的朋友发起組織新民学会**，这学会有七、八十名会員，七、八十人中有許多后来都变成中国共产主义和中国革命史上的著名人物。曾經加入新民学会的校为著名的共产党員有：罗迈——現在党組織委員会书記。夏曦——現在第二方面軍里面。何叔衡——中央苏区中最高法院高等推事，一九二七年被枪杀。肖子章——作家，現在苏联。蔡和森——共产党中央委員会委員。叶立雪，中央委員，后来轉入国民党，变成資本家工会組織者。肖錚，党的著名領袖，党成立时最初綱領的六名签名者中之一，不久以前病故。新民学会的大多数，在一九二七年反革命中都被枪杀了。

大約在同时候，另一团体組織成功，这是湖北的社会福利社，是类似新民学会的一种組織，他的許多会員，后来也成了共产党員。其中有惲代英——該社社长，在反革命中被枪杀。林彪——該社社員，现在紅軍大学校长。同样，张灝——现在中央軍工作負責人員。在北京也有一个会社，叫做互社，有些会員后来也加入共产党。在中国別的地方，主要是在上海、杭州、汉口、天津一些青年組織了好几个激进团体，开始在中国政治上确立了一种势力。（註：这样的团体在天津覚悟学会，吸引一些激进青年到这个組織中来，周恩来是創始人之一。此外还有邓穎超女士——现在的周恩来夫人，馬鈞——一九二七年在北平被枪杀。孙肇俊，现任国民党官吏——史諾）。

这些会社的大多数，多少都是受了《新青年》的影响才組織起来的。《新青年》是有名的新文化运动的杂誌，由陈独秀主编。当我还在师范学校做学生的时候，我就开始讀这一本杂誌。我特別喜欢胡适，陈独秀的文章，他们代替了康有为、梁启超和做了我的崇拜人物。梁、康二人，我早已經抛弃了。

在这个时候，我的思想成了自由主义、民主改良主义、烏托邦社会主义等等思想的一种奇怪的混合物。关于十九世纪的民主主义，烏托邦主义和旧式的自由主义等，我都有一些模糊的感情。但是，我是确定的反对軍閥与帝国主义的。我于一九一二年考入师范学校，一九一六年毕业。

第三章 革命的前奏

在长沙师范学校的几年当中，总共只用了一百六十块錢——許多次数的报名費也包括在内——从这个数目中，我要把三分之一耗費在报舘上，因为通常訂一份报舘，总是按月一元，我还常常在書摊子上买些書和杂誌。我父亲責罵我这种浪費，他说这是把錢揮霍在废舘上面。可是我养成了讀报习慣，从一九一一年到一九二七年，就是在我沒有走上井岡山以前，我对于北平、上海和湖南的各种日报的閱讀，从未中輟过。

我学校的最后一年里，母亲死了，这样我回家的兴趣更加淡薄了。我决定那年夏天到北平，那时候是北京——去，湖南有許多学生都計划着要到法国去，用"工讀"的方法去讀書，法国在欧战中用这种办法招募中国的青年去为他做工，在离开中国以前，这些学生预备在北平学习法文，我帮助把这种运动組織起来。在这一群出洋的学生中間有許多是湖南师范学校的学生，他们大部分都成了著名的激进分子。徐特立也受了这一运动的影响，放弃了湖南师范学校的教員位置，跑到法国去，当时他已經四十多岁了，可是直到一九二七年他才加入了共产党。

我陪了一些湖南学生来到北京，可是，虽然我帮助組織了这个运动，而且新民学会还有补助，我却不願意到欧洲去，我觉得关于国家的事，我知道的太少了，假使我把时間花在中国，那对祖国是更为有利，那些决意要到法国去的学生，从李石曾——现任中法大学的校长——学习法文，可是我沒有，我个人另有計划。

我在北平，觉得費用不大，我是从朋友那里借了錢来北平的，来了以后，非馬上寻找职业不可，楊昌济——从前师范学校的化理教员，后来是北京大学的教授，我請求他找尋一个职业，他把我介紹給北大的图書館主任，这主任就是李大釗，他不久成了中国共产党的創立者，后来被张作霖杀了。李大釗为我找到了工作，是当图書館的助理員，每月八块錢——数目不算少。

我的地位是十分低下的。人都不屑和我接近，我担任的工作是登記到图書館来看报的人們的名子，可是大多数的人們都瞧不起我。在这些来看書的人們当中，我認識了許多有名的文化运动的領袖，象付斯年、罗家伦之类，我对于他們特别感兴趣，我想去和他們交换一些关于政府和文化問題的意見，可是他們都是忙人，沒有时間去傾听一个图書館助理員的南方土語。

但是我并不失望，为了要旁听大学里的功課，我参加了哲学会、新聞学会，在新聞学会里我遇見了好几个同伴，象陈公博、譚平山，他后来加入了共产党，还有邵凤萍，特别是邵氏，給我很多的帮助，他是新聞学会的講師，是一个自由主义者，充滿了热情理想，是性格良好的，一九二六年他被张作霖枪决了。

当我在北大图書館当助理員的时候，我也遇見了张国燾，康白情——他后来参加了美国加利福尼亚州的三K党（"！！！"史諾）；还有段錫朋——現在是南京政府的教育次长。

我对政治兴趣繼續增强，我的思想也越加激进，我已經把这种情形的背景告訴你了，可是在这个时候，我还是很混沌，用一句时髦的話，就是我正在寻找出路，我讀一些无政府主义的小册子，很受了一些影响，我常常和一个叫朱謙文的北大学生，討論无政府主义和它在中国的可能性，在那时候，我贊同許多无政府主义的主张。

我自己在北京的生活是十分清苦，可是在另一方面，这座古城的美給我了补償，我住在一个叫三眼井的地方，一个小屋子里共有七个人拥住着。晚上我們七个人挨得紧紧的，睡在一个炕上，挤得透不过气来，当誰要翻身的时候，必須預先警告睡在两边的人。但是在公園里，在故宮的广場上，我对于北京的早春，生了向往之情，当北海的冰面正結着坚冰的时候，素色的寒梅正盛开着，楊柳枝头悬掛着水晶似的冰柱子倒垂在北海上，使我想起唐朝詩人岑参詠北海冬天珠玉树的名句："千树万树梨花开"，北京的无数的树木，喚起了我的好奇和贊美。

一九一九年之初，我和要到法国去的学生一同到上海，我的錢只够买到天津去的車票，到了天津以后，我就沒有办法向前进了，可是正象中国俗話所說的："天无絕人之路"，很幸运的，有一位同学从北平孔德学校得到了一些錢，他借了十块錢給我，使我能买到一张到浦口去的車票。在往南京去的路上，我在曲阜停留了一下，去瞻仰孔子的坟墓。我到孔子的弟弟曾經洗过脚的那条小溪边，也到了圣人度他的幼年生活的小鎮，曲阜大成殿旁边有一棵古树，我也在孔子一个有名的弟子——顏淵所曾經住过的河边停留过，并且也拜訪了孟子的生长地，在这次旅行中，我登上了泰山——山东的神圣的山，馮玉祥曾經在这里隐居，而且写过爱国的对联的。

可是当我到了浦口，我又分文不留了。沒有車票，更沒有人可以借給我，我不知道如何能离开浦口，可是祸不单行，車上，一个贼偷了我仅有的一双鞋子，嗳呀！怎么办呢，又是"天无絕人之路"，我又遇上好运气，在火車站外，我遇见一位从湖南来的一位老朋友，他成了我的"救命活菩薩"，他借錢給我买鞋子以及买一张到上海去的車票錢。这样我安全地完成了我的旅程，同时，对于我的新鞋特别当心了。上海知道已經有笔欵子募集好了送学生到法国去，同时，还为我預备了一笔錢去湖南，我送我的朋友們上了輪船之后，我就向长沙进发。

我还記得的，我第一次到北方去所值得紀念的旅行是这些，

我在北海溜过冰，曾經繞过洞庭湖走过，又在保定城墙上繞着走过圈，在《三国志》里有名的徐州的城墙，以及历史上有名的南京城，我都繞过一个圈子，最后，我登过泰山，謁孔墓，这些事情，在对我覺得是徒步游湖南以外的有价值的成績。

当我們到长沙的时候，我的政治工作比前更为积极，五四运动之后，我把大部分时間花在学生政治活动上面，我主編《湘江評論》———一种純学生办的报帋，对于华南学生运动有很大的影响，我在长沙还帮助办了文化書社———一个研究新文化和政治趋势的团体，这个書社，特别是新民学会，都猛烈地反对当时的湖南督軍张敬尧———一个坏极了的人，我們領导了一次学生总罢課，反对张敬尧，要求他去职，并且派遣代表到北京和西南———那时孙中山在那里已經很活跃———鼓动反对他，于是张敬尧禁止了《湘江評論》的出版，作为学生反对他的一种报复行动。

此后我又跑到北京，代表新民学会在那里发动了一种反軍閥运动，新民学会又把反张的斗争扩大为普遍的反軍閥的运动，我担任一个通訊社社长，来策进这个工作。在湖南这个运动是得到相当成功的，张敬尧被譚延闿所推翻，在长沙建立了一种新的統治局面。正在这个时候，新民学会分裂而成了两派———左派和右派———左派坚持一种更远見的社会、經济、政治的改革。

一九一九年，我第二次到上海，在那里，我又遇到陈独秀。我第一次遇见他是在北京，当我在北大的时候，他之影响比任何人还大，那时候我也遇见了胡适，曾經去拜訪他，請他能贊助湖南的学生运动。在上海我和陈独秀討論关于組織《湖南改造联盟》的計划，然后我回湖南开始着手組織。在那我覺得一个教员位置，同时繼續我在新民学会里的活动，那时新民学会有一个湖南独立的綱領———意思是眞正的自治，对于北方政府非常不满。相信假使能够和北京脫离关系，那么湖南的现代化当更加迅速，所以我們的团体竭力鼓吹和北京政府分裂，我那是美国的門罗主义与門戶开放主义坚决的切开者。

譚延闿又被軍閥赵恒惕逐出湖南，赵恒惕以湖南自治为口号，达到攫取他私人利益的目的，他假意拥护自治，提出中国联省自治的一种主张，可是当他一攫取了政权之后，却用着大力压制民主运动，我們的团体要求男女平等和代議制政策，贊成一种资产阶級民主政治的政綱，我們在自己办的《新湖南报》上，公开鼓吹这种改革。有一天，我們領导了一次搗毀湖南省会議的話剧，省議会的大多数議员，都是軍閥指派，地主豪绅，这一次暴动的结果，是把省議会里所张掛的充满着胡說八道和吹牛的詞句的对联匾额都扯了下来。

搗毀省議会这件事，被認为是湖南的一个大事变，把那些統治者都吓慌了。可是当赵

恒惕握得了政权，他竟背叛了他以前所提倡的一切主张，反而特别猛烈地禁止一切民主要求，所以我們的学会把攻击的目标轉向了他。我記得，在一九二〇年有一段故事，那年新民学会发起了一个庆祝苏联十月革命三周年紀念的示威运动，这示威被軍警鎮压下去了，有些示威者曾經試想在会場升起紅旂来，可是被軍警所禁止，示威者指出依照当时的宪法第十二条人民有集会、結社、言論的自由，但是軍警們置之不理。他們說不管什么宪法不宪法，只知道执行赵省长的命令。从这次以后我漸漸相信只有由群众行动得来的群众政治力量，才能保障有力的改革現实。

一九二〇年冬天，我第二次以政治为目的把工人組織起来，并且开始被馬克思主义理論和俄国革命史的影响所指导。在我第二次北游期間，我讀了許多关于俄国革命的书，并且热烈地搜寻一切那时候能够找到的中文的共产主义著作。有三本在我的思想上影响特别大，建立起我对馬克思主义的信仰。我一接受馬克思主义是历史的最正确解释之后，便从沒有动搖过。第一本书是《共产党宣言》，陈望道翻譯的，是用中文印行的第一本馬克思主义的书；考茨基的《阶級斗爭》和刻儿枯朴的《社会主义史》，到了一九二〇年夏天，在理論上——某种程度地也在实践上——我成了一个馬克思主义者，而且从此以后，便自認为是一个馬克思主义者。在同年，我和楊开慧女士結了婚。

第四章 国 民 革 命 时 代

一九二一年五月，我到上海去参加中国共产党的成立大会。在这个組織中間的主要領袖人物，是陈独秀和李大釗，两人都是中国最有名的知識界領袖，当我在北大任图书舘助理員的时候，在李大釗領导之下，我就很快地发展，走上馬克思主义之路。我对于这方面的兴趣和发展，陈独秀的助力也不小，在我第二次到上海的时候，我曾經和陈独秀討論过我所讀过的馬克思主义的书籍，而陈的坚决的信仰在我生活中，这一轉变的时期对我的影响是极其深刻的。

在上海这有历史意义的第一次会議中，除我之外，只有一个湖南人，其余出席这次会議的人物中有：张国燾、包惠僧、周佛海，一共是十二个人，共产党第一省支部在湖南組織起来了，而我是委員之一，接着在别的省份和城市也組織起来了，在上海的党中央委員会里有陈独秀、张国燾（現在是紅軍第四方面軍里）楊明斎、譚平山、陈公博、刘燕青、殷秀松、施存統、沈玄庐、李汉俊（一九二七年在武汉被杀）李达、李森等，在湖北的党員有高宗裕和一些有名的学生領袖，在北京的是李大釗、邓中夏、罗章龙、刘仁靜（現为托派）和一些别人。在广州的是林伯渠（現任苏維埃政府财政委員）、彭湃（一九二九年在上海被杀）。王俊美和邓恩明是山东支部的发起人。

同时在法国，許多工讀学生們也組織了中国共产党，他的成立差不多是和在中国国内的組織同时开始的，那里的党的发起人中有周恩来、李立三和向警予（蔡和森的妻子，是发起人中唯一的女子），罗迈和蔡和森也是法国支部的发起人，在法国也有中国共产党組織起来，不过那时間稍迟一些，党員有高語军、朱德（現任紅軍总司令）和张甲府（現任清华大学教授），莫斯科支部发起人瞿秋白和一些别的人，而在日本是周佛海。

到一九二二年五月，湖南省委——我那时是書記——已經組織了廿个以上的工会，包括矿工、鉄路工人、雇員、印刷工人和政府造币厂的工人等，那年冬天，一个猛烈的劳工运动开始了，那时共产党的工作，主要集中到学生和工人身上，而在农民中做的工作很少，大的矿厂的大部分工人，而学生們几乎全部被組織起来了，在学生与工人两方面都有好几次斗争，一九二二年冬天，湖南省长赵恒惕下令枪杀两个湖南人——黃爱和庞人銓，结果引起了对于赵恒惕的一般的公愤，被枪杀的两个工人之一——黃爱——是右派劳工运动的領袖，这一派的基本人員是工业学校学生，是和我們反对的，可是在这次事件中，以及其它許多斗争中，我們是援助他們的，无政府主义在工会当中也有势力。这些工会，那时候組織湖南省总工会，可是我們对无政府主义者妥协，經过磋商之后，阻止了他們所干的許多躁急而无謂的行动。

我被派遣到上海去帮助組織反赵恒惕的运动。第二次党代会（一九二二年）冬天在上海开会，我本想是要去参加的，可是忘記了开会的地点，又碰不到同志，所以錯过了机会。我回到湖南，猛烈地推动工会的工作，下一年春天，湖南又发生了几次要求增加工資，改善待遇与承認工会罢工，大部分都胜利了。五一劳动节，湖南全省組織一次总罢工，而这次罢工，表明了中国的工人运动，已經达到了空前成功的地步。

共产党第三次大会是一九二三年在广州举行的，通过了有历史意义的决議，加入国民党、国共合作，建立了反对北洋軍閥的联合战綫，这时我到了上海，在党中央委員会中工作。第二年（一九二四年）春，我到广州参加国民党的第一次党代大会，三月里回上海，一面担任共产党党部工作，国民党上海市党部的执行委員，除我之外，还有汪精卫和胡汉民，我和他們共同工作，調整国共两党的行动。那年夏天，黄浦軍官学校成立了，加伦将軍来任顧問，别的苏維埃顧問也从苏联来了，国共的联盟开始領导普遍全国的革命运动，那年冬天，我在上海泡病，回湖南休养，可是回到湖南以后，我把本省伟大农民运动的核心組織了起来。

在从前，我还没有充分了解在农民中阶级斗争的程度，可是在一九二五年五卅惨案，以及接着的政治运动的大浪潮中，湖南农民运动的斗争性十分明显，我离开我在休养的家，开始农村組織工作，在几月之中，我們組織了二十多个的农民协会，惹起了地主們的仇恨，他們请求当局速捕我，赵恒惕曾派軍队追寻我，我便逃往广州去，我到那里，正是黄浦学生打败湖南軍閥杨希国、广西軍閥刘震环的时候，广州城市和国民党内部充溢着乐观的空气，正当孙中山在北京逝世之后，蔣介石被任命为第一軍总司令，汪精卫为国民政府主席。

我担任了《政治周报》編輯，这是国民党政治部的喉舌，它后来在攻击和批評戴季陶所领导的国民党右派，有很活动的势力。我又負責担任了訓練农民运动組織者的工作，并且为这种目的开設了一个訓練班，由二十一个不同省份的代表来参加听講，其中有从内蒙来的学生，来广州不久，我担任了国民党宣传部长和中央候补委員，其余林伯渠是国民党农民部长，另一个是共产党員譚平山是工人部长。

我那时文章写得很多，在共产党内，担任农民工作的特别任务，根据我的研究和我在湖南組織农民的經驗，我寫了两个小冊子，一本叫做《中国社会的阶级分析》另一本叫做《赵恒惕的阶级基础和我們当前的任务》，陈独秀反对第一本小冊子里所发表的意见，那本書主張一种激进的土地政策，和共产党內加紧組織农民，陈独秀拒絕由共产党中央机关发行这一本小冊子，后来在广州《农民月刊》和《中国青年》上发表的。第二篇论文是在湖南以小冊子的形式发行的。大約在这个时候，我开始对陈独秀的右傾机会主义不滿意，我們慢慢地分离了，虽然我們中間的斗爭要从一九二七年才达到最高潮。

我繼續在广州国民党工作，直到一九二六年三月的一次政变为止，在国民党左右两派协調，国共联合陣綫重行确立了后，我又到上海，是一九二六年的春天，国民党第二次全国代表大会是这年五月由蒋介石領导召开的。我在上海負責主持共产党的农民部，从这里又被派到湖南去視察那边的农民运动，同时，在国共两党的联合战綫之下，在一九二六年秋天，开始了有名的北伐。

我在湖南視察了五县——长沙、醴陵、湘潭、衡山、湘乡的农民組織和政治情况，做报告給中央委員会，催促在农民运动里采取新路綫，次年早春，当我到了武汉的时候，举行了一个各省农民联席会議，我出席提出了建議，主張把土地重行分配，在这一次会議上，有彭湃、方志敏和两个俄国共产党委約克及沃隆，决議接受了我的建議，提交共产党五次大会討論，可是中央委員会加以否决了。

当共产党中央第五次全会于一九二七年五月在武汉召开的时候，党还是在陈独秀操縱之下，虽然那时候，上海和南京开始向共产党进攻，可是陈独秀还是抱溫和态度与武汉的国民党相妥协，而且压制了各方面的反对，执行了一种小资产阶级的右傾机会主义的政策，那时候，我对于党的政策非常不滿意，特别是关于农民运动一方面，我现在想起来，假使那时候的农民运动，能更彻底地組織起来，把农民武裝起来对地主斗爭，那么苏維埃也許能早一步而更有力地在全国发展起来。

但是陈独秀竭力反对，他不了解民主革命中的地位，并且把农民革命在这时候的可能性估計得太低了，結果，在大革命危急的前夜，举行的第五次全会，不能通过一項完美的土地政綱，我的农民运动应該加速深入的主張，甚至沒有提出討論，因为那时的中央委員会为陈独秀所操縱，拒絕提出来考虑，全会决議以"有五百亩以上土地的农民"为地主，这样就把土地問題抛开了，用这一个地主的定义，要想发展阶级斗爭是完全不完备而沒有事实根据的，而且完全沒有考虑到中国土地經济的特殊性，可是会議之后，一个全国农民协会組織成功了，我成了第一任会长。

到一九二七年春天，湖北、江西、福建，特别是湖南的农民运动，不管共产党对他的态度如何萎縮和国民党对他如何歧視，已經发展到惊人的程度，高级长官和軍队司令們开始要求鎮压这种农民运动，他們称农民协会为"流氓协会"，認为它的行动和要求都太过火，陈独秀把我从湖南調开，認为我应对湖南所发生的那些事情負責任，并且强烈反对我的意见。

四月間，南京和上海开始举行了对于有組織的工人們的大屠杀，广州也实行了同样的举动。五月二十一日，湖南发生了許克祥事变，好几千个农民和工人被枪杀，不久以后，在武汉的国民党左派，取消和共产党的合作，把共产分子从国民党里，以及武汉政府里驅逐出来，可是武汉政府不久也消声匿迹了。

这时候，許多的共产党領袖們才接受党的命令离开中国，到俄国，上海或别的安全地方去，我被命令到四川去。我請陈独秀派我到湖南去做湖南省委書記，可是十六天之后，他又急急地下令叫我回来，責备我組織反抗唐生智的暴动，唐那时是武汉的統治者，党务在这时候混乱不堪，差不多每一个人都反对陈独秀的領导和他的机会主义路綫，最后，武汉国共合作的崩潰，促成了陈独秀領导的沒落。

第五章 新 政 权 运 动

一九二七年八月一日，在智龍、叶挺領导之下的第二十軍和朱德合作，发动了历史上有名的南昌暴动，这就是紅軍組織的开始。一星期之后，八月七日党中央委員会举行会議，开除了陈独秀的書記职务。我从一九二四年广州第三次会議以来，一直是党政治局的一員，对于这个决議，我是主动的，在这次到会的其他十个人之中，有蔡和森、彭孔德和瞿秋白，党采取了新路綫，一切和国民党合作的希望，是暫时放弃了，长期的政治权力的公开斗爭就此开始。

我被派到长沙，去組織后来被称为"秋收暴动"的这个运动，我在那样的計划里，是实現下列五点：

1、省党部完全脫离国民党；

2、組織工农革命武装队伍；

3、沒收中、小、大地主的财产；

4、在湖南建立共产党的势力和国民党脫离关系；

5、組織苏維埃。

第五点在那时候为共产国际所反对，直到后来，它才把这一点提出来作为口号。

当九月間，以湖南的农民协会为出发点，在发动普遍的暴动上，我們已經成功了，工农軍队的基本单位已經成立，入伍者有三个主要来源：农民、汉阳矿工和国民党軍队中的譁变軍队，这时期的革命武装队伍，被称为"工农第一軍第一师'，其中第一旅是由汉阳矿工组成的，第二旅是由平江、浏阳、醴陵以及湖南另外两个县分里农民保卫队組成的，第三旅是由叛变了汪精卫的武汉卫队的一部分組成的，这一支軍队組成，是得到湖南省委員会的准許的，但湖南省委員会及我們的軍队的一般綱領为党中央委員会所反对，不过那时候的中央委員会只是一种观望政策，并不积极反对。

当我正在組織軍队，在汉阳矿工和农工保卫队之間奔走的时候，我被国民党通声气的一些民团捕获了，那时候恐怖手段达到了它的最高点，整百的有嫌疑的共产党被枪决了，我被送到民团总部去，那是一定要遭枪决的，我从一个同志那里借了十块錢，想賄賂押送人員释放我。普通士兵部是唯利是图的，我的遭受枪决，对于他們没有特别利益，他們已經答允释放我了，可是負責的队长不肯，所以我决定打算逃脫，不过直到离民团总部不过二百碼的地方我才得到了脫逃的机会，在这个地点，我把繩子扭断，逃到田野里去躲着。

我走到一个地方，在一个池子的上面，四周圍长得很高的草，在那里我躲着直到日落，兵士們搜寻我，并强迫一些农民帮助他們搜寻我，有好几次，他們走得很近，有两次，我几乎碰得到他們了，可是我始終沒有被发现，虽然有几次，我認为已經无望，觉得我是一定要被捕获了，到后来，黄昏到了，他們不再搜寻我了，我馬上出发，爬山越岭，整夜地跑着，我沒有鞋，脚上起了泡，在路上，我碰到一个农民，他待我很好，允許我借宿，后来又領着我到了邻县，我身边还有七块錢，用来买了一双鞋子，一把伞和一些食物，当我最后安全地走到农民保卫队那里的时候，袋里只剩下两个銅板了。

新軍成立以后，我担任了党前敌委員会的主席，武汉卫成司令俞希涛，担任第一軍总司令，俞氏多少是受他部下逼迫而勉强出来担任的，不久以后，他背叛了紅軍，参加了国民党。

这支小小的軍队，一面領导农民暴动，一面向南移动穿过湖南省，它必須击破千万的国民党軍队的防綫，打了許多次的仗，败退了几次，紀律很坏，政治訓練的水准很低，在士兵和长官之中，有許多的动搖分子，有許多逃兵，俞氏逃走后，軍队到达宁国，便又改编了一次，陈灝被任命为留守部队——約有一旅之众——的指揮，可是后来，他也叛变了。不过在第一軍里有多数人自始至終忠实不渝，直到今天他们还在紅軍里——如罗荣桓，第一軍团政治委員，楊乐生，现任紅軍司令，当这一支小队最后爬过井岡山的时候，人数只剩一千名左右。

因为秋收暴动的綱領沒有得到党中央委員会的批准，又因为第一軍遭到了一些严重损失，又从城市的角度来看，这种运动无疑是要失败的，所以中央委員会决定排斥我們，我的政治局和前敌委員会的职务均被免职，湖南省委員会也攻击我們，称我們是"枪杆子运动"，可是我們还是把軍队在井岡山团結着，十分相信自己所走的路綫是正确的，而且后来的事实，也充分为我們证明了。新兵参加了，这一师人又补充了，我担任了总指揮。

从一九二七年冬到一九二八年秋，第一师在井岡山打定了基础。一九二七年十一月，在湖南边沟茶陵地方成立了第一个苏維埃，第一个苏維埃政府也选举成功，它的主席是杜仲宾，在这个苏維埃中，我們实行了一种民主政綱，采取一种迟緩而能正常发展的溫和政策，这样，井岡山得到了党内育动分子的責难，他們要求一种恐怖政策，焚掠杀戮地主来丧他們的胆，第一軍前敌委員会拒絕采用这种战略，所以头脑热烈的人就称我們为"改良主义者"，他們对我們攻击最烈，因为我們不采用一种较为激进的政策。

两个月以前在井岡山附近的土匪的領袖，名叫毛佐、袁文才，在一九二七年冬天加入了紅軍，使紅軍实力增加了将近三旅之众，王、袁都被任为旅长，其时我是軍长。这两个人虽然是土匪出身，可是曾經投降过国民党軍队，现在他們准备对反动势力作战，在井岡山的时候，他俩可算是忠实的共产党信徒，执行着党的命令，可是当他們单独被留在井岡山的时候，他們恢复了土匪脾气，結果是被这的已經組織化、苏維埃化的有自卫能力的农民們所杀害。

一九二八年五月，朱德到达了井岡山，我們的队伍汇合了，我們共同起草了一个計划，組織一个六县的苏維埃区，慢慢的把共产党势力在湖南、江西、广东边界各县中，稳定团結起来，以此为根据地，再向更广大的区域发展，不过这个策略是与党的建議相冲突的，因为党有着急速发展的伟大理想。在軍队里面，我和朱德要同两种傾向斗争：第一种是立即进攻长沙，这我們認为是冒險主义；第二种向南撤退到广东边界，这我們認为是敗退主义。那时候，我們所看到的主要工作有二：①分配土地；②建立苏維埃，我們想把群众武装起来，加速这些步驟，我們的政策主张自由貿易，寬和地对待被俘的敌人部队，一般地說来，是民主溫和主义。

一九二八年秋天，井岡山上召开了一个代表会議，到会的是井岡山以北的苏維埃代表，关于上面所說各点，苏区里的党代表中，意見还是很分岐，在这次会議中，各种不同意見，是充分地发揮出来了。少数人說："在某种基础上，我們的前途很狹窄，大多数人則相信我們的政策会成功，当决議案提出来，并且說明苏維埃运动将来会如何得到胜利的，議案是很容易地通过了，可是党中央委員会沒有批准这一个运动。直到一九二八年冬天，在莫斯科举行的第六次中国共产党代表大会开会报告书到达了井岡山的时候这批准才算接到了。

在这次会議里所采取的新路綫，朱德和我是完全同意的，从此以后，党的領袖中，和在农业区域里的苏維埃运动的領袖中，意見上的不协調才消除了，党的一致又重新建立了起来。

第六次会議的决議案，綜合了一九二五年到一九二七年的革命，南昌暴动，广州暴动、秋收暴动的种种經驗，下了贊成对于土地运动应該重視的結論，大約在这个时候，紅軍开始在别的地方发現，一九二七年冬天，湖北西部和东部发生了暴动，这些暴动，奠定了新苏区的基础，在西方的賀龙和东方的徐海东，开始組織他們自己的工农部队，徐海东活动的区域，成了鄂、豫皖苏区的中心，后来徐向前和张国燾也加入了。一九二七年冬，方志敏和邵式平在江西的东北部沿福建边界，也开始了一种运动，这后来就发展成为一个有力的苏維埃根据地。广州暴动失敗之后彭湃率領了一部分忠实的部队，在海、陆丰組織了一个苏維埃，可是因为接受了盲动主义的政策，不久就被消灭了，不过，它的軍队的一部分，在左大存指揮之下，离开那区域与朱德和我取得了联系，后来成为紅軍第十一軍的基本队伍。

一九二八年春天，游击队在李文龙、李紹祖領导之下，开始在江西的兴国、东固一带活动，这一个运动，以吉安的周圍为根据地，这些游击队，以后成了第三軍的中心干部，而吉安县，則成了中央苏維埃政府的根据地，在福建西部，由张鼎承、邓子恢、博栢翠（后变成了社会民主党）等主持組織了苏維埃。

在井岡山反对冒險主义之斗爭时期中，井岡山的碻是我們所要創造的这种活动部队的絕好根据地，它有很好的天然屏障，而且所产的谷物，足够维持小小的軍队，它周圍有五百里，直径約八十里，本地名称是叫大小五井（眞正的井岡山是附近的一个小山，早已經放弃了），这是从周圍五个大井得名的——大、小、上、下、中五个大井，在山上的五个村子，就跟着这五口井而命名的。

我們的軍队在井岡山会合之后，重新改編了一次，有名的紅軍第四軍創立了，朱德任总司令，我是政治委員。一九二八年冬天，在何鍵的部队譁变暴动以后，井岡山又增加了許多軍队，紅軍第五軍就从这些部队中产生出来，总司令是彭××，除了彭以外，还有邓平（在长征貴州、遵义时遇害），黃公略（一九三一年在广西被杀）和滕代远。

来了这些軍队以后，山上的情形变得很坏了，軍队没有冬天的服装，粮食也非常稀少，有好几个月我們差不多靠吃紅薯过活，士兵呼着他們自己作的口号："打倒資本主义，吃紅番薯！"——在他們看来，所謂資本主义，就是地主和地主的紅番薯，把彭××留在井岡山上，朱德冲破了周围的封鎖陣綫，一九二九年一月，我們第一次在井岡山上的逗留，就此告終。

这时候，第四軍开始打通江西南部的斗争，发展的很成功，我們在东固建立了苏維埃和本地的紅軍会合了联合起来，我們把軍力分开繼續向永定、上杭和龙岩进发，在这几县里，都建立了苏維埃，在紅軍未到以前，在这些区域里旧有的武裝民众运动，保证了我們的胜利，帮助我們把苏維埃政权建立在一种稳定的基础上，靠了农村群众运动和游击战，紅軍的势力伸到几个别的县分，但共产党则到后来才完全握到这权力。

紅軍的情形在物質与政治方面都开始进步了，但还有不少坏的傾向：譬如說："游击主义"是一种弱点，反映着缺乏紀律，夸张民主观念和組織的渙散等等，另一种须要克服的傾向是"土匪性質"——不肯安靜下来，認眞去做政府指派的工作，好动、好变、好新、好事，此外还有軍閥主义的遺毒，有些司令官虐待甚至鞭打士兵，凭个人的好恶，对部下妄加軒輊。

一九二九年十二月，駐在福建西部的紅軍第四軍举行了第九次会議之后，許多弱点都被克服了，在这次会議上，討論了改善的方法，解释了許多誤会，采用新的方法，这在后来奠定了紅軍的高級意識形态的領导的基础。在这以前，上面所說的那些傾向是极严重的，而且被党和軍事領导中的托洛茨基派分子，利用了来破坏这一种运动的力量，对于这种坏的傾向的一种猛烈的斗争开始了，有几位因此被取消了党員的地位和軍事指导权，其中以刘恩康——一个司令，为最好的例子，一度发觉他們企图把紅軍領导到抵抗敌人更为困难的地位上去的一种方法，破坏紅軍，几次失败之后，他們的阴謀明显地暴露了出来。他們竭力攻击我們的綱領以及其他我們所贊成的一切，經驗証明了他們的錯誤。他們被免除了职位，福建会議之后，他們的势力完全消灭了。

这次会議，准备了在江西建立苏維埃政权的道路，下一年就有了一些光明的胜利，江西南部，差不多全部被紅軍所占領，中央苏維埃区域的基础，已經建立起来了。

一九三〇年二月七日，在江西南部召集了一个重要的地方党会議，討論苏維埃未来的綱領，出席的代表是本地的党、政、軍代表。在这次会議上，土地政策經过一次长时期的討論，对于机会主义——由那些反对重新分配土地的人們所領导着——的斗争战胜了，会議又实行重新分配，加速組織苏維埃，到那时为止，紅軍只是維持了地方和县区的苏維埃，在这个会議上，决定建立了江西省苏維埃政府，这一个新政策，得到农民热烈兴奋的拥护。

第六章 紅 軍 之 长 征

慢慢地紅軍对于群众的工作改进了，紀律严謹了，在組織方面的新技术也发展了，各地方的农民阶级开始帮助革命了，在井冈山时代紅軍已經叫士兵們堅守三条簡单的維持紀律的規则，那时，①迅速服从命令。②不准沒收貧苦农民的任何物品。③一切从地主阶級沒收而来的物品立即直接交給政府处置。一九二八年会議以后，为了要获得农民阶級的拥护起見，曾作重大努力，在上面例举的三条以外，又加上八条規則，这八条是：

1、离开一家人家时，把門板（睡覚用）放回原处。

2、把你們睡覚时用的草蓆，卷好交还。

3、对老百姓要溫和客气，随时帮助他們。

4、一切借用的物品都要归还。

5、一切损坏了的东西都要賠偿。

6、和农民交易要規矩。

7、买东西要付錢。

8、要講卫生，厕所要設在离人家很远的地方。

最末两项是林彪所添加的，这八项实行的成績日見进步，到今天还是紅軍士兵的軍紀。牢牢記着，常常能背誦出来；另外还有三項别的責任，作为紅軍的基本目的：第一：对敌人要抵抗到死。第二：把群众武装起来。第三：要募集款帮助斗争。

一九二七年初，有几队在李文龙、李紹九領导下的游击队，被改編加入了紅軍第三軍，由黃公略任指揮，朱端任政治委員，同时朱培德的一部分民团譁变加入了紅軍，他們由罗炳輝領导着，来投共产党軍的，现在他們是紅軍第二方面第三十二軍軍长，从福建的游击队和正式的基本干部，組織成了紅軍第十二軍，伍仲豪任指揮，譚震林任政治委員，后来伍仲豪在战争中阵亡而由罗炳輝接任。

就在这个时候，紅軍第一軍組織成功了，朱德任总司令，我任政治委員，它包含了由林彪指揮的第三軍、第四軍和罗炳輝指揮的第十二軍，党的領导权交付給前敌委員会負責。而我是該委員会的主席，那时候第一軍团已經有了一万人以上，編成了第十师，除了这支主力軍以外，还有許多的地方的独立队、赤卫队、游击队。

对于軍事之胜利的发展，除了这一运动的政治基础以外，紅色战略也很有关系，我們在井冈山上采取了四个口号，这四个口号供給了紅軍借以生长的游击战术所采取的方法的总綫索，这些口号是：

1、敌进我退；2、敌止我扰；3、敌避我击；4、敌退我进。

这四个口号，最初为許多有經驗的軍事家所反对，他們不贊成我們所主张的这种战术，但是后来的許多經驗証明这种战术是正确的，大致說来，紅軍一放弃了这种战术，就不能胜利。我們的軍队是很小的，敌人的力量要强过我們十倍二十倍，我們只有巧妙地运用战术，斗争才能获得胜利。

紅軍的最重要的唯一的战术，不論现在或将来，是在攻击中能集中主要力量，而以后又很快地散开，这意思是要避免阵地战，而用一切方法去迎接在行动中的敌人队伍而歼灭之，在这种战术的基础之上，紅軍的惊人的活动力和敏捷有力的"突击"力发展出来了。

在扩大苏維埃区域这一点上，紅軍的綱領是主张波浪形或潮形的发展，而不主张不平衡的跳跃式推进方式，以至在占領区域里沒有深强的稳固力，这种政策很适用，正如上面所說過的战术一样，它是以多年的集体的軍事与政治的經驗得来的，这些战略李立三激烈地反对着，他主张集中一切武器于紅軍手中，幷吸收一切的游击部队，他善欢攻击，而不喜欢稳健；喜欢前进，而不喜欢保守后方，善欢对大城市加以声势浩大的攻击，輔以暴动与极端的行动，那时候李立三路綫操縱了党与苏区以外的地方，势力很强大，在某种程度上，足以迫使紅軍违反临陣經驗而去接受它，这条路綫的一个結果，是对长沙的攻击；另一个結果，是向南昌的进軍，但是这两次冒险中，紅軍不顧停止游击队的活动、而把后方暴露給敌人。

一九二九年秋天，紅軍移到江西北部，攻击并且占領了許多城市，到离南昌很近的时候，第一軍团突然轉向西方，向长沙前进，在这一次的进軍中，第一軍团汇合了彭××的部队，彭的部队曾經一度占領过长沙。但为了避免敌人軍队的包围，是被强迫撤退了的。一九二九年四月，彭××不得不离开井岡山，在湖西南部活动，结果大大地增加了他的部队。一九三〇年四月，他在瑞金联合了朱德和紅軍的主要部队，經过了一度会議以后，决定彭××的第三軍应在江西、湖南边界活动。而朱德和我则向福建推进。一九三〇年六月，第三軍和第一軍团重新建立了联系，开始第二次进攻长沙。第一和第三軍团合併成为第一方面軍，朱德为总司令，我为政治委員，在这种領导之下，我們到达了长沙城外。

大約在这个时候中国工业革命委員会組織成功了，我被推为主席，紅軍在湖南的势力是很普遍的，几乎和在江西一样，我的名字在湖南农民中很有名，国民党政府为要捕获我，不論杀死和活捉，曾悬了很大的尝格，朱德和别的紅軍党領袖也是如此，我在湘潭的田地（从这些土地上所得到的租金，在大革命时期中，毛氏曾用来进行湖南的农民运动——史諾）被国民党沒收了，我的妻子和我的妹妹，我两个兄弟——毛泽洪、毛泽潭的妻子，以及我的儿子都被何鍵逮捕了，我的妻子和妹妹被枪决了，其余的后来得到了释放，紅軍的威名甚至伸张到我自己的乡村里。因为我曾听見人家講，說当地的农民，深信我不久就要回到我自己的家乡去。有一天，一架飞机从天空飞过，他們說里面一定坐的是我。他們警告那些正耕种着我的田地的人，說我要回来視察我的田庄，来看土地上的树木有沒有被砍伐，如果伐去了，我一定会要求赔偿的。

但第二次攻击长沙之举，失败了，大批的援軍开到城里，防卫得甚为坚固。九月間，外加有新軍队开到湖南来攻打紅軍，在这一次围攻中，只有一次重要的战争。这一股紅軍，虽然得到了初次胜利，可是还不能争得长沙，几星期后，便向江西撤退。

这次的失败，促成了李立三路綫的傾复，阻止了紅軍攻打武汉而免遭損失——这是李立三要求的，那时紅軍的主要任务是招募新兵，新的农村区域的苏维埃化，而最主要的是在占領区域里，彻底巩固苏维埃的政权，在一种綱領之下，进攻长沙，显然是不需要的了，而且这种攻击的本身，就含有冒险的成份，如果把第一次的占領作为一种暂时的行动，并不企图守住城市，建立国家政权，那么这种势力，也許可以認为是有益的，因为这在国民革命运动中所产生的反应是很大的，当苏维埃政权在后面还沒有稳定的时候，企图把长沙当作一个根据地，这是一种軍事和战术上的錯誤。

但是，李立三那时候把紅軍的軍事力量和本国政治背景中的革命因素，估計得太高了，他相信革命将近成功，而且不久就可以握掌全国的政权了。他这个信念是被那时候正在进行的蔣介石与馮玉祥两人之間的长期而丧失元气的內战所鼓励。表面上看来，仿佛是李立三十分有利的，但是依照紅軍的看法，他們是在准备对苏維埃大举进攻，只要內战一停止，他們就要发动，所以紅軍应該加以戒备，决无余眼来从事那可以得到惨败的肓动主义和冒险主义，这一估計，后来証明是完全正确的。

以后，南京方面已經彻底明瞭了江西苏維埃的革命潛力，在一九三〇年之末开始了向紅軍举行了第一次围剿，軍队的总数超过十万，开始包围了紅色区域，在魯滌平的总指揮下，分五路进攻，紅軍那时能动员的軍队，总数約为四万人，我們巧妙地运用战术迎接并克服了这一次的围剿（关于这一次围剿，楊霽所著的"中国的共产党現状"一書，一九三一年南京出版，写得很詳細）得到了很大的胜利，用了迅速集中和迅速分散的战略，以主要的軍力向每一个单位分別攻击，我們让他們深入苏区，然后用超越的人数突然对这些孤立的軍队，集中兵力攻击，我們获得了便利游击的地位，包围他們，这样把軍队优势逆轉过来。

一九三一年一月，第一次围剿完全被击败了。

仅仅休息了四个月以后，南京又开始第二次围剿，兵力超过了二十万，分七路向苏区推进，那时一般認为紅軍的形势是极不利的，苏維埃政权所管辖的区域太狹窄、財源有限、設备簡陋，而南京的物質力量在任何方面都大大超过了紅軍。可是我們迎接这次的进攻，紅軍仍旧用他以前賴以取胜的战略，仍旧让他們深入苏区，我們的主力突然集中，攻击他們的第二路，击败了他們好几旅人，消灭了他們的进攻能力，接着我們很快地接連攻击他們的第三路、第六路、第七路，依次击退了他們，第四路沒有作战就撤退了。而第五路的一部分，卒被歼灭，在十四天之內，紅軍作了六次战，进軍八天以决定胜利结束之。其他六路被击潰和败退之后，由蔣光鼐、蔡廷鍇指揮的第一路軍，沒有經过重大的战爭就撤退了。

一个月以后，南京又动员了三十万大軍，举行第三次围剿，到十一月里，才因得不到效果而撤退。

这时候，紅軍进入了一个比較和平发展的时期，势力扩张得很快，第一次苏維埃代表大会，在一九三一年十二月十一日召开了，中央苏維埃政府也組織起来了，我被选为主席、朱德被选为紅軍总司令。在同月里发生了宁都大暴动，国民党第二十八路軍，有二万以上叛变了来加入共軍，这些軍队是由董振堂、赵博生率領的，赵氏后来在江西陣亡，董氏则今天仍然是紅軍第五軍的司令，紅軍第五軍是从宁都暴动的軍队产生出来的。

紅軍現在开始他自己的进攻了，一九三二年在福建漳州打了一次大仗，占領了这个城池。南方则在南雄击散了陈济堂。在蔣氏的陣綫上，则大举攻占乐安、黎川、建宁、泰宁等县，一度攻打赣州，但沒有占領。一九三二年十月以后，直到西北长征开始，我自己把我的时间，差不多全部放在苏維埃政府的工作上，而把軍事的指揮交給了朱德和其他人。

一九三二年四月，南京开始第四次围剿，在这一期間，第一次作战中，紅軍就得到了大的胜利，陈诚會因为这次的失败而辞去最高指挥的职位。

第五次，則最后一次圍剿，动员了將近一百万人，采取最新的战术和战略，在第四次圍剿中經德国顧問建議，已經开始采用封鎖和碉堡制度，在第五次圍剿中，把全部力量放在这方面，用大量的軍队实行严密的封鎖，整个包圍了苏区，很小心地前进，建筑汽車路、碉堡和城壕，避免把主力軍队接近共軍，他們謹愼地在防御工事后面作战，他們只作短距离前进，并用飞机、大砲和机关枪掩护着。

在这一时期中，我們犯了两个严重的錯誤，第一个错误是一九三三年福建叛变中沒有能和蔡廷錯联合。第二个錯誤是放弃了我們以前的运动战术，而錯誤地采用了单純防卫战略，在阵地战上，迎接广大优势的圍剿軍，是一个严重的錯誤，因为这种战争上，共軍的技巧和精神都是落后的。

这些錯誤的結果，加上圍剿的新的战略和新战术，以及圍剿軍的惊人的数目和优越的技术，到了一九三四年，共軍乃不得不改变它在江西的情形了。其次，民族的政治情形影响了整个局面，迫使我們决定将主要活动避移到西北去，随着日本的进攻东北和上海，苏維埃政府已于一九三二年二月正式对日宣战，这宣言因为圍剿軍封鎖包圍着苏維埃中国而不能实行。接着它又发表宣言，号召中国所有的武装軍队結成联合阵綫，共同抵抗日本帝国主义，一九三三年初，苏維埃政府宣布：在下列三个条件之下，願意和任何的圍剿軍合作：①停止內战，停止对苏維埃与共軍的攻击，②保障民众的公民自由和民主权利，③武装民众举行抗日战争。

一九三三年十月，第五次圍剿开始。一九三四年一月，第二次全中国苏維埃代表大会开会于苏維埃都城——瑞金，举行了革命成績的檢閱。在这次会上，我提供了一个长长的报告，就在这个会議上，选举了现在这一批中央苏維埃政府委員，不久以后，我們开始准备长征，这长征开始于一九三四年十月，正是最后一次圍剿的一年以后，在这一年中，差不多毫无休止地作战和斗争，双方都遭受到很大的损失。

一九三五年正月，紅軍主力部队到达了貴州邊义，接着而来的四个月中間，共軍不断地向前行进，并举行了最猛烈的搏斗和战争，經过了許多的困难，渡过了中国最长、最深、最危险的河流，爬过了一些最崎岖的山道，經过了凶猛的土人区域，穿过了曠无人烟的大草原，受尽了風暴雨雪，被中国軍队的半数所追逐（指国民党反动派），經过了一切自然障碍物，和当地軍队作战，冲过了广东、湖南、广西、貴州、西康、四川、甘肃、陕西，最后在一九三五年十月到达了陕西北部，扩大了现在的根据地。

紅軍胜利的长征，到达了甘肃、陕西，而沒有损伤主力，是有两种原因的：

第一是由于共产党正确的領导；

第二是由于苏維埃人民的基本构成分子的伟大才干、勇气、决心和超人的忍耐力与革命的热情。

中国共产党，过去、现在、将来，永远是忠于民主政治，繼續对一切机会主义倾向斗争，在这种决心之中，它的不可征服的力量和最后的决定的胜利获得了解释。

它的不可征服的另一原因，是由于革命干部的异乎寻常的干炼、英勇与忠实。朱德、周恩来、王稼祥、罗迈、邓发、徐海东、林彪、青云、陈昌浩、贺龙、肖×等許許多多优秀同志們，还有許多已把生命献給革命的人們——他們都为同一目的而工作，創造了共軍和新民主运动——以及今后新起来的别的許多人們，定会把一个运动領导着，达到最后的胜利。

现在，我們正企图在中国造成一个统一战綫，請求各党各派，各种职业的人們和我們联合起来，为建設新中华民国和建立彻底的中国民主政治，都是必要的。我的工作和目的，也正和党、軍队的工作和目的一样，此后要全力以赴以期达到这一目标。

北京邮电学院《 东方公社 》先战斗队翻印　　1966.12.12

彻底砸烂反革命修正主义集团打倒反革命修正主义分子

毛夭馮

第 一 辑

中共天津市委党校毛泽东思想

真理、镇敌、烈火、卫东、遵义战斗队、革命工学干联合总部

一九六七年四月十五日

最 高 指 示

在拿枪的敌人被消灭以后，不拿枪的敌人依然存在，他們必然地要和我們作拼死的斗爭，我們决不可以輕視这些敌人。如果我們現在不是这样地提出問题和訒識問题，我們就要犯极大的錯誤。

彻底砸烂□□反革命修正主义集团
打倒反革命修正主义分子□□□

按：反革命修正主义分子馮□□，在解放前后，凭借职务之便，一直包庇隐瞒叛党变节的反革命修正主义分子宋□川及其一伙。长期以来，使这些叛党分子得以繼續藏在革命队伍內部把持着重要职务，繼續进行着反党、反社会主义、反毛澤东思想的罪恶活动。正是因为□□□保其主子有功，博得□□反党集团的尝識和重用，被作为心腹，成了这个反革命修正主义集团中地地道道的一員忠实干将。

为了揭穿这个反革命修正主义分子的画皮，現将我們調查的材料，作部分的整理公布如下，供革命同志們批判，并进一步地揭露□□反党集团。

一、□□□与□□反党集团的关系

1、□□□的老根就不正

□□□是河北省晉县丁家庄人，現家庭成份是富农，其父哥三，在1920年以前有地约１８０亩，房約30間(共三套院)，砖窑一个，牲口五头，大車、水車等农具齐全，雇佣长工6人。到1921年其父分家，分地50多亩，房13間，牲口2头，大車、水車农具俱全，雇佣长工2——3人。从1943——1945年其父除雇佣长工种地外，还在城里开大粪厂。

□□□的父亲是村上的一族之长，前后共娶妻4个(可能还多)，整天游手好閑，吃喝赌博。对贫下中农专横拔扈，想方设法进行压榨，就是誰家死了人如不贿赂他些东西，就甭办成丧事。近門的馮××死了，买不起棺材，更无錢贿赂，求到族长的門上，理都不理，只好席卷掩埋。

土改时給其定为富农成份，但他仍不老实，在生产队里管园田，經常往家偷带細菜，群众揭發后，这个老混蛋便装疯卖傻鬧着要跳井。

馮的狗父在政治上是有一番精心打算的，他早有脚踩两只船的准备。一面指使二儿馮东生混进共产党，一面讓他三儿加人国民党（已死在国民党的軍队里），这就是他的"两边都有人，哪头都得势"的如意算盘。

馮东生也正是在其父这种政治投机的投意下混进了共产党。

（据調查材料初步証实馮东生本人有加入国民党的問題。）

馮东生从小就沒干过农活。除了上学，就是外出工作。他的大哥是富农分子、坏分子（乱搞男女关系的流氓），在1947年土改就被定为富农分子，但馮利用权势，指令村干部擅自将其兄成份改成中农。直到四清运动时，才又重新戴上富农分子的帽子。

2、馮东生和张淮三的黑关系由来已久

日本投降以后，一九四五年九月，我党准备武装解放天津，組織了"天津解放委員会"。"委員会"書記吴硯农，組織部长郭芳，副部长田振东，干事是王杰、彭青。张淮三、娄凝先、董东是委員会的主要負責人。根据天津国民党的九个行政区，划分四个大区。第一区主要負責人是宋罗其；二区范汝生；三区是吴立仁；四区是田兴云，該区組織部长何毅，社会部长王杰夫，組織部干事馮东生，生活委員董澤民。四区包括三个小区（河北、紅桥、北郊。程毅任紅桥区委書記）。

４６年二、三月份时，当时的形势武装解放天津不可能了。就把"天津解放委員会"改作"工作委員会，"原組織机構也有些变化。"工作委員会"書記吴硯农、副書記楊英兼組織部部长，周明是副部长，王杰是組織部干事，委員于志远、张淮三、李振綱，秘書长路达，下設机关，分招待、管理、交通。孟挺負責招待，石玉民負責管理，梁固負責交通。

"工作委員会"下設工运系統、学运系統、市民系統。在市内的三个系統由于志远、张淮三、娄凝先組成二人小組領导市内全盘工作。工运正書記李振綱、副書記于志远、委員馮东生、何毅、曹东、林青、馬金池、周章西、张洪斌、王吉祥。在市外机关負責的主要是馮东生、李振綱。馮是秘書，組織、人事、生活及市内各项工作都管。李振綱是二七年的老工人，負責搞工訓，沒文化，所以市外机关工作都由馮管。除李、馮之外，其它人都在市内活动。

学运的主要負責人是张淮三、另有楚云、康力、左建、刘文、文又生、罗云（楊英的老婆），罗是在市外的（与馮东生职同），其它在市内。

市运系統的主要負責人是王郁文、另有李均、刘亚、李浩、赵鈞、耿益盈、刘福来、甘一、苏英，在市外的由組織部干事王杰和秘書处处长宗錫义直接抓。

四六年底和四七年初把"天津工作委員会"改为"冀中区党委城工部"冀中区党委

書記是林鉄、副書記金城。"冀中区党委城工部"部长金城兼任，副部长杨英（主要是杨英主持工作，吴硯农和李振綱都調走了），工运系統完全由馮东生負責了，其它組織系統沒变。

四八年一月份"华北城工部"与"冀中城工部"合幷为"华北局城工委員会"上边受"中共中央华北局党委"領导。（書記是彭眞或者是薄一波）"华北局城工委員会"書記是刘仁，委員是杨英、肖明、荣高棠、赵凡、张大姐，秘書长顧德。"华北城工委"的工作重点主要是北京及其它几个沒解放的小城市，由刘仁主要負責（抓北京）对天津的工作，成立了"天津工作室"，主要負責是杨英，委員仍是"冀中城工部"的那些人，增加一名委員丘金。市內外的人員都沒变。

四八年十二月"天津工作室"和"华北局城工委"分开，天津部分搬到胜芳，华北局的搬到北京。

以上是解放前夕我天津地下党組織的大致情况，从中可以看出馮东生在城工部是占据着重要位置的。他和张准三是老相識了，他們之間的"感情"幷非一日之寒了。1945年在解放区委員会开会的时候他們就認識，直到1948年5月张淮三被释出獄回到城工部后，馮立即前往张的住处探望，幷送去了衣物等，眞是关怀备至，"亲如一家"。馮和张淮三这个投机加入共产党的資本家的儿子"情投意和"不正是物以类聚，人以群分嗎？据杨英等人講，解放后是馮东生按排张淮三任团市委書記的。张淮三等叛党分子一直能够得到包庇，这里面也就有其根由了。

3、对张淮三等人的叛党問題，馮东生扮演了什么角色？

在1947——1948年間，我党地下組織工运系統，为扩大革命力量，組織敌区的一部分群众去解放区受訓，不幸泄密，从袁贵林被扑为起点，袁供出王善秋，王供出曹东……之后，綫索逐漸扩大，以至完全暴露了我党地下組織，致使我地下人員83名被捕（有40名輕嫌疑犯被保释放出）张淮三（张叔康）是被捕人之一。当时敌人非常猖狂，大肆宣传，轟动平津以至全国。办案的天津伪警察局全体受奖晋級。伪"大公报""天津民国日报"等报紙将破案經过、捕获名单及我地下組織机構詳細登載（可見伪报民国卅七年二月十八日〈星期三〉第五版"本市新聞"附件一、二。）当时的被捕者，在天津經两次审訊后就将张淮三、金爽、赵健、曹东、王俊臣、胡平等卅余人作为"要犯"押送北平行辕砲局子青訓队。当时凡坚貞不屈者除去长期监禁外就在北平先农坛等地秘密屠杀。然而张淮三等叛党分子却为苟且偷生保住狗命，在獄中塡写了"自新人員登記表"，幷在匪首蒋贼的象前宣誓（由金爽代領宣讀誓詞，"余誓以至言誠，信仰三民主义，永远与共产党脱离关系，服从总裁訓示，遵守政府法令，幷严守本部一切机密，如有违者愿領受最严厉的制裁。"）然后张淮三等叛党分子被安然释放。

对于这样一个轟动一时的重大的事件，做为当时在我城工部工运系統負主要責任的馮东生是完全清楚的，因为被捕人員出獄后由城工部組織的训練班审查被捕人員，負責人是李振綱，組織审查人是馮东生（李振綱是二七老工人沒文化，实权是馮东生掌握）組織部負責人是楊英，結論批准是城工部部长刘仁。叛党分子王俊臣、胡平交待：出狱后到解放区城工部进行审查时，馮东生是亲自在場并做記录的。当时王俊臣已講了在狱中的情况，也講了填寫"自新登記表"和宣誓的事。馮东生在当时对这些問題是完全清楚的。解放后馮又专門查閱过敌档。

但是与前馮东生是这样交待："我看过天津的敌伪档案，共审訊三次（天津兩次、北京一次）从在天津的两次口供看张淮三沒有暴露身份（放屁！伪报当时已公开登出尝是負責学运的，是"要犯"。目前已証实张淮三在津第二次审訊中就暴露了身分）北京的那一次我沒看……。"（实际是在北京的第三审材料馮也見过）馮想以此說明天津的两次口供沒問題。可是在叛党分子王俊臣（鉄路津車輪厂厂长）的敌伪档案中已查出王的叛党罪証，王当时承认了和八路軍有联系，并供出了我地下人員张兆明。档案中有馮东生审閱后的签字，馮签署的审查結論是："算做一般历史問題"。王明明的暴露了身份，叛了党，馮却給下了相反的結論，对叛徒的档案材料是馮东生审查的，竟然說沒有問題，这里面就大有其奥妙了。

但馮东生賊心不死，仍企圖狡猾抵賴，如他在对王俊臣的叛党問題的一个交待材料中詭辯說："当时主要是被捕人員互相証明，从組織上看，他所領导的关系沒有繼續被捕的情况，这是主要的根据。解放后，1949年在組織部长楊英的指示下，曾看过他在天津被审訊的口供，当时的印象政治上有动摇，好象承认与解放区有联系的人联系，但未暴露党員身份，是以进步群众面目出现的，因此未重新再做結論，当时未对北京监狱的情况做进一步了解，記忆中听說过在北京监狱里曾宣过誓，认为那是一般出狱的履行手續，沒有看做是严重的政治問題"。又："关于以前說王俊臣被捕沒有問題的証明是根据当时記忆和片面情况，現在看来是錯誤的。"他这里明明睜着两眼在撒謊，事实上，他的这种交待是不能自圓其說的。当时，伪报已将被捕获的职工会組織系統及八十三名被捕人員和被捕經过公开發表。上面明明寫着叛徒是如何招供的，馮东生对此是完全知道的，难道这些都不算什么問題嗎？被押送到北平行轄青訓队（特务訓練机构）的"要犯"为什么能被安然释放？青訓队是什么地方？什么人能被放出来？做为久干城工部工作的馮东生是最清楚不过的了。那么，对这些严重的叛党罪行，为什么竟然做出"一般历史問題"的結論呢？

事情决不是那么简单，一连串的問題需要进一步回答。1950年上半年在于志远和张淮三的指使下，由馮东生主持的48年被捕的叛党分子座谈会。在这个会上，决定了处决伪第四警察局局长张培英。而张培英正是当时匪方直接审理我被捕人員的主要負責人。馮东生等做出这个处决的决定不是令人深思的一个問題嗎？并在这个会上同时肯定了张淮三在狱中的"坚贞不屈"这就更說明問題了。

还有，据叛徒曹东交待："在狱中时，有两个女特务一个姓罗，一个姓姚曾給講过反共課，我出狱后在外面見到了这两个女的，当即告訴了馮东生，馮說：'你甭管了'。"可是，对这个严重問題，馮以后不仅沒管，也沒再提及。"这又是个什么問題？

叛徒金爽供认：解放后（49年2月）在审查整理敌伪档案的时候，馮东生發現敌档中有张淮三，金爽等被扑叛党分子的合影照片，馮将此照片偷出后交給了金爽，金爽看后随即燒掉了。这又說明了什么問題？

从以上几个情况，可以看出鄒东生在对待张淮三等叛党集团問題上究竟是扮演的什么角色？。

4、鄒东生是怎样一再包庇张淮三，万晓塘？

史无前例的文化大革命开始了。六六年九月份市委副秘書記高仰先貼出了第一张揭發张淮三自首叛党的大字报，石中（馮东生的老婆，官僚地主出身）和金爽。毛潤珊等人也第一个跳出来貼了反駁高仰先的大字报，紧接着馮东生又拉孫×么××。姜××等人也急忙跳出来貼了反駁高的大字报，大罵高仰先是"老牌修正主义分子"，是"血口噴人"。为张淮三掩盖罪責，打保票。在馮主持下组织人对高仰先进行围攻，給高貼大字报达一千多张，并抄了二次家，迫使高轉入地下。

当李超同志揭露张淮三的大字报公布之后，馮又赤臂上陣，他說："李超原是市委组織部的处长，后来犯了錯誤，被开除过党籍，下放到工厂，是跳出来的。"

有人問起李超的大字报，"大字报中說张淮三曾向蒋賊象宣过誓，提的有根有据"。馮說·"那时宣誓不能算什么問題，在白区工作就得这样做，你不这样做，那实际上是讓党員去暴露身份。"馮还說："那时的敌伪档案我都看过，沒問題，张淮三結案后放他的时候，他不干，非和敌人要金子，张淮三沒暴露身份，只說自己是跑合的。"

馮在貼出了保张淮三的大报之后，就积极地在群众中散布："张淮三在监狱里表現得很頑强，坚貞不屈"，"张淮三是坚定的左派"。"张淮三这人很朴素，工作上勤勤恳恳"，"我对他一直印象很好"等等，为保张制造舆論。就是在馮貼出保张淮三的大字报后，张淮三就到馮家中去过一次，到底密謀了什么？需要馮做出交待。

在万张反党集团的性质定了之后，馮东生的精神状态很不好，他經常外出看大字报，回到机关便沉默不語。

六七年阳历年时，馮到苑××家中去过一次，談起保张淮三的大字报，馮說："这回我可惹禍了。"真是做贼心虚。

馮东生对其另一主子万晓塘也是百般孝敬。

六六年九月二十日万晓塘死后，馮馬上就到了市委，回来以后难过的哭了几次，并說："有这个人純粹是系死的"，化工团有个团长問："万晓塘是否自杀死的？"馮气愤的說；"为什么一个老干部，老党員，对書記这样的怀疑？"馮平时很少动感情批評人，但这次却沉不住气了。

省机关××揭發万晓塘的問題，馮回来說：这个人很不应该，党白培养了这么多年。

市办公厅干部刘××当时也站出来揭發万张反党集团，但立即遭到围攻和抄家，据反映也是馮东生策划的。

当刘忠开始揭發万张集团后，馮东生在化工团跟张××講："刘忠有問題，在困难时期和投机倒把分子吃吃喝喝，他自己跳出来了，这回跑不了啦。"

万张反党集团的問題明朗化以后，馮迫于压力，为了应付局面也貼了几张大字报，内容除了众所周知的情况之外，都是一些鷄毛蒜皮。有人讓他站出来揭發問題，他却說："站不起来呀，思想跟不上，揭不出問題来！"并公然表示："关于市委的問題，你們越攻，我越不揭。"請看，敌人是何等的猖狂啊！对革命群众和革命运动是何等的深恶痛絕啊，毛主席教导我們說："在拿槍的敌人被消灭以后，不拿槍的敌人依然存在，他們必然地要和我們作拼死的斗争，我們决不可以輕視这些敌人……。"反革命修主义分子論东生就是这样的敌人，我們要坚决把他打倒。

5、万张反党集团又是如何重用論东生的？

１９５４年在馮楊事件中，万晓塘、张淮三因投机有功，以后就受到重用。事件之后对馮文彬和楊英都給予了降級和撤职的处分。参与該事件的王郁文等人被开除党籍。論东生和楊英的关系非常密切，一直是楊英手下的心腹人，人們都說：論东生、路达是楊英的哼哈二将。在楊英的眼里論东生胜于路达，在５４年干部調級时，楊英在群众不滿的情况下将馮破格提为１０級（市委唯一的１０級处长，相当副部长），在５３年統購統銷面粉計划供应时，論事先就偷偷买了两袋面，被群众检举告到华北局，轉到楊英那里后，楊說："这是鷄毛蒜皮"不予处理，就是在平时馮对楊也是言听計从，楊英生气时罵馮："你是特务。"馮也不加反駁。对于这个"馮楊事件"的直接参与者的論东生并没有受到任何处分，只是作了一般的检查。論的检查在干部中几次都沒有通过。当时张淮三就出面对馬瑞华說："你在下边做做工作。讓他（論东生）过去就算了！"結果論的检查不了了之。

在"論留事件"之前，論东生任市委組織部处长，是楊英眼里的紅人，之后，又是万张的紅人。因此論不但沒受到任何处分，仅隔一年时间反而提拔到河西区委任第一書記，接替了万张干将馬瑞华的职务。这次提拔。是由张淮三在市委会定下的，而河西区又是由张淮三直接抓的黑点。当时小站屬河西区領导，市委在小站树的标桿暗藏的反革命分子姜德玉、张鳳琴与論的关系也很好。５８年期間姜德玉經常給河西区委送东西，論还和姜德玉一起照过象。論东生当时在小站蹲点就与姜配合大搞浮夸，把３００亩地的稻子，放到一亩地里去，謊报亩产十五万斤。

在６０年上半年，根据中央指示，天津市要發展化工工业，成为化工基地，万张集团就又一次把他們的亲信論东生派去任化工局局长。当时张淮三已担任分管工业的書記，直接抓化工口。

在６３年，万张集团为了控制各个重要的政治宣传陣地，就又把論东生派到党校，名曰"加强領导"。根据中央規定．市委党校的書記要由市委書記兼任，可是論連市委委員都不是，这就足以說明对他的重用。論来党校之后就想砍掉党委，变成党总支，并想改变学校机構，成为"純学院"式的学校。企图消弱党的領导，关起門来进行"学术研究。"

６４年四清运动开始，黑市委将論派到化工团（中央直屬）任副团长，这是万张有意地插进黑手进行控制，論在化工团实际是掌握实权、排斥中央派来的其他团长。

馮既然不是市委委員，但市委会却能經常参加。

論在化工局当局长时，其他局长到市委开会，张淮三每次都要問論身体怎样？生活怎样？困难时期，論有一度浮肿，张淮三亲自打电話問候他，命令他休息，并給論送过东西。

（未完待續）

《文革史料叢刊》六冊

李正中編著

第一輯共六冊，圓背精裝
ISBN：978-986-5633-03-5

文革史料叢刊　內容簡介

　　《文革史料叢刊第一輯》共六冊出版了。文革事件在歷史長河裡，是不會被抹滅的，文革資料是重要的第一手歷史資料。其中主要的兩大類，一是黨的內部文宣品，另一是非黨的文宣品，本套叢書搜集了各種手寫稿，油印品，鉛印文字、照片或繪畫，或傳單、小報等等文革遺物，甚至造反隊的隊旗、臂標也不放過，相關整理經過多年努力，台灣蘭臺出版社出版《文革史料叢刊》，目前已出版第一輯六鉅冊，還在陸續出版中。

第一冊	頁數：758
第二冊	頁數：514
第三冊	頁數：474
第四冊	頁數：542
第五冊	頁數：434
第六冊	頁數：566

古月齋叢書 3　定價　20000元
9789865633035

蘭臺出版社書訊
第一輯（六冊）目錄

書款請匯入以下兩種方式

銀行
戶名：蘭臺網路出版商務有限公司
土地銀行營業部（銀行代號005）
帳號：041-001-173756

劃撥帳號
戶名：蘭臺出版社
帳號：18995335

100 台北市中正區重慶南路1段121號8樓之14
TEL：（8862）2331-1675 FAX：（8862）2382-6225
E-mail：books5w@gmail.com
網址：http://bookstv.com.tw/